景德四年三月召輔臣對太清樓啓扃饌觀
太宗聖製御書及新寫四部羣書
真宗親執目錄令黃門舉書示之凡
太宗聖製詩及墨迹三百七十五卷文章九十二卷
四部書二萬四千一百九十二卷退朝宴息之所中施御榻帷帳皆黃
繪無文彩飾嚴中羣書八千餘卷他書不預歷翔鸞
工曰此惟正經校定吉小說
儀鳳二閣眺望命生置酒
工作五言詩從官皆賦

真宗來清宴之間博覽書
林玩古自適銃以彌進
俊杜侈欲故太清玉宸之藏得於先訓
太宗嘗曰朕聽政之暇未嘗不書寫讀書自為鑒戒其未聞未
得其趣開卷見前代慶興

国家社科基金重大项目『中国图书馆学史』（13&ZD153）结项成果

第一卷　绪　论　　　　　　　　　　王余光　陆滢竹◎著
第二卷　先秦秦汉魏晋南北朝图书馆学史　何官峰◎著
第三卷　隋唐五代图书馆学史　　　　赵　晓◎著
第四卷　宋辽夏金元图书馆学史　　　钱　昆◎著
第五卷　明代图书馆学史　　　　　　熊　静◎著
第六卷　清代图书馆学史　　　　　　熊　静◎著

第六卷　民国图书馆学理论　　　　　王莞菁◎著
第七卷　民国图书馆学教育　　　　　郑丽芬◎著
第八卷　民国图书馆学学术团体　　　王　玮◎著
第九卷　民国图书馆学学者　　　　　李诗苗◎著
第十卷　民国文献学学者　　　　　　李诗苗◎编著

主 编 王余光

副主编 熊 静 吴永贵

中国图书馆学史

第三卷

钱昆 著

时代出版传媒股份有限公司
安徽教育出版社

图书在版编目（CIP）数据

中国图书馆学史. 第三卷 / 王余光主编；熊静，吴永贵副主编；钱昆著. -- 合肥：安徽教育出版社，2024.5
ISBN 978 - 7 - 5748 - 0243 - 8

Ⅰ.①中… Ⅱ.①王… ②熊… ③吴… ④钱… Ⅲ.①图书馆学史－研究－中国 Ⅳ.①G250.92

中国国家版本馆 CIP 数据核字（2024）第 100774 号

中国图书馆学史·第三卷
ZHONGGUO TUSHUGUANXUE SHI·DI-SAN JUAN

| 出 版 人：费世平 |
| 策划编辑：江　舟 |
| 统筹编辑：江　舟　陶忠娣 |
| 责任编辑：徐　宇　张坤坤　赵潇晗 |
| 装帧设计：张鑫坤 |
| 技术编辑：陈善军 |

出版发行：安徽教育出版社
地　　址：合肥市经开区繁华大道西路 398 号　邮编：230601
网　　址：http://www.ahep.com.cn
营销电话：(0551)63683012,63683013
排　　版：安徽时代华印出版服务有限责任公司
印　　刷：安徽新华印刷股份有限公司

开　　本：710 mm×1010 mm　1/16
印　　张：23.5
字　　数：276 千字
版　　次：2024 年 5 月第 1 版
印　　次：2024 年 5 月第 1 次印刷
定　　价：158.00 元

（如发现印装质量问题，影响阅读，请与本社营销部联系调换）

雕版印刷

活字印刷

黑水城遗址

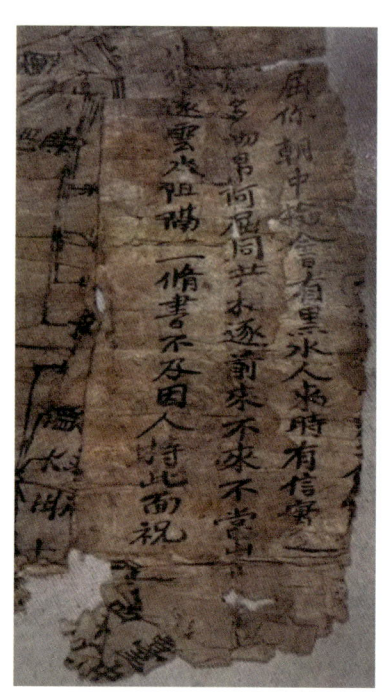

黑水城遗址出土文献

白鹿洞书院

转轮排字盘

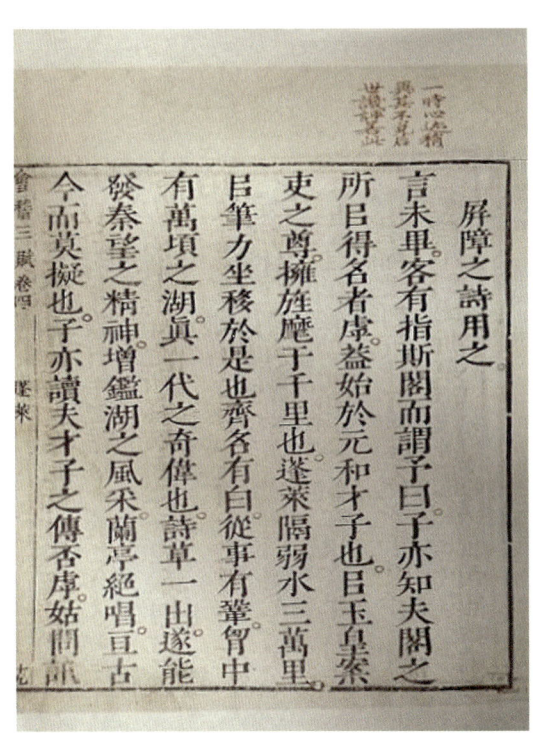 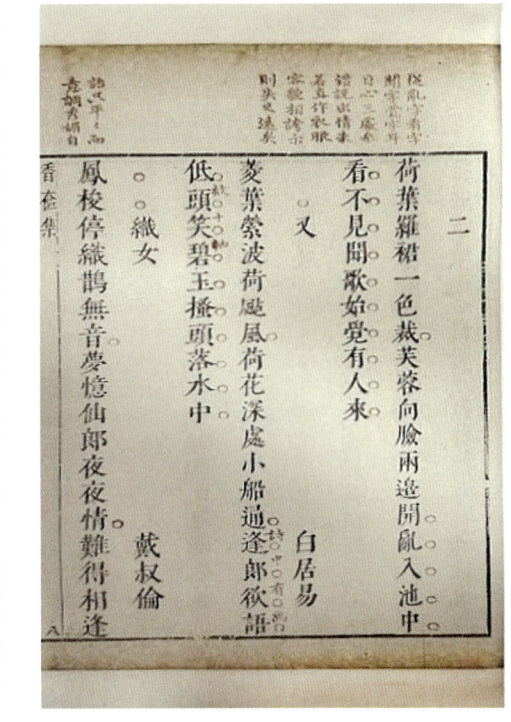

朱墨套印

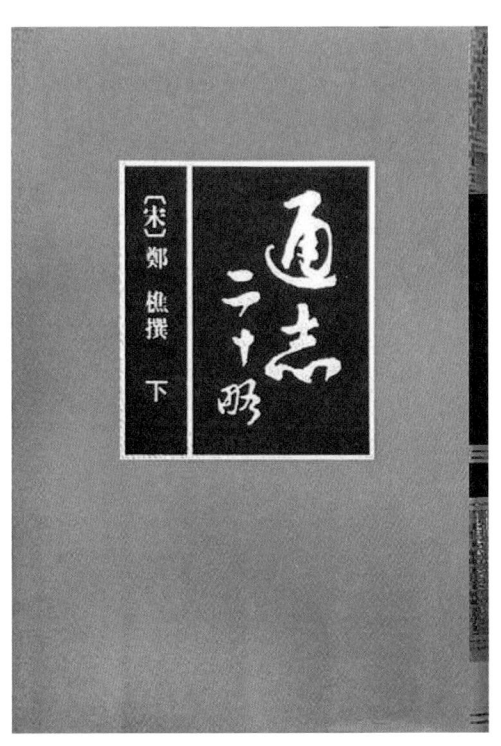

《通志·二十略》封面

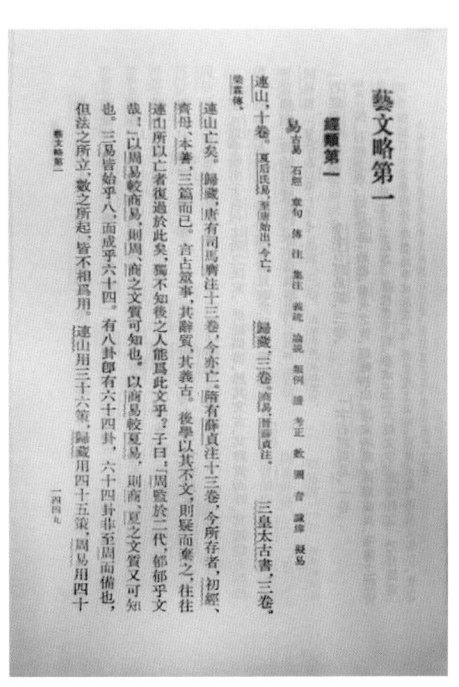

《通志·艺文略》内页

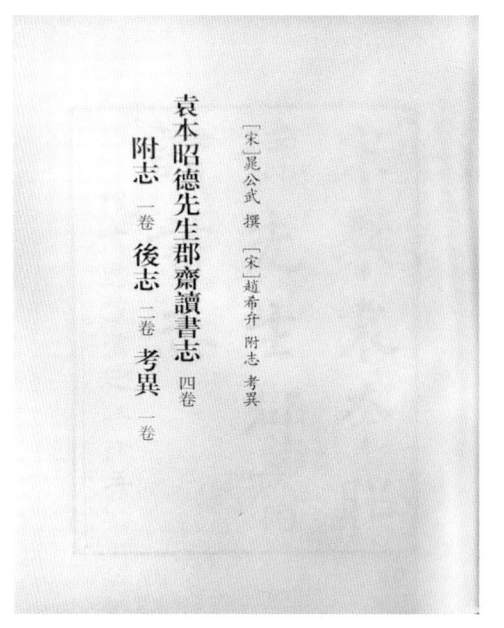
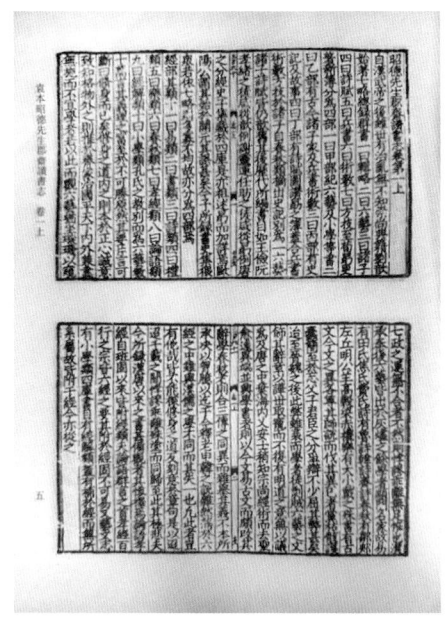

《郡斋读书志》书影

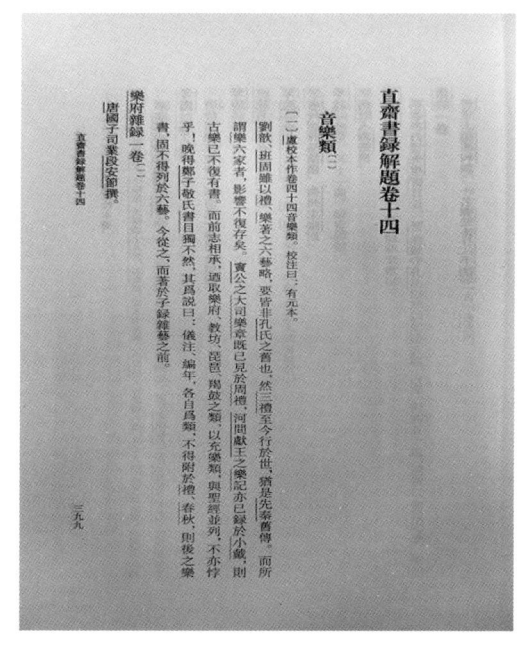

《直斋书录解题》书影

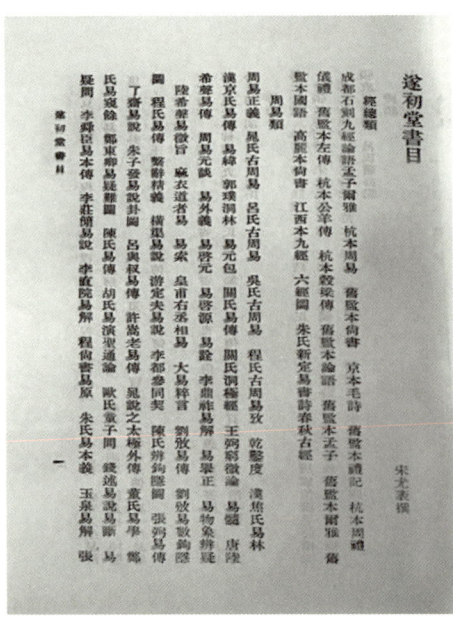

《遂初堂书目》书影

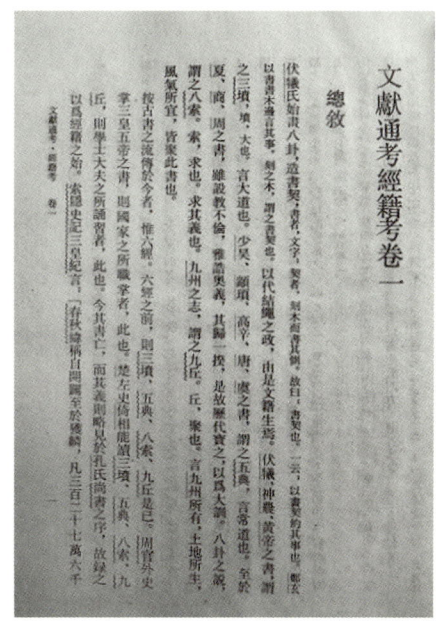

《文献通考·经籍考》书影

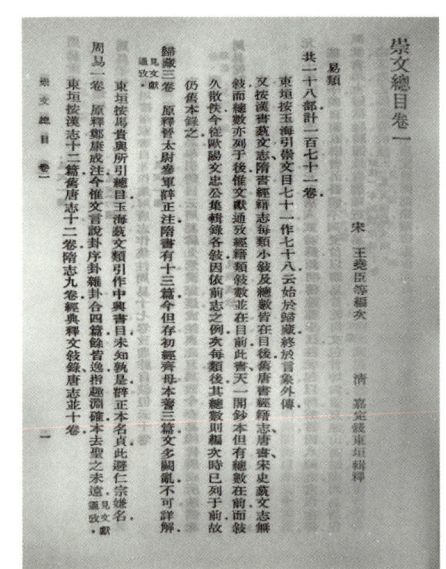

《崇文总目》书影

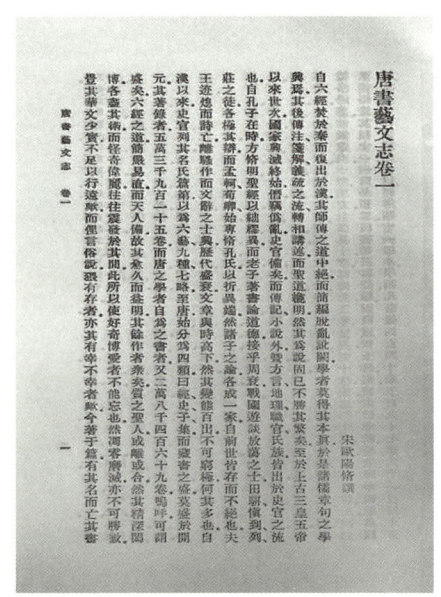

《新唐书·艺文志》书影

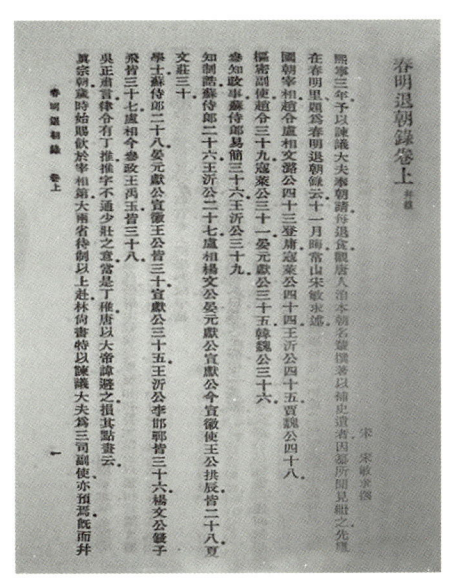

《春明退朝录》书影

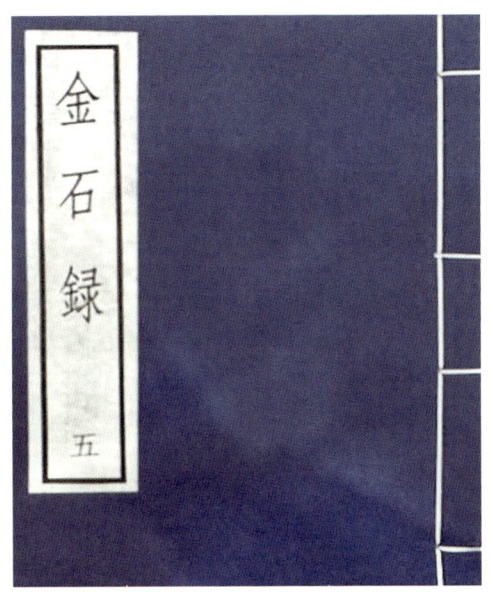
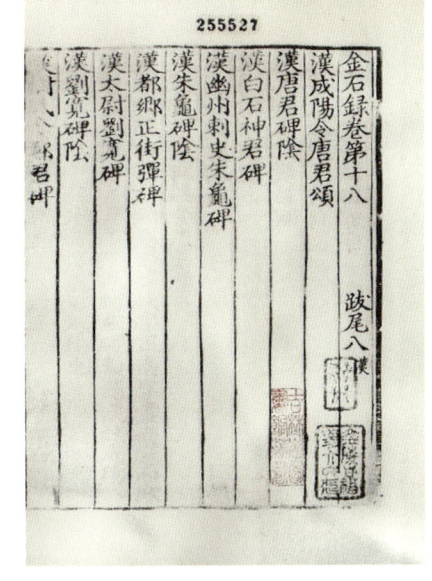

《金石录》书影

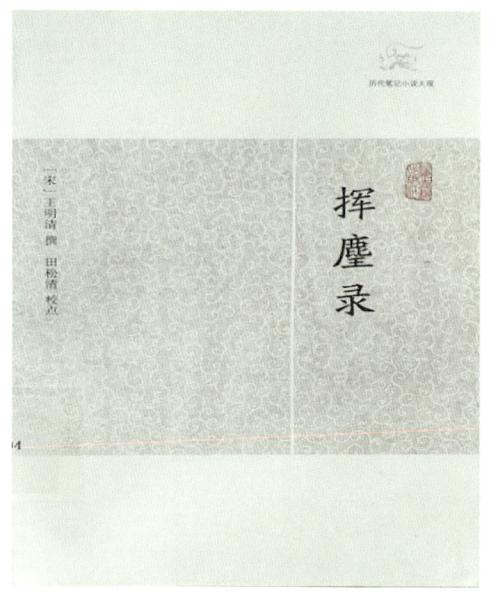 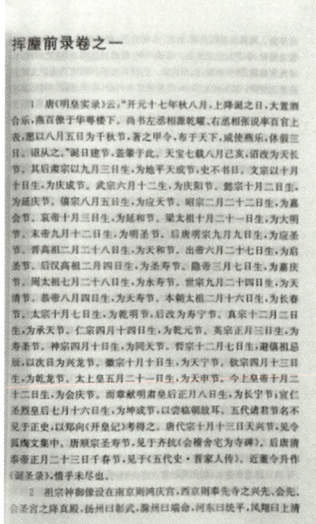

《挥麈录》书影

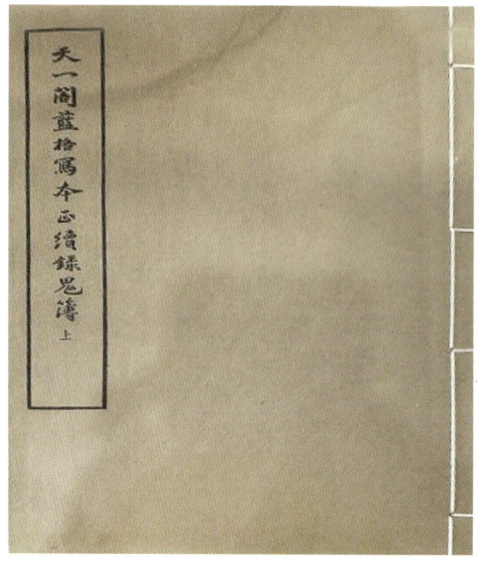 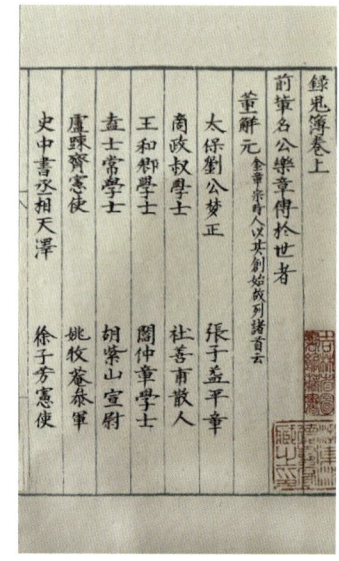

《录鬼簿》书影

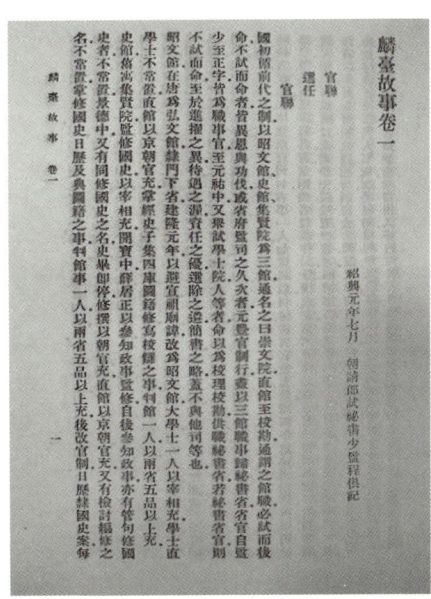

《麟台故事》书影

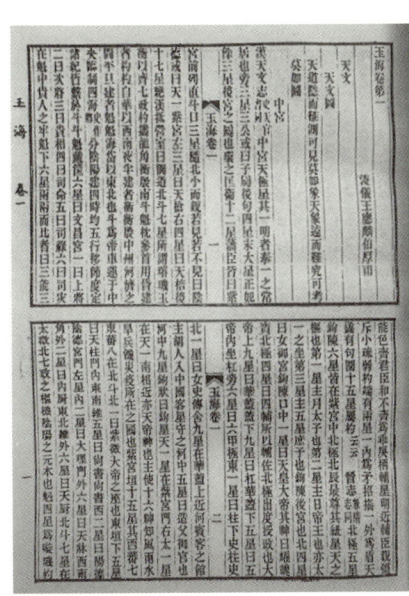

《玉海》书影

郑樵画像

尤袤画像

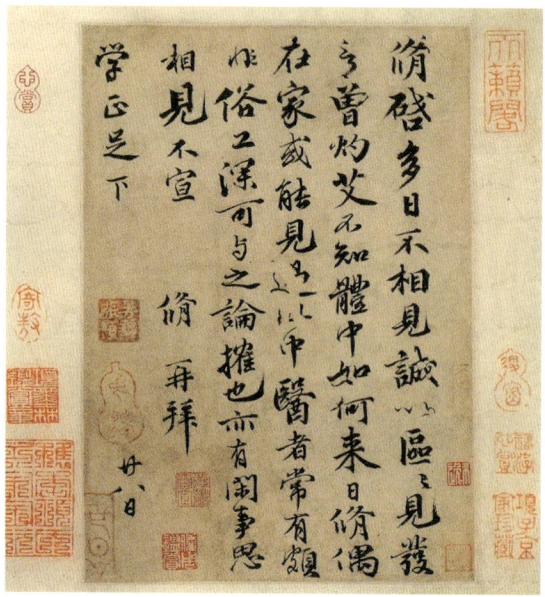
欧阳修手稿

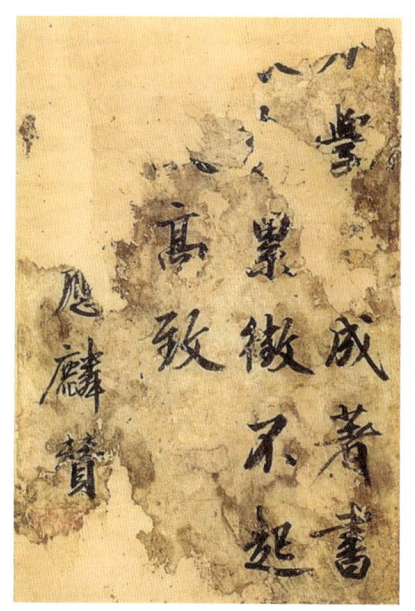
王应麟手稿

总　序

1925年，梁启超先生在中华图书馆协会成立会上呼吁，建设"中国的图书馆学"，明确指出"对于中国的目录学（广义的）和现代的图书馆学都有充分智识"之人，才能将中国的图书馆学建设成一门独立的学科，成为"中国的图书馆学"（《中华图书馆协会成立会演说辞》）。自此之后，经过几代图书馆学学人的共同努力，中国现代图书馆学走完了从孕育到成熟的发展历程。

中国古代藏书文化源远流长，自刘向、刘歆父子校理群书起，积累了丰富的藏书经验与整理理论；以清末西学东渐、西方图书馆学思想传入为起点，现代意义上的图书馆在中国生根发芽，一代图书馆学家完成了中国图书馆学学科体系构建的历史使命。数千年来，一代代爱书人聚书万卷、丹黄不辍，谱写了世界文化史上关于书的学问最为绚丽的篇章。

近百年来，数代图书馆学家筚路蓝缕，将中国传统藏书管理、整理的方法和理念，与西方图书馆学思想相结合，完成了中国图书馆学的本土化进程。在这个过程中形成的思想、理论、著作、学术流派，为学科发展作出贡献的人物，以及学科教育、学术组织、刊物等，都属于中国图书馆学学科史的重要内容。今天，我们重视学科史、学术史，既为表彰前辈学人开山辟路之功，同时也是在回顾成就的基础上，为中国图书馆学的发展厘清思路。

按照学界惯例，学术史是体现学科成熟度的重要标志。然而，中国图书馆学虽历史悠久，但学科史的研究一直比较薄弱，成果较少且叙述都较为简略，未能建立起纵贯古今的图书馆学史研究框架。2017年，四卷本《中国图书馆史》出版，填补了我国图书馆史系统性研究的空白，我担纲其中《古代藏书卷》的主编。图书馆事业与图书馆学，为一体之两面，也是我长期以来重点关注的研究领域。在爬梳史料的过程中，我深感古代藏书与近现代图书馆事业之间的紧密联系，以及建立中国图书馆学史研究体系的必要性。

随着学界同道对"中国图书馆学史"研究意义认识的不断深入，我们愈发感到推进"中国图书馆学史"研究的紧迫。因此，2013年初，笔者向国家社科基金委提交了"中国图书馆学史"重大项目选题。选题通过后，我们组建了一支由国内知名高校图情领域中青年研究者组成的团队，共同完成课题申报，并于2013年11月获得立项，项目名称就是"中国图书馆学史"，项目号为"13&ZD153"，该项目的预定目标就是推出一套多卷本的《中国图书馆学史》。

2014年，我们于北京大学信息管理系召开开题报告会，徐雁教授、王子舟教授、姚伯岳教授、吴永贵教授等参会，就研究计划与实施方案提出了大量切实可行的建议。课题组根据专家意见，重新修改完善了研究大纲并确定分工，正式展开中国图书馆学史的资料收集与研究工作。

经过一年多的准备，2015年11月28日至29日，课题组在北大信息管理系召开第二次全体工作会议。经过两天的讨论，会议确定了各卷的主要内容、写作大纲，讨论开列了各时期重要图书馆学人名录，进一步明确了研究思路，课题研究转入攻坚阶段。2016

年初至 2019 年底，是各分卷按照分工独立展开研究的阶段。其间，我们多次召开小型研讨会，就各卷研究遇到的问题展开讨论，同时协调进度，统一写作思路。为保证书稿质量，2020 年元月 2 日至 3 日，课题组在北京召开第三次全体工作会议，从体例统一的角度，对各分卷初稿逐一审读并提出修改意见。2020 年 4 月底，各分卷按计划完成了初稿。经过近半年的修改，2020 年 10 月 14 日至 18 日，课题组在苏州召开结题审稿会，邀请苏州图书馆邱冠华、金德政、费巍和苏州大学李雅等专家学者与会，就审稿过程中发现的问题进行研讨。充分吸纳专家意见并对书稿进行修改后，2020 年 11 月底，"中国图书馆学史"重大课题结项报告最终定稿，并于 2021 年 3 月通过鉴定，获批结项。

我与安徽教育出版社渊源颇深，2017 年底，由我主编的十卷本《中国阅读通史》由安教社出版。在十余年"漫长"的合作中，安教社始终支持我们的工作，对作者的"拖延"保持了足够的宽容，并为出版做了大量认真细致的工作。因此，在与作者团队商议后，我们决定"再续前缘"，延续我们因《中国阅读通史》而结下的良好合作关系，共同做好《中国图书馆学史》的出版工作。2021 年，安徽教育出版社将该项目的结项成果按照出版规范加以调整后，申报了国家出版基金，并于 2022 年 3 月正式获批。此后，按照国家出版基金时间要求，根据专家审读意见再次修改书稿，完善内容，打磨细节。

2023 年 10 月 14 日至 15 日，在安徽教育出版社、河南大学新闻传播学院的支持下，我们在河南开封召开"《中国图书馆学史》出版推进会"，讨论了出版规范、书稿体例等问题。2024 年 3 月 14 日至 17 日，为了解决出版过程中遇到的问题，安徽教育出版社在合肥召开了一次由作者和全体责编参加的终审会，对书稿进行最后的修改。至此，基本完成全书定稿工作，最终的成果就是这套即将与读者见面的十卷本《中国图书馆学史》，目次为：

第一卷　绪论　先秦秦汉魏晋南北朝图书馆学史
第二卷　隋唐五代图书馆学史
第三卷　宋辽夏金元图书馆学史
第四卷　明代图书馆学史
第五卷　清代图书馆学史
第六卷　民国图书馆学理论
第七卷　民国图书馆学教育
第八卷　民国图书馆学学术团体
第九卷　民国图书馆学学者
第十卷　民国文献学学者

第一卷分为《绪论》和《先秦秦汉魏晋南北朝图书馆学史》两部分。《绪论》重点解决中国图书馆学史研究中的重要理论问题，阐释我们对中国图书馆学、图书馆学史等基本概念的理解，梳理前人研究成果，确立研究的疆域与边界，构建全书总体框架，为后续研究奠定基础。按照我们的理解，中国图书馆学既应包括西学东渐、近代学术转型以来，西方图书馆学思想本土化后的成果，更应继承古代藏书整理的经验、方法、理论。近代学科体系的突出特征，就是分科越来越细，交叉越来越多。在近代学科体系建立的过程中，许多原本有密切联系的知识门类独立为专门的学科，图书馆学与文献学就是其中的代表，但从学术史的角度看，相关学科之间的客观联系是无论如何不应被忽视的。因此,在对前人研究成果进行梳理时,我们将之分为图书馆学与文献整理学两部分,以求更为全面地展现本领域的既有进展,帮助我们厘清思路,提炼重点研究问题。

从《先秦秦汉魏晋南北朝图书馆学史》至《清代图书馆学史》,属于中国图书馆学史的古代部分。我们认为,中国古代关于藏书的文化传统,是滋养中国图书馆学发生、发展的土壤,而系统的西方学科理论,奠定了中国图书馆学学科化、体系化的基石。中国古代藏书文化中关于藏书建设、整理、管理的思想与方法,是中国图书馆学的重要内容,也是"中国的图书馆学"的文化土壤与特色所在。因此,我们按照时间顺序将古代图书馆学划分为五个时段,分论每个时段图书馆学的历史发展、主要成就、代表人物,重点梳理各时段藏书管理与藏书整理思想、理论。具体内容有:古代藏书管理的思想与方法,即古代藏书收集、保存、利用等相关经验的总结;古代藏书整理的思想与方法,重点放在分类、编目、版本等藏书整理实践中总结的方法和理论。

民国是中国图书馆学学科体系建立的关键时期,有对传统藏书经验和理论的总结与继承,更有随近代学科体系建构而形成的新领域、新思想;也是中国图书馆学发展的关键阶段,在形塑学科体系结构、引领学科发展方向等方面产生了深远影响。此外,这一时期学人、著作不断涌现,学术团体、学科教育等学术建制的萌芽与成熟对于学科发展意义重大,同样应当进入学术史的范畴。而学人、著作是学术史的"主角",以人为纲,学案体的写法更利于展现学派、学术发展之内在关联。故中国图书馆学发展至民国以后,有必要对其进行进一步的细分,以契合民国图书馆学在中国图书馆学史上的重要地位。在写作思路上,采用总分式结构。以一卷的篇幅总论民国图书馆学的发展背景、理论进展、学科建制;再以四卷的规模,择取民国图书馆学教育、学术团体、图书馆学与文献学学者等不同侧面,多维度展现民国图书馆学的发展面貌与主要成就,力求揭示近代中国图书馆学学科建构与转型的路径及其发展的内在机理。

"中国图书馆学史"的研究过程中,我的研究生、博士后也参与了课题讨论,从中选取相关论题撰写论文,为课题积累了丰富的前期成果和研究资料。由于工作变动,其中部分成员没有参与书稿的撰写,在此对他们的付出表示感谢。他们是北京大学范凡、许欢、张慧丽、李世娟、衡明明、张婵娟,清华大学王媛,中国人民大学王丽丽,河北大学赵元斌,青岛大学刘悦。

需要说明的是,在中国图书馆学史研究领域,许多基本概念尚存争议,学科史的研究框架与内容亦无成例可循,本书的观点仅代表一家之言。限于学力、时间,疏漏之处在所难免,诚盼学界同人不吝批评,就书中涉及的问题与我们展开讨论。

对学科史研究的重视,是学科发展到一定程度之后的学术自觉。对几千年来中国图书馆学成就的系统梳理,能够帮助我们找寻图书馆学史闪耀的思想光芒,确认值得今天借鉴的精神成果。当前图书馆学的发展也需要我们时常回望来路,通过反思历史,审视今天的问题,厘清前进的方向。当前,随着国民经济的快速发展,中国图书馆事业突飞猛进,取得了令世界瞩目的成就,图书馆是重要文化设施的理念深入人心。然而,与事业发展相伴的是图书馆学学科及其教育发展面临的困境。一方面,信息技术的革新赋予了以图书馆学为代表的信息学科无限的想象空间;另一方面,与现实脱节，对事业发展重大现实问题回应力不足，以及由此而生的关于学科必要性、独立性的悲观情绪，正在学科内部蔓延。历史总是相似的，如今，中国的图书馆学又走到了一个需要选择何去何从的关口。我们梳理图书馆学学术史时，不仅要铭记前辈先贤为构建学科作出的努力与贡献，更重要的是从历史经验中汲取养分，对今天的图书馆事业、图书馆学发展进行深入思考，厘清思路、拓展视野，透过纷繁的现象，为中国图书馆学未来的发展作出正确的道路选择。这也是时代赋予当代图书馆学学人的重大使命与责任！

十卷本《中国图书馆学史》的出版，仅是我们为上述目标所作的初步努力，而学术史的完善，仍需更多关心图书馆学的发展、深入理解"中国的图书馆学"内涵的学者共襄其事。我相信，图书馆是人类文明生活的"第二起居室"；中国的图书馆学，将有一个光明的未来！

是为总序。

王余光
2024 年 4 月于北京

目 录

引 言 / 1

第一章 / 3
宋辽夏金元时期藏书发展的历史背景

第一节　宋辽夏金元时期的社会背景 / 3

第二节　宋辽夏金元时期的文化发展 / 7
　　一、哲学与宗教 / 7
　　二、史学、艺术、文学和教育 / 8
　　三、科学技术 / 13

第三节　宋辽夏金元时期的刻书事业 / 16
　　一、活字印刷术的发明 / 16
　　二、刻书事业的发展 / 18

第二章 / 22
宋辽夏金元时期的藏书事业

第一节　官府藏书事业的发展 / 22
　　一、宋代官府藏书 / 22
　　二、辽代官府藏书 / 43
　　三、西夏官府藏书 / 45
　　四、金代官府藏书 / 47
　　五、元代官府藏书 / 48

第二节 私人藏书事业的发展 / 52

一、宋代私人藏书 / 52

二、辽代私人藏书 / 68

三、西夏私人藏书 / 71

四、金代私人藏书 / 72

五、元代私人藏书 / 75

第三节 书院藏书事业的发展 / 83

一、宋代书院藏书 / 83

二、辽代书院藏书 / 93

三、西夏书院藏书 / 94

四、金代书院藏书 / 95

五、元代书院藏书 / 98

第四节 寺观藏书事业的发展 / 105

一、宋代寺观藏书 / 105

二、辽代寺观藏书 / 116

三、西夏寺观藏书 / 118

四、金代寺观藏书 / 119

五、元代寺观藏书 / 122

第三章 / 126

宋辽夏金元时期的图书收藏与分类编目

第一节 宋代图书的收集与保护方法 / 126

一、图书收集的方法 / 128

二、图书保护的方法 / 129

第二节　辽夏金元时期图书的收集与保护
　　　　方法 / 134
　　一、图书收集的方法 / 134
　　二、图书保护的方法 / 137

第三节　宋代图书的分类与编目 / 141
　　一、图书分类 / 142
　　二、图书编目 / 144
　　三、宋代图书分类编目的理论贡献 / 150

第四节　辽夏金元时期的图书分类
　　　　与编目 / 152
　　一、官府藏书的分类编目 / 152
　　二、史志目录的分类编目 / 153
　　三、私人藏书目录的分类编目 / 154
　　四、书院藏书目录的分类编目 / 156
　　五、佛教藏书目录的分类编目 / 156

第四章 / 157
宋辽夏金元时期的图书管理与流通利用

第一节　宋代图书保藏与管理 / 157
　　一、社会环境及各类型藏书概述 / 158
　　二、藏书管理思想 / 163

第二节　辽夏金元时期的图书保藏
　　　　与管理 / 166
　　一、官府藏书 / 166

二、书院藏书 / 170

第三节　宋代图书的流通与利用 / 171
　　一、图书的生产与流通 / 172
　　二、藏书的利用 / 175

第四节　辽夏金元时期的图书流通
　　　　与利用 / 177
　　一、图书的生产与流通 / 177
　　二、藏书的利用 / 186

第五章 / 189
宋辽夏金元时期图书馆学人及其著作（上）

第一节　郑樵与《通志·艺文略》/ 189
　　一、生平概述 / 189
　　二、《通志·艺文略》的主要内容
　　　　和学术价值 / 190

第二节　晁公武与《郡斋读书志》/ 198
　　一、生平概述 / 198
　　二、《郡斋读书志》的主要内容
　　　　和学术价值 / 200

第三节　陈振孙与《直斋书录解题》/ 203
　　一、生平概述 / 203
　　二、《直斋书录解题》的主要内容
　　　　和学术价值 / 204

第四节 尤袤与《遂初堂书目》/ 209
一、生平概述 / 209
二、《遂初堂书目》的主要内容和学术价值 / 210

第五节 马端临与《文献通考·经籍考》/ 215
一、生平概述 / 215
二、《文献通考·经籍考》的主要内容和学术价值 / 217

第六节 脱脱、阿鲁图与《宋史·艺文志》/ 225
一、生平概述 / 225
二、《宋史·艺文志》的主要内容和学术价值 / 226

第七节 王尧臣、欧阳修与《崇文总目》/ 230
一、生平概述 / 230
二、《崇文总目》的主要内容和学术价值 / 232

第八节 欧阳修与《新唐书·艺文志》/ 239
一、生平概述 / 239
二、《新唐书·艺文志》的主要内容和学术价值 / 241

第六章 / 247

宋辽夏金元时期图书馆学人及其著作（下）

第一节　宋敏求与《春明退朝录》/ 247
　　一、生平概述 / 247
　　二、《春明退朝录》的主要内容和学术价值 / 248

第二节　赵明诚与《金石录》/ 257
　　一、生平概述 / 257
　　二、《金石录》的主要内容和学术价值 / 259

第三节　李清照与《金石录后序》/ 265
　　一、生平概述 / 265
　　二、《金石录后序》的主要内容和学术价值 / 267

第四节　王明清与《挥麈录》/ 270
　　一、生平概述 / 270
　　二、《挥麈录》的主要内容和学术价值 / 270

第五节　钟嗣成与《录鬼簿》/ 278
　　一、生平概述 / 278
　　二、《录鬼簿》的主要内容和学术价值 / 281

第六节　程俱与《麟台故事》/ 290

　　一、生平概述 / 290

　　二、《麟台故事》的主要内容和学术
　　　　价值 / 291

第七节　王应麟与《玉海》等 / 306

　　一、生平概述 / 306

　　二、《玉海》的主要内容和学术
　　　　价值 / 306

　　三、《汉艺文志考证》的主要内容
　　　　和学术价值 / 315

　　四、《通鉴地理通释》的主要内容
　　　　和学术价值 / 325

主要参考文献 / 329

索　引 / 344

后　记 / 356

引 言

宋代是我国封建社会经济发展较快的时期,农业、手工业和商业进一步发展,《清明上河图》中所记人间万象足以体现。宋代不仅雕版印刷术发达,而且也诞生了活字印刷,书籍由此进入册页制度时期。其实,整个宋元时期我国印本书的发展都较快,同时由于书坊的兴盛,宋代官私藏书的发展超越前代,达到了我国古代的一个高峰。① 北宋的官府藏书系统包括崇文院、秘阁和多处宫廷藏书处所(太清楼、龙图阁、天章阁、宝文阁、显谟阁、徽猷阁、敷文阁),这些藏书处所都有相对完备的管理制度,其藏书在一定范围内(皇帝及部分官吏、殿试科举考生等)可以公开借阅流通,为公私著述提供了条件,同时也为朝廷编制藏书目录奠定了基础。辽、金、元的官府藏书体系承继前朝,同时效仿宋朝征访图籍,设置秘书监管理朝廷图书典籍事宜。

宋元时期私家藏书进一步发展,藏书家有宋敏求、王钦臣、司马光、陆游、赵明诚、尤袤、郑樵、陈振孙等。宋代私家藏书编制目录形成风气,有晁公武《郡斋读书志》、陈振孙《直斋书录解

---

① 谢灼华主编:《中国图书和图书馆史》,武汉大学出版社,2005年,第164页。

题》、尤袤《遂初堂书目》等。两宋时期，具有读书与讲学功能的书院兴起。作为教育和文化的中心，书院必然要发展刻书和藏书事业。据全祖望考证，北宋四大书院有嵩阳书院、睢阳书院、白鹿洞书院和岳麓书院，南宋四大书院有岳麓书院、白鹿洞书院、丽泽书院和象山书院。① 元代书院受朝廷管制较多，官学性质明显。宋元时期各类型藏书事业的发展，为梳理我国古代图书馆学的学术思想提供了事实依据。"图书馆学"这个专有名词在我国是近代的产物，我国古代虽无"图书馆学"之名，却有"图书馆学"之实，它与校雠学（文献学）有着紧密的血缘联系。本卷最后两章是对宋元时期图书馆学人及其相关著作的举要研究，是在前述对中国古代"图书馆学"的认知理解基础上进行的。

---

① 谢灼华主编：《中国图书和图书馆史》，武汉大学出版社，2005年，第254页。

第一章

宋辽夏金元时期藏书发展的历史背景

第一节 宋辽夏金元时期的社会背景

历史上宋代（960—1279）可以划分为前后两个时期，即北宋和南宋，历时共计320年；辽朝（907—1125），计219年；金朝（1115—1234），计120年；西夏（1038—1227），计190年；元朝（1206—1368），计163年。可见，北宋政权主要与辽对峙，金吞灭了辽与北宋，而后金又与南宋、西夏对峙，最后三者统归于元朝。

后周显德七年（960），宋太祖赵匡胤夺取政权，建立宋朝，是为北宋的开始。北宋建立后，通过奖励功臣、削弱藩镇、平定叛乱等措施进一步加强了中央集权，尤其是宋太祖在位时期，对辽与党项等少数民族政权以礼相待，边境地区相对稳定。因此，宋初政治局面逐渐稳定，也为社会经济的恢复和发展奠定了基础。这种局面到北宋中叶发生了变化，随着宋王朝对辽、西夏等政权的征讨失利和不断议和，加上真宗、仁宗两朝耗费大量财力广建宫观、庙宇，北宋朝廷陷入内忧外患、积贫积弱的状态，进而引发了"庆历新政"和王安石变法，后者对改变宋真宗以来所形成的不利局面起到了重要作用，使得北宋中后期的社会经济迅速发展，农业、手工业兴盛，商业繁荣。从北宋画家张择端的《清明上河图》就能看出北宋都城汴京（开封）当年繁荣的景象，这也是北宋城市经济的写照。这一时期还产生了世界上最早的纸币——交子。[①] 北宋末年，统治阶级日益腐朽，朝廷官员以"新法"为幌子，强取豪夺、横征暴敛，导致民不聊生，由此引发宋江、方腊等起义，北宋王朝逐渐走向末路，随后被金军一举攻破。北宋灭亡。

南宋建炎元年（1127）五月，宋高宗赵构在应天府即位，重建宋王朝，后迁都临安（今浙江杭州），史称南宋。南宋建立后，与金形成对峙态势，抗金与降金成为贯穿南宋政治始末的主题。宋高宗赵构和权相秦桧主张议和，而以岳飞为首的抗金派极力反对。岳飞遭到迫害后，宋、金签订"绍兴和议"，宋向金割地赔款，这是在双方军力基本相当的情况下南宋所作的主动求和，也是宋高宗赵构面对靖康之变的历史遗留问题所作出的利己选择。南宋偏安江南一隅，不思进取，南宋末年，朝廷统治更加腐朽，遂被北方兴起的政权元（蒙古）所灭。[②]

---

① 陈振：《宋史》，上海人民出版社，2003年，第318页。
② 陈振：《宋史》，上海人民出版社，2003年，第517页。

第一章 宋辽夏金元时期藏书发展的历史背景

辽神册元年（916），辽太祖耶律阿保机依汉制称帝，这是在契丹部落联盟的基础上建立的少数民族政权。辽朝开国初期，征服北方诸部族，灭后晋，欲做中原和塞北的共主，但因各地军民的反抗斗争而未成功。长期战争使得辽朝的国力逐步衰微，而此时后周政权却日益壮大，及至宋太祖赵匡胤夺取后周政权建立宋朝，北宋与辽渐成对峙态势。双方订立"澶渊之盟"后，互称南、北朝，关系趋向缓和。辽兴宗以后，辽朝的统治日益衰败，于1125年被新兴的政权金（女真）所灭。[①]

辽天庆五年（1115）正月初一，金太祖完颜阿骨打即皇帝位，国号大金，即历史上的金朝。金政权是在女真部落的基础上建立起来的。女真族主要生活在今东北地区东部，生产力水平比较低下，至辽末还以物物交换为主要的商品流通方式。女真族不仅物质贫乏，还经常受到辽的打压与侵扰。虽然在名义上女真是辽的部属，但他们对辽统治者的不满由来已久，双方处于离心离德的状态。金兴起后，北宋遂与金结盟以攻辽。1125年，金灭辽，并在此基础上，于1127年一鼓作气攻破北宋都城东京，金发展势头强劲，与南宋、西夏成鼎立之势，但北方蒙古族兴起后，金亦为之所灭。[②]

元昊大庆三年（1038）十月，李元昊登上帝位，国号大夏，史称西夏。西夏是我国古代北方民族党项族建立的政权。党项族在隋唐时期频频扰边，唐太宗时期曾采取"招抚"政策，设羁縻府州统领。后吐蕃势力发展强劲，不断出兵攻击党项各部，党项族上表唐朝开始内迁，并在"安史之乱"前后再次成为唐朝的祸患。在唐朝统治者继续采取安抚措施的情况下，党项族此后未见有大的动乱，

---

① 李锡厚、白滨：《辽金西夏史》，上海人民出版社，2003年，第52页。
② 李锡厚、白滨：《辽金西夏史》，上海人民出版社，2003年，第285页。

这为党项各部族的发展提供了条件。其中党项拓跋部发展较快，在唐末形成夏州割据势力，并先后依附于五代梁、唐、晋、汉、周五个政权，于夹缝中生存与发展，为李元昊建立西夏王朝奠定了基础。西夏政权未得到宋朝的承认，双方战争不断，李元昊实行倚辽抗宋的政策，但夏辽双方亦时有纷争，最终夏辽联盟破裂，李元昊在战场获胜后立刻遣使与辽讲和，并向宋示好，缓和了三方的关系，为西夏王朝的兴盛提供了条件。夏贞观（1101—1113）之初，北宋对夏用兵，夏遣使向辽求援，三方关系再次紧张。北方女真族建立金朝后，一举灭掉辽与北宋，此后西夏与南宋、金呈鼎足之势，最后统归于元朝。①

宋宁宗开禧二年，同时也是金章宗泰和六年（1206），元太祖铁木真称帝，尊号成吉思汗，元朝始建。元朝政权的建立者是我国古代北方民族蒙古族，亦即唐之蒙兀（音译）。蒙古族人骁勇善战，元朝建立后，其统治疆域不断扩大，1227年灭西夏，1234年灭金，1279年灭南宋。但常年征战导致国家财政困难，又加横征暴敛，凡事以元人为长，使得民族矛盾日益加剧，元朝末年群雄蜂起。1368年，明太祖朱元璋建立明朝，元朝灭亡。②

---

① 李锡厚、白滨：《辽金西夏史》，上海人民出版社，2003年，第480页。
② 王桐龄：《宋辽金元史》，华中科技大学出版社，2017年，第187页。

第二节 宋辽夏金元时期的文化发展

一、哲学与宗教

在儒释道合流的趋势下,宋代学术思想又一次繁荣。在哲学领域,形成了儒家的新学派——理学,又称程朱理学,代表人物有周敦颐、程颢、程颐,南宋朱熹为集大成者。除此之外,还有张载、王安石的气学,陆九渊的心学,陈亮、叶适的实学,邵雍的象数学等。[①] 两宋的文化对当时的少数民族政权影响很大。辽朝的官制学习宋朝,从开国起便不崇佛教而立儒学;西夏在治国思想上奉行儒学;金朝虽然保留了女真族的特点,但为了进一步巩固政权,后期也开始扶持儒学。[②] 元代理学上承两宋,下启明清,经过元初的发展后,逐渐形成了江西理学、金华理学和浙东理学三大流派,除此之外,还有陆学、无神论思想等。[③]

---

① 郑师渠总主编,吴怀祺分册主编:《中国文化通史·两宋卷》,中共中央党校出版社,1999年,第140页。
② 史仲文、胡晓林主编:《百卷本中国全史》第11卷,人民出版社,1994年,第258、262、265页。
③ 史仲文、胡晓林主编:《百卷本中国全史》第13卷,人民出版社,1994年,第1页。

佛教作为外来宗教，经过魏晋南北朝和隋唐时期的发展演变，到了宋代已经基本中国化，形成了禅宗、天台宗、净土宗、慈恩宗等多个流派。道教是中国的本土宗教，和佛教一样，其兴衰与统治者不同时期的政治需要有关，由此也形成了众多教派，如茅山派、天心派、神霄派、张天师派、阁皂山派等。[①] 佛教与道教经过与儒学的融合，逐渐形成中国传统文化的内核底蕴，对后世影响深远。辽朝在宗教信仰上保留了较多的传统宗教成分，但同时也受汉地佛教、道教的影响，形成多种宗教并存的局面。西夏最初流行本民族的原始巫教，后佛教流入，受汉、藏佛教宗派的影响较大。金朝曾长期以萨满教为主要的民族传统宗教，同时也接受了中原广泛流行的佛教和道教，并形成对中国封建社会后期影响最大的"新道教"——全真道。[②] 元朝对各种宗教采取兼收并蓄的政策，从而形成蒙古萨满教、佛教、道教、伊斯兰教、基督教和犹太教并存的局面。[③]

二、史学、艺术、文学和教育

两宋时期史学繁荣，修史制度和修史机构渐趋完善，出现了很多有代表性的史学巨著，如司马光的《资治通鉴》、袁枢的《通鉴纪事本末》、欧阳修的《新五代史》、郑樵的《通志》等。宋代历史

[①] 郑师渠总主编，吴怀祺分册主编：《中国文化通史·两宋卷》，中共中央党校出版社，1999年，第205、230—231页。
[②] 史仲文、胡晓林主编：《百卷本中国全史》第11卷，人民出版社，1994年，第173、224、186页。
[③] 史仲文、胡晓林主编：《百卷本中国全史》第13卷，人民出版社，1994年，第1页。

文献学进一步发展，在金石学、方志、杂史和笔记诸领域取得了丰硕的成果，如欧阳修的《集古录跋尾》、赵明诚的《金石录》、宋代乐史所编修的《太平寰宇记》、王明清的《挥麈录》、陆游的《老学庵笔记》、沈括的《梦溪笔谈》等。① 辽夏金三朝史学成果较少，这和其原生的文化发展形态有关，但是元朝还是在史学领域取得了一定成就，如元代脱脱编纂了《宋史》《辽史》《金史》，马端临编了有通史性质的《文献通考》。

宋代的艺术成就主要体现在绘画、书法、乐舞和民间艺术方面。宋代的绘画有人物画、山水画、花鸟画、水墨梅竹画、壁画等形式，比较有代表性的有张择端的《清明上河图》、陈居中的《文姬归汉图》、范宽的《溪山行旅图》、崔白的《寒雀图》、苏轼的《木石图》等。宋代的壁画可以进一步分为寺院壁画、石窟壁画和墓葬壁画。宋代的书法处于我国书法发展史上一个变革创新的时期，以情为主，偏于优美。北宋书法四大家有蔡襄、苏轼、黄庭坚和米芾，宋徽宗赵佶的"瘦金体"也独具特色，宋高宗赵构的书法造诣不在徽宗之下。宋代的音乐有宫廷音乐、地方音乐和民间音乐之别，舞蹈分为宫廷舞蹈和民间舞蹈。随着城市经济的繁荣，瓦子勾栏兴起，其中存在多种娱乐形式，总称为百戏，包括踏球、蹴球、上竿、跳索、踏索、脱索、倒立、跟头、顶竿、杂手艺、踢弄、魔术等。说唱曲艺、杂剧与南戏在宋代进一步得到了发展，尤其是南戏，到南宋时期已形成压倒性的优势。② 辽代的绘画艺术受

---

① 郑师渠总主编，吴怀祺分册主编：《中国文化通史·两宋卷》，中共中央党校出版社，1999年，第304—379页。

② 郑师渠总主编，吴怀祺分册主编：《中国文化通史·两宋卷》，中共中央党校出版社，1999年，第464—524页。

中原文化的影响，同时也有着自身的民族特点，以人物画居多，也有花卉鸟兽画，但是山水画处于未成熟阶段，辽代晚期也有墓室壁画和寺庙壁画。金代绘画艺术与南宋交相辉映，受汉族文化的影响，女真上层贵族中不少人都爱好并通晓诗文书画，在山水画和花鸟画方面尤为擅长，同时也受民族生活的影响，画马之风盛行。辽代缺乏有名的书法家，金代书家也不多，金章宗主要模仿宋徽宗的"瘦金体"，此外主要以党怀英、王庭筠二人为代表。除绘画书法外，金代有一种哑剧或舞剧，称为连厢词，和杂剧近似。① 由于史料记载的稀缺，尤其西夏史料的罕见，我们难以窥见辽金夏三朝在各艺术领域的全貌，但总体来看，他们受中原文化的影响是比较大的。元代的绘画也有人物画、山水画、花鸟画、壁画等形式，每种形式都各有代表，不乏名家，其中对元代绘画起着重要促进作用的一位关键人物是赵孟頫，他的代表作有《鹊华秋色图卷》《洞庭东山图》《秋郊饮马图》等。作为元代山水画代表人物，黄公望、吴镇、倪瓒和王蒙四人被称为元四家。元朝皇室也有对绘画颇感兴趣甚至成为行家的，如元英宗、元文宗等。在书法方面留名于史的，除了赵孟頫，元代还有虞集、柯九思、杜本、张雨、吾衍、饶介、耶律楚材诸人。元代的乐舞包括宫廷乐舞和民间乐舞，民间乐舞尤以杂剧、散曲和南戏为主，② 因与下述文学领域相交叉，此处不再赘述。

宋代文学虽承接唐五代文学，但自身具有鲜明的风尚。宋代散

---

① 史仲文、胡晓林主编：《百卷本中国全史》第12卷，人民出版社，1994年，第184页。
② 史仲文、胡晓林主编：《百卷本中国全史》第14卷，人民出版社，1994年，第25、41、90、135、152页。

文在继承唐代韩柳古文运动成果的基础上，逐渐形成了稳健而成熟的散文风格，唐宋八大家中有六位是宋人，即欧阳修、苏洵、苏轼、苏辙、王安石和曾巩。宋代是继唐代之后的又一个诗歌创作繁荣期，诗歌创作数量超过唐代，诗派也很多。北宋初期居易体、晚唐体和西昆体并立，北宋中期复古诗盛行，然后以王安石、苏轼为代表的革新派继之，到了南宋中期，以陆游为代表的诗人通过诗歌抒发忧时忧国之情，南宋中期之后的诗歌则体现出民族情怀。最能体现宋代文学成就的是宋词。宋词也是风格多变的，有以晏殊、欧阳修作品为代表的婉约词，以柳永作品为代表的慢词，以苏轼作品为代表的豪放派词，有辛弃疾的爱国词，还有伤感词、愤慨词、哀国词，等等。除了散文、诗、词之外，宋代还出现了反映民间生活旨趣的艺术形式——话本。说话艺人分工很细，有说经的，有讲史的，也有讲小说的，他们深受平民阶层的欢迎。[①] 辽夏金三朝都有本民族的语言文字，但是在文学方面留存较少。辽朝一些契丹贵族深受中原文化的影响，具有一定的诗文造诣，代表人物有耶律孟简、萧观音、萧瑟瑟、耶律常哥等。西夏的文学作品传世极罕，只有零星可见。金朝的文学作品相对较多，比较集中地保存在元好问编集的《中州集》和《中州乐府》中。[②] 元代文学的最大特色是戏曲文学的兴盛。元曲包括散曲和杂剧，如关汉卿的《窦娥冤》《望江亭》《救风尘》《蝴蝶梦》《单刀会》，王实甫的《西厢记》，白朴的《墙头马上》《梧桐雨》，马致远的《汉宫秋》，郑光祖的《倩女

---

① 郑师渠总主编，吴怀祺分册主编：《中国文化通史·两宋卷》，中共中央党校出版社，1999年，第380—463页。
② 史仲文、胡晓林主编：《百卷本中国全史》第12卷，人民出版社，1994年，第234页。

离魂》，等等。元朝末年南戏再度兴起，以高明的《琵琶记》为代表，为明清的传奇剧奠定了基础。元代诗文创作不及元曲，但也形成了自己的特点，代表人物有耶律楚材、赵孟頫、萨都剌、杨维桢、王冕等。[①]

宋代的教育比较发达，包括官学教育和书院教育两个体系。官学又分中央官学和地方州县学，其中中央官学主要有国子学、太学、四门学、律学、武学、医学、算学、书学、画学、广文学、宫学和宗学等，而地方州县学的入学资格不分士庶门第。地方学校逐渐兴起，培养了众多学生，其中不乏有用之才，如范仲淹、欧阳修、王安石、苏轼、张载等。宋代书院教育颇具规模与特色，对中国封建社会后期的教育产生了重要影响。北宋书院主要有白鹿洞书院、岳麓书院、石鼓书院、睢阳书院、嵩阳书院、茅山书院等。南宋书院教育更加繁盛，据《文献通考》记载："北宋诸儒，多讲学于私家。南宋诸儒，多讲学于书院，故南宋时书院最盛。"[②] 除了学校教育外，宋代仍然实行科举制选拔人才，包括贡举、制举、童子试等，并且较唐代有了新的变化。辽夏金三朝受中原文化的影响，在保持本民族文化特色的同时，逐渐走上了汉化的道路。在教育领域，辽建立了仿照汉制的官学制度，既有中央官学，也有地方官学，形成了府州县学的多层学校网。除此之外，辽统治者还重视宫廷教育，历朝帝王和王室子弟大都接受了较为全面的汉文化教育。同时私学开始在辽出现，主要依托于山林间的藏书之所，以及家族

[①] 史仲文、胡晓林主编：《百卷本中国全史》第14卷，人民出版社，1994年，第205页。
[②] 郑师渠总主编，吴怀祺分册主编：《中国文化通史·两宋卷》，中共中央党校出版社，1999年，第261—275页。

内部，尚不发达。科举制是辽重要的文官选拔制度，主要以汉人为对象，考试科目以诗赋、经义为主。金朝亦仿照汉制发展教育事业，既有中央官学，也有地方官学，并且广泛设有学官，或负责专业教育，或辅教帝王或王室子弟。金朝亦有科举制度，兼采唐宋之制和辽制，起到了缩小女真族和汉族文化差异、加强民族团结和巩固统治的作用。[①] 西夏少有史料记载其教育发展情况。元朝统治者经历了重武轻文到大力提倡程朱理学的转变过程，使得程朱理学成了官学，并在京师设中央官学，包括国子学、蒙古国子学等，在地方设有各级儒学、社学、蒙古字学、医学和阴阳学等，同时还有庙学、私学和书院教育，进一步促进了教育的普及和各阶层文化素质的提高。元代的科举也以程朱理学为主要考试内容，应试对象较为广泛。元代科举制度比较细致周详，对明清两朝产生了较大影响。[②]

三、科学技术

宋代的科学技术不仅对中国，也对世界文明作出了卓越贡献。中国古代四大发明中的三大发明，即火药、指南针和活字印刷术，都是这一时期的产物。天文学领域有对恒星、新星和超新星的观察，天文仪器得到了进一步的改进，还出现了有重大影响的天文学著作，如苏颂的《新仪象法要》、王应麟的《六经天文编》等。数学领域名家辈出，代表人物有秦九韶、杨辉、刘益、贾宪和沈括

---

① 史仲文、胡晓林主编：《百卷本中国全史》第12卷，人民出版社，1994年，第148页。
② 史仲文、胡晓林主编：《百卷本中国全史》第14卷，人民出版社，1994年，第3页。

等。除此之外，医学在宋代也进入全面发展的阶段，医药书籍的编纂工作受到重视，针灸、外科、儿科诸方面皆有长足进展，分科越来越细，研究越来越精。宋代的地理学成就也很突出，主要体现在地理学书籍的编纂、地图的制作、地质的考察和水利的发展诸方面。宋代的农业生产和技术达到了一个新的水平，农作物分布有很大变化，垦地方法不断革新，农业生产条件改善，陈敷的《农书》成书于南宋，是最早论述南方水稻生产区域的农业生产技术和经营的农学书籍。宋代在瓷器、冶炼和建筑领域也颇有成绩，在《宋史·食货志》《营造法式》《梦溪笔谈》中有对相关技艺的记载。[①]辽夏金都以牧业为主，但在中原文化的影响下，也逐渐开始重视农业的建设，辽金两朝的农业和手工业获得了一定的发展，但西夏的相关情况较少见于记载。辽金建筑基本上继承了唐宋的传统技术，辽的木结构建筑更多地继承了晚唐五代的传统，而砖结构建筑则受到宋的影响。金的木结构建筑受到辽和北宋的影响比较大。辽的瓷业主要是由被掳掠而来的汉族烧瓷工匠发展的，而金继承了辽与宋北方的瓷业根基，也取得了一定成就。上述领域西夏同样较少见于史料。[②]元作为入主中原的少数民族政权，在天下一统的前提下，于科技方面取得了较大成就，如在天文学方面，以郭守敬的《授时历》为代表；在数学方面，有李冶的《测圆海镜》、朱世杰的《算学启蒙》和《四元玉鉴》等；在农牧业方面，则以《农桑辑要》《农书》《农桑衣食撮要》为代表；在医药学方面，有李杲的《脾胃

[①] 郑师渠总主编，吴怀祺分册主编：《中国文化通史·两宋卷》，中共中央党校出版社，1999年，第525—563页。

[②] 史仲文、胡晓林主编：《百卷本中国全史》第12卷，人民出版社，1994年，第227页。

论》和《伤寒会要》，朱震亨的《格致余论》《局方发挥》《伤寒辨疑》等书；在地理学方面，有《元一统志》《舆地图》和大批游记类著作；在建筑学领域，元代实现了中国传统建筑布局与佛教、伊斯兰教建筑技术的融合，形成鲜明的时代特色。除此之外，元代在印刷术、造船术、航海术、火炮术和水利工程方面也取得了很多成就。①

两宋是我国古代封建文化发展的高峰期，与之并立的辽夏金三朝，以及后来实现天下一统的元朝，在政治、经济、文化诸领域都各具特色。这一时期在促进民族融合的基础上催生了这一时期特有的璀璨文化。上述哲学与宗教，史学、艺术、文学和教育，科学技术这三大方面的文化发展与这一时期的刻书与藏书事业关系密切，可以说上述各领域的发展也促进了宋辽夏金元时期的刻书与藏书事业，从而带动了文献学以及图书馆学的发展。

---

① 史仲文、胡晓林主编：《百卷本中国全史》第14卷，人民出版社，1994年，第10—13页。

第三节 宋辽夏金元时期的刻书事业

一、活字印刷术的发明

作为中国古代四大发明之一的印刷术，分为雕版印刷和活字印刷两种。关于雕版印刷的起源，有多种说法，如果辅以出土实物佐证的话，一般以敦煌发现的唐咸通九年（868）印制的《金刚经》（全称《金刚般若波罗蜜经》，现藏英国国家图书馆）为代表，从图画和文字来看，该部经书印制精良，说明我国古代的雕版印刷技术在晚唐时期已经达到了较高的水平，绝非初创时期的产物。因此，目前学界关于雕版印刷术的起源，多持唐代发明说，尤其不晚于中唐时期。而关于活字印刷术的起源，则有相对明确的记载，北宋沈括《梦溪笔谈》卷一八：

> 板印书籍，唐人尚未盛为之。自冯瀛王（道）始印五经，已后典籍皆为版本。庆历中，有布衣毕昇又为活版，其法：用胶泥刻字，薄如钱唇，每字为一印，火烧令坚。先设一铁板，其上以松脂蜡和纸灰之类冒之。欲印，则以一铁范置铁板上，乃密布字印，满铁范为一板，持就火炀之。药稍熔，则以一平板按其面，则字平如砥。若止印三二

本,未为简易;若印数十百千本,则极为神速。常作两铁板,一板印刷,一板已自布字,此印者才毕,则第二板已具。更互用之,瞬息可就。每一字皆有数印,如"之""也"等字,每字有二十余印,以备一板内有重复者。不用,则以纸贴之。每韵为一贴,木格贮之。有奇字素无备者,旋刻之,以草火烧,瞬息可成。不以木为之者,文理有疏密,沾水则高下不平,兼与药相沾,不可取。不若燔土,用讫再火令药熔,以手拂之,其印自落,殊不沾污。昇死,其印为予群从所得,至今保藏。①

根据《梦溪笔谈》的记载,活字印刷术由北宋布衣毕昇发明,当时是胶泥活字,沈括(1031—1095)与毕昇(?—约1051)为同时代人,沈括晚出一些,因此该段记载是比较可信的。北宋毕昇发明了胶泥活字,之所以不用木材,是因为"文理有疏密,沾水则高下不平,兼与药相沾,不可取"。目前世界上现存最早的木活字印本是西夏文的,即宁夏文物考古研究所藏西夏文《吉祥遍至口和本续》和俄罗斯圣彼得堡东方研究所藏西夏文《三代相照言文集》,但是汉文木活字印刷术则出现于元代。元代农学家王祯著有《农书》一书,为了印制这部科学著作,王祯亲自设计并请匠人刻制了3万多个木活字,先试以印制《旌德县志》,获得了成功,为此王祯还另写了一篇《造活字印书法》附录在《农书》之后,从而成为我国活字印刷史上的一篇重要文献。明清以后木活字又得到了进一步的发展,并且出现了锡活字、铜活字、铅活字等金属活字。

伴随着雕版印刷与活字印刷在宋元时期的发展,我国古代书籍

---

① 转引自谢灼华主编《中国图书和图书馆史》,武汉大学出版社,2005年,第132—133页。

的册页制度也进一步完善，书籍的装帧形式也随之发生了变化。宋元时期以蝴蝶装和包背装为主，宋版书的装帧形式多是蝴蝶装，包背始于南宋，流行于元代和明代前期。

二、刻书事业的发展

（一）官府刻书

宋初虽有《太平御览》《太平广记》《文苑英华》《册府元龟》四大类书的编纂，但因卷帙浩繁并没有刻印。宋代从中央到地方都比较重视刻书，由其刻印的书籍被称为"官刻本"。宋代中央刻书机构包括国子监、崇文院、秘书省、司天监、太史局、礼制局等，其中国子监刻书最多，由其刻印之书被称为"监本"。国子监刻书所涉范围较广，经、史、子、集四部皆备，其中经、史、医书较多。

宋代承袭隋唐科举制度，对经书的校刻比较重视。太宗端拱元年（988），命孔维校正孔颖达的《五经正义》，由国子监刊行。真宗咸平三年至四年（1000—1001）又校刊《七经疏义》，仁宗天圣八年（1030）又校《经典释文》。到了南宋高宗时期，又复刻北宋本诸经义疏。史书方面，太宗淳化五年（994）选官分校《史记》《前后汉书》，这是《前后汉书》第一次经过官方校订并经雕版印刷的本子。真宗咸平三年至五年（1000—1002）评校《三国志》《晋书》《唐书》，仁宗乾兴元年（1022）校订《后汉书》，仁宗天圣二年至四年（1024—1026）校《南北史》《隋书》，嘉祐五年（1060）镂版《新唐书》，嘉祐六年（1061）《宋书》《齐书》《梁书》《陈书》《魏书》《北齐书》《后周书》，皆送杭州开版，《新五代史》约刻于熙宁五年（1072），至此北宋时期十七史全部经过校刊。除此之外，还有医书的校刻，如《黄帝内经素问》《难经》《巢氏诸病源候论》等由国子监刊行，《金匮要略》《伤寒论》《本草》《修经图》《千金翼方》等都镂版刊行。① 宋代官刻中还包含佛藏和道藏的刻印，如太祖开宝四年（971）敕雕大藏经版，即"开宝藏"，这是宋代最早的官府刻书，也是佛藏的最早刻板。道藏的校刊则历经宋太宗、宋真宗和宋徽宗三朝，最后成《万寿道藏》，这是最早的道藏刻本。

辽、夏、金、元四朝作为少数民族政权，都有自己本民族的文字，同时受汉文化影响也比较大。在刻书方面，辽代书禁较严，传世刻书较少，比较有代表性的就是1974年7月在山西应县佛宫寺释迦塔内发现的《契丹藏》和其他印经；根据20世纪以来的考古发现，西夏传世著作大约500种，数千册，但主要收藏在俄罗斯圣彼得堡东方研究所，其中有多种活字印本；金灭北宋后，掠走了大量图书及印版，成为金本的底本。金朝官方刻书以国子监为代表，刻书中心在平阳（今山西临汾）；元代官府刻书较多，中央刻书机构包括兴文署、广成局、太史院、太医院等，国子监并不是主要刻书机构，除此之外，元代地方刻书系统较为发达，包括各路儒学、郡学、儒司、书院等。

（二）私家刻书

私家刻书一般指不以卖书为业，而是由私人出资校刻的书，又称"家刻本""家塾本""宅塾本"。北宋私家刻书传世较少，南宋私家刻书传世之本略多于北宋。据叶德辉《书林清话》记载，两宋

---

① 谢灼华主编：《中国图书和图书馆史》，武汉大学出版社，2005年，第146页。

私家刻书有40多家，其中尤以岳珂的"相台家塾"、廖莹中的"世彩堂"、广都费氏的"进修堂"、吴兴施元之的"坐啸斋"、建安黄善夫的"宗仁家塾"、魏仲举家塾和眉山程舍人宅诸家为最。① 现存的代表刻本有国家图书馆所藏廖莹中世彩堂刊刻的《昌黎先生集》《河东先生集》，周必大刊刻的《文苑英华》《欧阳文忠公集》等，除此之外，北京大学图书馆、南京图书馆等多家机构都收藏了两宋私家刻书。除了传世刻本，还有一些藏书家也有刻书的习惯，如陆游、朱熹、洪氏兄弟（洪适、洪遵、洪迈）诸人。

辽代私家刻书较少，以《妙法莲华经》为代表。西夏私家刻书不见准确记载，据张秀民《辽、金、西夏刻书简史》所述，西夏曾三番五次向宋朝索要佛藏及国子监所印书籍，但西夏境内公私仿刻情况已不可考。② 金代的私家刻书有苏伯修的《补正水经》、朱抱一的《重阳教化集》、王宾的《道德经取善集》、孙执中的《素问玄机原病式》等。元代的私家刻书，据叶德辉《书林清话》记载，亦有40多家，著名的有陈忠甫宅所刻《楚辞诸子集注》，李璋所刻《四书》《九经》，刘贞所刻《韩诗外传》《逸周书》《大戴礼记》，等等。③

（三）书坊刻书

书坊，由西汉末年书肆发展而来，是古代卖书兼刻书的店铺，是一种具有商业性质的私人出版发行机构。两宋书坊刻书兴盛，尤以建安余氏和临安陈氏最为著名。现在可考的宋代余氏刻书以余仲

---

① 王星麟：《宋代的刻书业》，《史学月刊》1986年第1期。
② 张秀民：《辽、金、西夏刻书简史》，《文物》1959年第3期。
③ 谢灼华主编：《中国图书和图书馆史》，武汉大学出版社，2005年，第158—159页。

仁万卷堂最为著名，刻有《尚书精义》《事务纪原》《春秋公羊传解诂》《春秋谷梁经传》《周礼注》《礼记注》等。临安陈起所刻书籍，目前国家图书馆有藏《唐女郎鱼玄机诗集》《甲乙集》《周贺诗集》《唐求诗集》。

辽代的刻书中心位于燕京（今北京），除了官刻《契丹藏》外，在山西应县佛宫寺所发现的实物中，也有坊刻本的佛经。金代的刻书中心在平阳（今山西临汾），平阳书坊可考者不多，现存实物以《中国版刻图录》为依据，目前收藏在国家图书馆的有《南丰曾子固先生集》《重编补添分门字苑撮要》《萧闲老人明秀集注》《刘知远诸宫调》等。西夏书坊刻书情况暂不可考。元代坊刻本数量较多，刻书中心在平阳（今山西临汾）和建阳（今福建建安），平阳是金的刻书中心，建阳是南宋的刻书中心，到了元代，二地基本延续下来成为元代的刻书中心，由其刻印的书籍在国家图书馆有藏。①

---

① 谢灼华主编：《中国图书和图书馆史》，武汉大学出版社，2005年，第160—163页。

第二章

宋辽夏金元时期的藏书事业

第一节 官府藏书事业的发展

一、宋代官府藏书

(一)藏书的管理

宋初,中央官府藏书"三馆书裁数柜,计万三千余卷"[1],《宋

---

[1] 徐松辑:《宋会要辑稿》,中华书局,1957年,第2237页。

史·艺文志》列出宋代三个不同时期三馆藏书数量及其增加情况，如下表：

表 2-1　三馆藏书数量及其增加情况表[①]

起止时间	增加数量		总数		备注
	部数	卷数	部数	卷数	
宋初	—	—	1182	13000	宋初三馆藏书 13000 卷。以北宋末藏书总数 73877 卷合 6705 部计算，每部书约有 11 卷，则宋初有书 1182 部，而太祖、太宗、真宗三朝增加的图书当除去此数
太祖、太宗、真宗三朝（960—1022）63 年	2145	26142	3327	39142	
仁宗、英宗两朝（1023—1067）45 年	1472	8446	4799	47588	
神宗、哲宗、徽宗、钦宗四朝（1068—1126）59 年	1906	26289	6705	73877	

北宋时期，多次对三馆藏书进行清点并编目整理。自建隆至大中祥符，三馆藏书 36280 卷，到编辑《崇文总目》时，尚有 30660 卷。政和七年（1117），据校书郎孙觌言，自《崇文总目》编就后，又"访求遗书，今累年所得，《总目》之外，已数百家，几万余卷"[②]，于是编《秘书总目》。然而从宋初开始，得以一直积累的中央官府藏书随着靖康之乱的到来而不复存在。偏安于江南的南宋政权，随着社会的逐步稳定，开始重建秘省，再次广征图书，开展对遗书的搜访，使中央官府藏书逐渐丰富起来。至孝宗淳熙五年

---

① 傅璇琮、谢灼华主编：《中国藏书通史》，宁波出版社，2001 年，第 312 页。
② 傅璇琮、谢灼华主编：《中国藏书通史》，宁波出版社，2001 年，第 312—313 页。

(1178),整理秘书省图书后编成《中兴馆阁书目》,著录书籍44486卷。至宁宗嘉定十三年(1220),又对秘书省新增图书进行整理编目,作《中兴馆阁续书目》,新得图书14943卷。[①]

(二)藏书机构

1. 中央官府藏书机构

表2-2 中央官府藏书机构

藏书机构	时期	构成(前身)	藏书来源	收藏种类	日常工作
三馆秘阁	北宋中期前	昭文阁、史馆、集贤院	一是太祖、太宗统一天下的过程中收集割据政权的图籍;二是广开献书之路,奖励捐献图书之人或广向民间求购;三是官府修撰或官员著作,需交样本贮藏于馆阁中	一是原三馆中收藏的真本书籍;二是书画真迹,凡搜访得到的书画墨迹都藏于秘阁;三是有关天文、占卜之书	围绕图书的收集、典藏、整理、校勘以及编目等展开

[①] 傅璇琮、谢灼华主编:《中国藏书通史》,宁波出版社,2001年,第313页。

续表

藏书机构	时期	构成（前身）	藏书来源	收藏种类	日常工作
秘书省	北宋中期及南宋	三馆、秘阁	一是朝廷向民间征集，大部分为私人藏书；二是出版业的发达，各地皆大量刻书，充实秘书省	图书、书画、碑刻	北宋神宗元丰五年（1082）前，秘书省主要工作是掌管祭祀祝版之类。元丰初年（1078），三馆与秘阁一起并入秘书省。此后，秘书省执掌原来馆阁负责的"掌典籍之事"
国子监	北宋前期	所设刻书机构原称印书钱物所	雕刻板片	以供生徒学习用的经部、史部书籍为主，另外也收藏御制、御集	既是国家教育机构，又是图书发行机构，执掌刻印书籍事务
舍人院	北宋前期	中书门下附属机构	国子监印本经书	诏令参考图书	起草诏令
御史台	—	监察机构	朝廷赐予	借三馆图书抄录，直接对皇帝负责	收受文书、本台簿书、钱谷及收藏、刻印图书

(1) 三馆秘阁——国家藏书之府

三馆分别是昭文馆、史馆和集贤院。太平兴国三年（978）二月，崇文院建于三馆之中，昭文书库位于东廊，集贤书库置于南廊，而西廊为史馆书库。端拱元年（988），建秘阁，端拱二年（989）诏"秘阁宜次三馆"。此后用馆阁代指三馆秘阁，由崇文院统一管理，负责国家藏书的管理、编撰以及大型类书、丛书的出版，编修国史。在馆阁中，藏书最多且最全的是史馆，其藏书分别放置于经、史、子、集四个书库中。

作为国家藏书中心，馆阁的藏书建设有利于封建社会统治，在古籍校勘，图书的出版、流通、阅览以及书目的编制等方面也发挥了巨大的作用。可以说，宋代馆阁的发展对宋代的藏书事业产生了积极的影响。

(2) 秘书省——国家最主要的藏书机构

北宋神宗元丰五年（1082）以前，秘书省与崇文院互不统属，元丰初年（1078），三馆与秘阁同属于秘书省。秘书省由掌管祭祀祝版变为负责原馆阁的"掌典籍之事"，这一制度一直到北宋灭亡才中断。南宋于绍兴十三年（1143）十二月在天开巷之东重建秘书省，新建的秘书省有多处收藏图书、书画、碑刻的书库。

表 2-3 南宋秘书省各书库的藏书情况表[①]

名称	面积（间）	位置	所藏内容
秘阁书库	5	前，右文殿后	御制御札，书画、石器、本期会要、日历[②]

[①] 傅璇琮、谢灼华主编：《中国藏书通史》，宁波出版社，2001年，第308页。
[②] 《南宋馆阁续录》主编卷三"储藏"载秘书库藏有书画1209轴46册，太上皇（高宗）圣政、日历等。据此，秘阁书库具备当代档案馆储藏档案材料的作用。

续表

名称	面积（间）	位置	所藏内容
道山堂	5	前，秘阁后	秘阁四库书目
御书石刻	1	后，东廊	高宗、孝宗御书石刻
石器库	3	后，东廊	内设绿厨三、木架六，以放置古器
图画库	1	后，东廊	图画
秘阁书库	3	后，东廊	内设绿厨八，藏秘阁书
子（书）库	5	后，东廊	有绿厨七，子部书
经（书）库	5	后，东廊	有绿厨七，经部书
御书石刻	1	后，西廊	高宗、孝宗御书石刻
秘阁书库	2	后，西廊	有绿厨八，藏秘阁书
印本书库	3	后，西廊	有绿厨七，藏诸州印版书
集（书）库	5	后，西廊	有绿厨七，藏集部书
史（书）库	5	后，西廊	有绿厨七，藏史部书
碑石库	2	后，西廊	藏碑石
印书作	2	后，西廊	《太平广记》，乐府版5000片，新刻《馆阁录》版154片，《中兴书目》版1580片
搜访库	5	后，西廊	《徽宗实录观书燕集题名》石刻，著作之庭石刻，此为旧提举所书库
国史库	2	后，西廊	日历、时政记、起居注
著作之庭	1	后，西廊	有金漆书橱一，藏著庭书目

（3）国子监

国子监所设刻书机构原称印书钱物所，淳化五年（994），兼判国子监李至建言："国子监旧有印书钱物所，名为近俗，乞改为国子监书库官。"① 于是"始置书库监官,以京朝官充。掌印经史群书,以备朝廷宣索赐予之用,及出鬻而收其直以上于官"②。

(4) 舍人院

舍人院作为中书门下的附属机构,是中书舍人、知制诰与直舍人院办公之地。元丰改制后,舍人院被废除,改其为中书后省。

(5) 御史台

宋朝御史台的职能广泛,地位十分显赫。御史台直接对皇帝负责,是统治者维护封建社会建设的有力工具。百官臣僚,皆受制于御史台,有"宰相而下畏之"的严威,在京百司,悉隶御史台六察,凡"官司稽违,悉许弹奏"。③《续资治通鉴长编》载,大中祥符六年(1013)十一月"癸丑,赐御史台《九经》、诸史,从所请也"④。

2. 地方官府藏书机构

宋代地方官府藏书之所,一是府、州、县长官的办公衙署;二是地方官办学校——府、州、县学,专门供藏书之用的阁、堂或楼等。

(1) 府、州、县长官办公衙署

府、州、县长官办公衙署,除了负责收藏朝廷法令外,还辟有收藏地方文献之地。

北宋时期,杭州的官刻承担国子监刻书的重任,据王国维考证,北宋国子监所刊之书,大多在杭州刊印,这也在一定程度上丰

---

① 脱脱等:《宋史》,中华书局,1977年,第3916页。
② 脱脱等:《宋史》,中华书局,1977年,第3916页。
③ 徐松辑:《宋会要辑稿》,中华书局,1957年,第2742页。
④ 李焘:《续资治通鉴长编》,中华书局,1983年,第1853页。

富了杭州地方官府的藏书。如元丰、元祐年间四川藏书家蒲宗孟知杭州时,在杭州衙署藏《龙龛手鉴》《白氏文集》。大中祥符年间,张君房知钱塘县时,藏所编《云笈七签》《乘异记》《丽情集》《科名分定录》《潮说》《脞说》等。① 这些地方官府的藏书处所类似于今天的地方公共图书馆。

(2)官办学校

官办学校是宋代地方藏书的另一个重要处所。出于教学需要,地方官办学校需要收藏以儒家经典为主的各种书籍。地方官学的图书属于地方官府所有,因此官学藏书处所也就成为当地官府的藏书之所。

(三)藏书来源

1. 中央官府藏书

两宋中央官府藏书的主要来源有以下四个方面:

(1)接收各割据政权的藏书

据《宋会要辑稿》《续资治通鉴长编》等书所载,乾德元年(963),太祖平定荆南后,派遣官员没收了高氏藏书,用来充实三馆。乾德三年(965)九月,平定蜀地后,派遣右拾遗孙逢吉前往收取书籍。次年,孙逢吉带回书籍13000卷,存放于史馆。开宝九年(976),也就是平定江南的第二年,派遣太子洗马吕龟祥搜集各地书籍,仅金陵一处便得到图书二万余卷,送到史馆收藏。太平兴国三年(978),割据漳、泉一带的陈洪以及吴越钱俶归附,太宗命官员接收他们的藏书。第二年五月,平定北汉,下令左赞善大夫雷

---

① 顾志兴:《浙江藏书史》(上册),杭州出版社,2006年,第97页。

德源入城检收书籍。

（2）官方编撰刻印书籍

由于雕版印刷术的普及，宋代建立了很多官府刻书机构，如崇文院、国子监、秘书省等，中央官府经常组织编撰刻印图书的活动，不仅极大地充实了中央官府藏书，还促进了宋朝藏书事业的发展。在多次编撰刻书活动中，最为著名的是宋初编撰的四部大书，分别是太宗朝编撰完成的《太平御览》《太平广记》《文苑英华》，以及真宗时编撰完成的《册府元龟》。中央官刻机构，除各部、院、司、局外，最主要的是国子监和皇宫内府，宋代内府刻本很少，监本数量众多。

（3）官员及民间献书

乾德四年（966）闰八月，"诏求亡书。凡吏民有以书籍来献者，令史馆视其篇目，馆中所无则收之。献书人送学士院试问吏理，堪任职官，具以名闻。是岁，三礼涉弼、三传彭幹、学究朱载皆应诏献书，总千二百二十八卷，命分置书府。赐弼等科名"[①]。

真宗咸平四年（1001）十一月二十七日，诏曰："中外士庶有收得三馆所少书籍，每纳到一卷，给千钱……如及三百卷已上，量材试问，与出身酬奖。……令史馆抄出所少书籍名目，于待漏院张挂，及遣牒诸路转运司严行告示。"[②]《郡斋读书志》卷五"宋书"条下云：

> 嘉祐中，以《宋》《齐》《梁》《陈》《魏》《北齐》《周书》舛谬亡阙，始诏馆职雠校。曾巩等以秘阁所藏多误，不足凭以是正，请诏天

---

① 李焘：《续资治通鉴长编》，中华书局，1979年，第178页。
② 徐松辑：《宋会要辑稿》，中华书局，1957年，第2238页。

下藏书之家，悉上异本。久之，始集。治平中，巩校定《南齐》《梁》《陈》三书上之，刘恕等上《后魏书》，王安国上《周书》。政和中，始皆毕，颁之学官，民间传者尚少。①

（4）地方各级官府搜访书籍

除了鼓励民间献书之外，中央还下令命各级地方官员主动搜访、征集、收购图书。如大观四年（1110），根据秘书监何志同奏，"选文学博雅之士，求访《总目》之外，别有异书，并借传写或官给笔札，即其家传之，就加校定"②。这里的《总目》指《崇文总目》。

2. 地方官府藏书

宋代地方官府藏书主要源自三方面：一是朝廷赐书，二是当地藏书机构自行刻书以供藏用，三是采购与征集。

（1）朝廷赐书

宋代帝王重视文教，数次赐书与诸州官学，一般是国子监刊印的经史典籍。例如，自仁宗朝建府学到理宗景定年间，建康府曾先后三次得到朝廷颁赐的图书。此外，帝王的御书御札也常常赐予地方官府及学校，地方官府以接到御书为荣，建御书阁以珍藏。如绍定五年（1232）知县赵世重修长兴县学，建御书阁；绍定六年（1233）桐庐知县赵世骧建御书阁。朝廷赐书不仅表明了统治者对地方文教事业的重视，而且充实了地方藏书。

（2）地方刻书

宋代刻书业的兴盛，使得地方官府有能力刊刻书籍以充实府

---

① 晁公武撰，孙猛校证：《郡斋读书志校证》，上海古籍出版社，1990年，第184页。
② 徐松辑：《宋会要辑稿》，中华书局，1957年，第2239页。

库。地方官府刻书部门很多,既有路一级机构的监司、转运司、茶盐司、提刑司,又有州、府、县刻图书,还有州学、府学甚至县学刻印的图书。

元祐四年(1089),苏轼知杭州时,曾上《乞赐州学书板状》,称"前知州熊本,曾奏乞用废罢市易务书板,赐与州学,印赁收钱,以助学粮",而据"见今转运司差官重行估价,约计一千四百六贯九百八十三文","市易务元造书板用钱一千九百五十一贯四百六十九文"。① 苏轼请求将这些书板无偿赐给州学。"市易务"是宋代地方官刻机构,苏轼此文中提到刻书所用的经费是笔不小的开支,据此也可看出当时刻书业的繁荣。地方官府刻书不但丰富了当地官府、官学的藏书,方便了个人购买,也是对中央刻书和藏书的补充。

(3)采购与征集

地方官府为了扩大藏书规模,也会面向社会征集求购图书,这也是充实地方官府藏书的主要方式。宋代国子监是中央官府的主要刻印图书机构,所刻图书向地方官府及私人出售。除了购买监本或其他地区刻印的图书外,各地官府还注意征集散落民间的私人藏书。如江西筠州(今江西高安)藏书世家刘氏,自刘恕及羲仲死后,子孙无闻,"书录于南康军官库"②。

(四)皇室藏书

作为宋代官方藏书的重要组成部分,宋代皇室藏书(宫廷藏

---

① 苏轼著,顾之川校点:《苏轼文集》(下),岳麓书社,2000年,第1048页。
② 陆游撰,刘文忠评注:《老学庵笔记》,学苑出版社,1998年,第333页。

书）有为皇帝和皇室宗亲专门设置的处所，分为收藏殿阁[①]和专藏殿阁[②]两部分，收藏殿阁分布于禁中，是皇帝个人读书研习和藏书的处所；专藏殿阁的性质类似于现代意义的档案馆，专藏皇帝著作，是继位者为已故君主专门建造，用来收藏其生前的御制、御书及所撰诗文、书画手迹的殿阁。除此之外，还有其他各类数量可观的图书藏于北宋建造的殿阁中。

1. 收藏殿阁

（1）太清楼

太清楼的位置在皇宫的崇政殿西北方向，迎阳门内的后苑中。"建隆三年（962）五月戊午，重修东京大内。崇政殿西北迎阳门内有后苑，苑有太清楼、走马楼，与延春、仪凤、翔鸾阁相接。"[③] 据《续资治通鉴长编》卷二○"太平兴国四年（979）八月"条纪事，是月"作太清楼"。[④] 从真宗时起，太清楼成为北宋历代君王、宗室以及近臣的宴饮娱乐并一同赏书、品鉴太宗御制墨宝之地。太清楼可以说是专为服务皇帝读书、藏书而设的，它的图书则主要来自抄录三馆之所藏。《宋会要辑稿·崇儒四》之一载："真宗咸平二年闰三月，诏三馆写四部书一本来上，当置禁中太清楼，以便观览。崇文院言，先准诏写四部书一本，以备藏于太清楼。今未校者仅二万卷。"[⑤] 太清楼是皇宫后苑中最主要的藏书之所，"贮四库书，经、

[①] 方建新、高深：《宋代宫廷藏书考》，《浙江大学学报》（人文社会科学版）2007年第3期。

[②] 方建新、王晴：《宋代宫廷藏书续考——专藏皇帝著作的殿阁》，《浙江大学学报》（人文社会科学版）2008年第3期。

[③] 王应麟纂：《玉海》，江苏古籍出版社、上海书店，1987年，第3025页。

[④] 李焘：《续资治通鉴长编》，中华书局，2004年，第467页。

[⑤] 徐松辑：《宋会要辑稿》，中华书局，1957年，第2230—2231页。

史、子、集、天文、图画"①。由于北宋灭亡,东京陷落,皇宫也难逃被毁的结局,再也不见太清楼的相关记载。寻查相关资料,南宋对其并无记载,那么似乎可以说,在南宋的皇宫中,太清楼并没有被恢复。②

(2) 清心殿

清心殿在后苑东门即宣和门内,靠近太清楼。《宋史·太宗本纪二》载,淳化元年(990)正月,"戊子,诏作清心殿"③。清心殿四周水清林秀,太宗除了与大臣们在此处赋诗作文外,还每天在此阅读刚编就的千卷类书《太平总类》(此书后因此改名为《太平御览》)。夏竦《奉和御制清心殿水清木再连理》一诗就生动地描述了清心殿"若木相辉影满亭"的幽静、优美环境:"禁中迟日照南荣,瑞木联祥耀国经。合干旧临宫槛密,交柯重接帝梧青。华平对植行侵陛,若木相辉影满亭。况是斋心延贶地,愈昭天意答惟馨。"④

(3) 御书院

宋代的翰林御书院归属内侍省系统,元丰改制后,御书院便改名为书艺局,之后或废或复。大约在北宋宣和年间,又恢复御书院之称。到南宋建炎三年(1129),"又罢御书院";绍兴十六年(1146)十一月,复置御书院,仍隶属翰林院;次年四月,"于皇城宫门里资善堂后,修盖置司去处",一直到绍兴三十年(1160),诏

---

① 王应麟纂:《玉海》,江苏古籍出版社、上海书店,1987年,第3025页。
② 方建新、高深:《宋代宫廷藏书考》,《浙江大学学报》(人文社会科学版)2007年第3期。
③ 脱脱等:《宋史》,中华书局,1977年,第85页。
④ 傅璇琮等主编:《全宋诗》,北京大学出版社,1991年,第1795页。

罢御书院，南宋灭亡前未见有再恢复的记载。①

宋太宗即位以后，招募善书者，建立御书院为其御书草诏服务，当时著名的书法家王著"善草隶，独步一时"，为御书祗候，旋迁翰林侍书，又迁著作郎。真宗大中祥符五年（1012），在为太宗御制御书整理编目的基础上，将太宗御书《赞后法帖》12卷、《小字法帖》1卷、《草书故事簇子》七轴等共56卷轴，刻石御书院。另太宗的墨迹杂书，太宗御制御书墨迹凡13522卷轴及墨迹杂书扇36柄，"分藏于龙图阁、太清楼、秘阁、御书院"。御书院成为"掌御制御书及供奉笔札图籍之事"的专门机构，并成为收藏历代书法墨迹尤其是太宗御书御制及其他图书的重要处所。②

（4）资政殿

资政殿作为当时重要的藏书之所，与皇室最主要的藏书之所太清楼、具有国家图书馆性质的馆阁等藏书机构一并而列，还是宋代君主与近侍大臣们阅读、讲解儒家经典之处。吴充诗中有"昼日乍惊三接宠，正风获听二南终"句；王安石的奉和诗中亦云"《周南》麟趾圣人风，未有驺虞系召公"，"讨论诏使成书上，休澣恩容著籍通"，均不无受宠而对神宗歌颂之辞。③

景德二年（1005）四月，置资政殿学士，王若钦以参知政事代之，值于秘阁，以备顾问。同年十二月，则为资政殿大学士，资政殿也成为真宗之后，北宋历代皇帝与臣子宴会之所。《玉海》载："景德二年（1005）五月宴近臣于资政殿，饯种放。大中祥符三年（1010）八月八日甲寅，观书龙图阁，观瑞物于崇和殿，遂宴资政

---

① 徐松辑：《宋会要辑稿》，中华书局，1957年，第3119页。
② 徐松辑：《宋会要辑稿》，中华书局，1957年，第3119页。
③ 王安石：《临川先生文集》，中华书局，1959年，第233页。

殿。帝（真宗）作七言诗，从臣皆赋。（大中祥符）五年（1012）十二月十四日，阅书龙图阁，幸资政殿。帝作七言诗。天禧四年（1020）十一月十一日，（真宗）御龙图阁，诏近臣观书，宴于资政殿。"[1] 而大臣们也将"赋诗资政殿，赐字太清楼"[2] 作为得到最高统治者宠爱的象征而自豪、自夸。

（5）崇和殿

崇和殿在龙图阁东，是继真宗之后，北宋皇帝在龙图阁观书后最方便与群臣宴饮聚会的地方，和资政殿一样，崇和殿也是龙图阁四殿之一，著名的西昆体作家刘筠（971—1031）同预修《册府元龟》的陈从易（966—1031），曾一起被召往"崇和殿赋歌诗，帝（真宗）数称善"[3]。另据《续资治通鉴长编》记载，大中祥符二年（1009）五月，"丙寅，召宰相至龙图阁观道像，又观崇和殿瑞物凡四百余种"[4]。大中祥符三年（1010）八月八日，"甲寅，诏近臣观书龙图阁"，"又观国初以来所获瑞物于崇和殿"[5]。可见，崇和殿还是真宗收藏瑞物之处。

北宋时期，政局相对而言是比较稳定的，对藏书机构的建设以及藏书处所的选择，都能投入较多的精力。北宋灭亡后，宋代的中央官府藏书整体损失惨重，皇室藏书也不例外。南宋时又受到金兵不断挑衅，加之遭到蒙、元军的侵袭，在很长一段时期，战乱频频，政局动荡不安。咸淳十年（1274）七月，度宗去世，在其死后不到五年，南宋即宣告灭亡。事实上自度宗朝时，其统治已在元兵

---

[1] 王应麟纂：《玉海》，江苏古籍出版社、上海书店，1987年，第2942页。
[2] 傅璇琮等主编：《全宋诗》，北京大学出版社，1995年，第13888页。
[3] 脱脱等：《宋史》，中华书局，1977年，第10088页。
[4] 李焘：《续资治通鉴长编》，中华书局，1979年，第1607页。
[5] 李焘：《续资治通鉴长编》，中华书局，1979年，第1683页。

压境下危在旦夕，被元所替代是不可避免的。由于基础十分薄弱以及受到皇宫规模的限制等，自度宗后，各帝既未如其父祖那样，建阁收藏他们的御书御制，也没有新建供本人使用的固定藏书、读书场所，南宋皇室藏书机构与住所与北宋时相比明显减少，且较为简陋。

纵观宋代历任皇帝，除了太祖、太宗等少数几人，似乎大多数皇帝在政治上少有建树，但是他们个人文化修养都很高。我们可以发现，宋代历任皇帝的一个共同点就是十分重视对图书典籍的收集，注重自身的读书学习，而宋代宫廷内的皇室藏书也反映出宋代统治者对"致治之具"即图书典籍的高度重视，这给宋代的官僚统治阶层营造了浓厚的文化氛围。遍布皇宫内的藏书处所和其丰富的藏书为皇帝和皇室成员的图书阅读提供了极大的方便，皇帝及皇室成员的文化素养也因此提高，有的还在中国文化学术史上占有较高的地位，对全社会形成"重文教"的良好风气产生了较大影响，也对宋代社会繁荣、文化发展起到积极的促进作用。

2. 专藏殿阁

（1）龙图阁

龙图阁的修建可以说是开创了宋朝为之前君主专门建阁（真宗为储存太宗御书、御制而建龙图阁）以存放其御书、御制的规章制度。龙图阁与太清楼是宫廷中藏书规模较大的两个地方，太清楼坐落于后苑，龙图阁坐落于禁中，均位于皇帝日常处理政事之处，在北宋的皇室藏书阁中占据最重要的位置。自真宗时起，龙图阁与太清楼除了是皇帝退朝后读书、休息以及自娱之所，还是君臣观书、宴饮、探讨文学之所。

景德元年（1004）十月，置龙图阁待制；四年（1007），置龙图阁直学士；后又于大中祥符三年（1010）置龙图阁学士，皆为侍从官等荣誉性带职名（元丰改制后为贴职名），不参与阁事，实际工作由内侍三人掌之。① 景德二年（1005）龙图阁建立不久，所藏图书、书画总数达到 29511 卷（轴）。到了大中祥符三年十一月，"三馆秘阁所藏（图书）外，又于后苑及龙图阁并留正本及各三万余卷"②。龙图阁有藏书目录，《直斋书录解题》卷八著录有《龙图阁瑞物宝目·六阁书籍图画目》一卷，当时有印本颁降各地。龙图阁还有藏书印记，大中祥符二年（1009）三月铸，曰"龙图阁御书记"。龙图阁所藏图书不但数量多，校勘亦精。真宗曾不无夸耀地说："龙图阁书屡经雠校，最为精详。""朕自居藩邸以至临御，几亡缺之书购求备至，每于藏书之家借本必令置籍出纳传写……故奇书秘籍悉无隐焉。"③

（2）天章阁

天章阁在真宗还在世时就已经建成，是宋代唯一一处在皇帝生前建造、命名的殿阁，收藏当朝皇帝的御书、御制，主要以收藏真宗御书、御制为主。"天章阁在会庆殿西，龙图阁之北。"④ 真宗对天章阁的筹建和建造表现出极大的热忱，在真宗的亲自过问下，天章阁仅用五个月的时间就于天禧五年（1021）三月竣工建成。天章阁初未建官，宋仁宗天圣八年（1030）十月，始置待制；景祐四年（1037）三月，增置侍讲；庆历七年（1047）又置学士、直学士。天章阁完工后第二年的二月，真宗过世。在这以后宋仁宗与群臣常

---

① 脱脱等：《宋史》，中华书局，1977 年，第 3819 页。
② 徐松辑：《宋会要辑稿》，中华书局，1957 年，第 2541 页。
③ 徐松辑：《宋会要辑稿》，中华书局，1957 年，第 2541 页。
④ 徐松辑：《宋会要辑稿》，中华书局，1957 年，第 2539 年。

常去天章阁观书，谒太祖、太宗御容，观瑞物。在天章阁受到皇帝接见并且奏请御疆大略、军政要事，被大臣们视为最高规格的待遇。

真宗一生，虽然在政治上并无建树，却重视图书等领域的文化基础设施建设，进一步推行太祖、太宗开创的重文政策。真宗好大喜功，喜欢标榜自己，建造天章阁收藏自己的御制和其他图书，是其生前授意臣下的。此外，真宗尤喜收藏图书，自谓"在东宫时，惟以聚书为急，其间亡逸者多方搜求，颇有所得"[1]，于三馆以外，第一次提出在禁中修建龙图阁，用以收藏太宗御制、御书、诗词墨迹和经、史、子、集等别的各式书籍，并且增加太清楼的藏书，使龙图阁和太清楼变成与三馆有同样影响力的最大皇家藏书之所。

景德四年（1007），真宗收藏的图书，不包括小说等，唯正经正史屡校定者就达八千余卷，"其后，群书增及一万一千二百九十三卷，太宗御集、御书又七百五十三卷"[2]，故天章阁是宋朝各阁中排在龙图阁之后的另一处重要皇宫藏书之处，专藏帝王御书、御制及其余书籍，而且天章阁还存有皇室的符瑞宝玩以及太祖与太宗的御容肖像，这些都使得其地位不容忽视。

（3）宝文阁

仁宗庆历元年（1041），寿昌阁改名为宝文阁。宝文阁位于天章阁的西序，群玉殿、芯珠殿之北。仁宗生前，宝文阁就已经存在，但它不是为收藏其御制、御书而特地建造的。仁宗在位时，宝文阁就已经是禁中重要的藏书处所之一。听政之余，仁宗皇帝除了在宝文阁挥毫泼墨外，还会在此处与宗室皇亲、近侍大臣作诗颂

---

[1] 江少虞：《宋朝事实类苑》，中华书局，1981年，第25页。
[2] 李焘：《续资治通鉴长编》，中华书局，2004年，第1447页。

文，酬唱吟咏。

嘉祐间，宋仁宋曾因欧阳修奏，补写秘阁太宗御览书籍，"遂诏龙图、天章、宝文阁、太清楼管勾内臣，检所阙书录上，于门下省补写"①，宝文阁地位已与龙图阁、天章阁、太清楼并列。宝文阁正式成为专藏仁宗御制、御书、书法墨迹的皇室藏书机构是在嘉祐八年（1063）四月，其时仁宗去世，英宗继位，即"以仁宗御书藏宝文阁，命翰林学士王珪撰记立石"。英宗在位不到五年，在此期间，宝文阁未设官职。直到治平四年（1067）一月，英宗去世，神宗即位。是年始置宝文阁学士、直学士、待制，并将英宗御制、御书附藏于宝文阁。元丰八年（1085），神宗去世，直至元符元年（1098）才确定建造收藏神宗御制、御书的殿阁，即显谟阁。在这之前，神宗御制、御书亦收藏在宝文阁。

（4）显谟阁

显谟阁，专藏神宗御制、御书。宋神宗死后多年，一直未建阁收藏其御制、御书。据《续资治通鉴长编》记载，元祐四年（1089）十月戊申，在神宗去世五年半以后，受命为神宗御集编次的翰林学士苏辙上奏称，神宗御制文集凡著录935篇，为90卷，目录5卷，请求建阁收藏。元符元年（1098）二月丙申，大臣邓洵仁再次奏请为神宗建阁，时已亲政的哲宗立即采纳了邓洵仁的意见，"诏令翰林学士、中书舍人每员各撰阁名无名以闻"。两个月后的四月丙申，正式"诏建阁藏神宗皇帝御集，以显谟为名"②。显谟阁建立后，久未设官。徽宗建中靖国元年（1101），显谟阁改名为"熙明阁"，置学士、直学士、待制，其序位在宝文阁学士、直学

---

① 李焘：《续资治通鉴长编》，中华书局，2004年，第4763页。
② 李焘：《续资治通鉴长编》，中华书局，2004年，第11832页。

士、待制下。崇宁元年（1102），恢复原名。①

王安石等新党在神宗在位时受到支持，得以推动实行新的政策，然而在旧党支持者太皇太后高氏听政期间，王安石的变法遭到否定，朝廷仅下诏将神宗"御集于宝文阁收藏"，"更不建别阁"。②这处专门建造的藏书殿阁关乎神宗在位期间的政策以及对其政绩的评价，通过与多次修订的《神宗实录》相联系，在神宗去世十多年后才建造完工的显谟阁，表明在建造前朝皇帝专藏御制、御书的殿阁时掺杂着强烈的政治因素。

（5）徽猷阁

哲宗去世两年多后，徽宗崇宁元年（1102）十二月十六日，诏实录院编修哲宗御书。崇宁五年（1106）七月二十七日，书成，共100册，凡2057篇。大观元年（1107）二月、四月，又两次下诏重加编纂删定，成693篇，30册。③赵士炜等辑《中兴馆阁书目》著录有《哲宗御书》前后集27卷，《前集》政事18卷、文辞1卷，《后集》文辞1卷、政事7卷。《宋史·艺文志》集部著录《哲宗御制》前后集共27卷。在哲宗御集编定之次年，大观二年（1108）二月十三日，徽宗下诏建阁以藏哲宗御制、御集，以"在《诗》有之'君子有徽猷'，是以论德之美，而观道之成，于是乎在。其哲宗皇帝御集，建阁以徽猷为名"。如前龙图阁等例，置学士、直学士、待制。政和六年（1116）九月，增置直徽猷阁。

（6）敷文阁

绍兴八年（1138），南宋定都临安，恢复北宋收藏之前帝王御

---

① 脱脱等：《宋史》，中华书局，1977年，第3820页。
② 李焘：《续资治通鉴长编》，中华书局，2004年，第10462页。
③ 王应麟纂：《玉海》，江苏古籍出版社、上海书店，1987年，第548页。

制、御书的制度,开始在禁中建阁,并且加快原本作为行宫的皇宫建设。在此之前,执政者多次下诏鼓励朝臣民众积极献书,收集到不少前朝的《实录》《会要》《国史》及其他图书,包括徽宗的御书笔札在内。宋徽宗赵佶多才多艺,在诗词、书画等方面都具有很高的造诣,在中国古代的文学艺术发展史上也有很高的地位。徽宗一生留下了数量十分可观的著作。

绍兴十年(1140),徽宗的御制、御集编集完成。是年五月十一日,"诏特建阁,以敷文为名,置学士以下官"[①]。此后,对徽宗御书、御札又广加收集。绍兴二十四年(1154),实录院重新编类徽宗御集,"凡百卷,上(高宗)自序之",先"权奉安于天章阁",后藏于敷文阁和秘阁。

从以上所述可以看出,宋代历朝统治者除了重视文教外,还十分重视收藏图书典籍与档案材料,将建造专藏皇帝著作的殿阁作为一项制度,这是中国古代藏书史和档案收藏管理史上前无古人、后无来者的独创。

宋代制定的这项制度表明,除了现行的文化艺术和文化统治政策,宋代皇帝还非常重视自己的读书和日常学习,他们都有深厚的文化底蕴,而且勤于文章。除了没有建阁的太祖和英宗(按:太宗朝尚未设立此制度,英宗在位则不到五年),以及真宗是在生前下令建造天章阁之外,历代皇帝去世后,都拥有自己单独的殿阁用来收藏个人御制、御书、诗文手迹,而其余书籍、字画也会藏于此。各个皇帝的建阁合于一处则是从南宋时开始,而且只收藏皇帝本人的御书、御制和诗文墨笔。这样看来,北宋的此项制度相对来说是

---

① 徐松辑:《宋会要辑稿》,中华书局,1957年,第2542页。

较为完善的。

在最高统治者身体力行的影响下，出现了如《宋史·艺文志序》中所记载的现象："君臣上下，未尝顷刻不以文学为务，大而朝廷，微而草野，其所制作、讲说、记述、赋咏，动成卷帙，参而数之，有非前代之所及也。"在全社会营造了浓厚的文化氛围，促成了宋代文化的繁荣，使宋代文化的发展在中国封建社会达到了顶峰。

二、辽代官府藏书

辽代的前身是契丹部落首领在907年建立的契丹国，938年改国号为辽。辽代统治者十分注重各民族之间的融合，治理国家也始终把民族发展作为首要任务，对待农耕民族和游牧民族采用了因俗而治的不同政策。辽代对于文化发展更是兼收并蓄、博采众长，发展本民族地域文化的同时也汲取了周边疆域的多彩文化，同时特别注重中原汉族文化的推广和传播，并采取了"学唐比宋"的政策，始终把自己当作中华的一分子，不仅重视汉文化的学习和传播，也注重对图书的收藏和整理。"华夷同风"的主张也有力地推动了契丹民族对汉文化的学习。所以辽代藏书主要还是以汉书典籍为主，在全面学习汉文化的同时，形成了自己的儒佛道并重的文化特色。

（一）藏书来源

辽建立后，陆续推进对汉文化的学习。伴随着对文治的重视，官府藏书机构在不断地完善，官府藏书也不断地得到充实。辽代的官府藏书主要来源有三：灭后晋时收其官府藏书；面向民间广泛征集购置；官府藏书机构组织印刻。①

(二)藏书机构

辽代的中央官府藏书主要是供皇室成员以及官员工作阅读之需。辽代设立了很多藏书机构，这些藏书机构均有丰富的藏书，并且设有各个职位的官员，负责机构的各项事宜。

秘书监作为历代国家藏书机构，辽代将其设为国家重要的图书庋藏机构，负责管理收于内府的经书典籍。秘书监设有秘书郎、校书郎、正字、著作郎、著作佐郎等官职，分别负责图书管理、图书校勘、图书刻印等相关工作。

崇文馆主要掌管皇室藏书，内设大学士、学士、直学士、校书郎等官职，汉族学士韩延徽曾任崇文馆大学士，其职司是面向各王侯授学，也就是专门教授皇室成员。

乾文阁的建制与崇文馆类似，也是设有专职掌管官府藏书。道宗清宁年间曾"诏求乾文阁所阙经籍，命儒臣校雠"②。

国史院设于辽兴宗在位时期，国史院的设立主要是为了编纂国史等史书，所以史书等书籍作为编修的重要资料也应藏于其中。

除此之外，辽代官府还有一些掌管藏书的机构，如皇室藏书处所观文殿，设学士一名；文学馆，设学士、直学士、太子校书郎等官职；邵文所，设学士、直学士等官职；司经局，设太子洗马、文学、太子校书郎、太子正字等官。

---

① 肖东发主编：《中国官府藏书》，贵州人民出版社，2009年，第120页。
② 脱脱等：《辽史》，中华书局，1974年，第264页。

三、西夏官府藏书

西夏是我国古代党项民族在西北建立的一个地方割据政权，曾与宋、辽、金先后鼎峙而立。1038年，景宗立国，西夏国家体制主要受到儒家政治文化的影响，在统治方式上也主要依照汉制，官制大体效法了宋朝。虽然史料中并没有西夏官府藏书机构以及藏书概况的详细记载，但是我们可以从相关史料记载的西夏国家体制以及后世对于西夏遗址的考察发现中窥见一斑。西夏官府的藏书也有一定规模，而且文献种类丰富，不乏西夏文、汉文和藏文等典籍文献。

（一）西夏官制

西夏仿效宋朝的官制但又有所变更和增删，除中书、枢密、三司掌管国家的政治、军事、财政大权外，另有御史台等机构分别对监察、人事、收支、农田、畜牧等事宜进行掌管，其中值得注意的是在国家最高一级的官署机构中，专门设有培养人才官吏的番学和汉学，后期还设有翰林学士院和大汉太学。① 这些官府机构也下设专门管理人员掌管书籍典藏、编修史料等事务，如著名儒士斡道冲世代任史官一职。史官主要负责管理藏书以及史料编纂。②

由于在现存文献资料中未找到关于西夏藏书机构的记载，我们仅能从兴庆府内设有番学、汉学这样类似于宋代国子监的最高教育机构，又有翰林学士院和太学这样的最高学府，同时府城之内还设

---

① 傅璇琮、谢灼华主编：《中国藏书通史》，宁波出版社，2001年，第434页。
② 王龙：《西夏藏书管窥》，《学理论》2014年第29期。

有造纸院和刻字司统管造纸刻印事业，推断西夏官府之中有藏书。但是由于史料的缺失，当时藏书概况无从知晓。

(二)黑水城遗址

自20世纪以来，西夏黑水城遗址先后出土了大批文献，这些文献可以让我们对史书极少记载的神秘西夏王朝有进一步探索。1908年俄国人克兹洛夫率领的俄国皇家地理学会探险队在黑水城西北一座墓塔中发掘了24000卷古代藏书和大批簿册、经卷、佛画、塑像等。其中经过考订的西夏文献有3000余卷，不乏儒家经典以及史学经典的译本，也有西夏的法律文书、图表日历、词典字书、医书以及佛经等文献著作。而后1914年英国探险家斯坦因从黑水城内发掘得到了汉文和西夏文文献，其中西夏文写本1100件、印本300件，汉文写本59件、印本19件，吐蕃文写本13件。[①] 1983—1984年，我国考古队再次对黑水城遗址进行考察，又有重大发现。内蒙古自治区文物考古研究所在黑水城遗址发掘了很多西夏时期的著作，里面既涵盖佛经，也不乏世俗文籍。经过专家的辨别确认，这些出土的著作当中，有一部分可以被确认为西夏时期的刻本。从这些陆续出土的文献种类分布和数量来看，我们可以大胆推测，只有官方有力度聚书在此，故这些文献中的一部分，极有可能是当时的官府藏书。

---

① 束锡红：《黑水城"河边大塔"的性质及断代——以考察队的地图和照片为中心》，载杜建录主编《西夏学》（第四辑），宁夏人民出版社，2009年，第159页。

四、金代官府藏书

1115年，当时统治中国北方及东北地区的部落首领完颜阿骨打建立金朝。金于1125年灭辽，而后于1127年发动靖康之变灭北宋。金朝最初的统治有浓厚的部落特征，采取的制度是贵族合议的勃极烈制度，后期逐渐学习辽代和宋代制度，大力提倡儒学，政治由二元制逐渐发展为单一的汉制，即中庸稳固的朝政管理方式，保证了文化的进步，藏书事业也由此得到了发展。

（一）藏书来源

1. 战争缴获

金代官府的大部分藏书来源于灭辽和灭北宋时期所收集的官府藏书。战火没有导致书厄的惨况，反而促进了古代藏书事业的繁荣和发展，这是金代统治者热爱文化的体现。根据《金史·太祖纪》所记载，在金灭辽之时，金太祖曾对其部下明令："若克中京，所得礼乐仪仗图书文籍，并先次津发赴阙。"[1] 金于1127年与北宋交战，俘虏了徽、钦二帝。在两朝议和谈判之时，金提出要以宋的三馆秘阁藏书来换回二帝。除了三馆秘阁的藏书，秘书省这种官府机构的印刷刻版同样被金人尽收。由此可见，北宋时期官府藏书，无论是中央政府机构藏书还是皇室藏书，都被金尽收为己有。因而，金代的官府藏书无论是数量还是规模，都十分可观。

---

[1] 脱脱等：《金史》，中华书局，1975年，第36页。

2. 民间征集

金代中央政府广泛征集民间图书来充实官府藏书。史料记载，金章宗在位期间曾两次下诏购求图书。购买图书于百姓，适当给予补偿；如果有藏书家不舍图书，则会派专人抄录。

3. 编纂翻译

金代也设立了专门翻刻儒家经典的译书院等机构，所刻书籍数量众多，一定程度上扩充了官府藏书的规模。

（二）藏书机构

金代官府藏书沿袭了宋、辽的制度，继续设秘书监作为官府庋藏图书的机构，同时在秘书监内设有著作局、书画局、司天台等下属机构。此外弘文书院及集贤书院、礼部、詹事院、司经局等也都各有藏书，并设立官职管理。国子监所属的太学也有藏书处。

五、元代官府藏书

13世纪初，蒙古族南征北战，建立横跨亚欧大陆的元朝。虽然是少数民族入主中原的政权，但通过对历史经验的借鉴，加上耶律楚材等有识之士的进谏，元代统治者也认识到了汉族文化的先进之处，对儒家经典的继承发展作出了贡献。元代实行蒙汉联合统治的体系，加速了民族文化之间的渗透，进一步巩固了多民族国家的繁荣。元代官府藏书也在继承金、宋两朝藏书的基础上，取得了进一步发展。元代藏书事业的日益完善与中央政府藏书制度的建立和遵循汉法的政治取向密不可分。制度上的管理和政策上的扶持，使得官宦学者和文人儒士拥有一个宽松的藏书环境，不仅保障了官府藏书的丰沛,同时也使民间富有藏书。

(一)藏书来源

1.继承前代官府藏书

元代官府藏书大多继承金、宋两朝官府所藏书籍,尤其是从南宋继承的书籍格外多。至元十三年(1276),元军铁蹄踏破临安。南宋投降之后,元军接到诏谕:"秘书省图书……宗正谱牒,天文地理图册,凡典故文字,并户口版籍,尽仰收拾。"[①] 当时的元军将领伯颜命董文炳等人将南宋官府藏书机构秘书省中所有的藏书全部收集起来,后来又陆续尽收南宋国子监、学士院以及部分寺院的藏书,共得到文籍5000多册,并下令由卢挚将这些图书全部运往大都,上交至行文署。南宋丰富的藏书能够在此特殊历史背景下被保留,实属难得,虽然对南宋来说是一种掠夺,但对于文化的传播与延续而言,是一种保护。

2.广泛收罗四方典籍

"至正三年(1343)诏修辽金宋史,遣使旁午购求遗书,而书之送官者甚少。素以庸陋,备数史馆,中书复命往河南、江浙、江西……于是藏书之家稍以书来献,驿送史馆,既采择其要者,书诸策矣。暇日因发故椟,录其目藏焉。其间宋东都盛时所写之书,世无他本,今亦有之。"[②] 松江庄肃,字恭叔,号蓼塘,家中藏书数万卷,且多手抄书,经史子集、山经地志、医卜方技、稗官小说都有,书目以甲、乙分十门。当时,特差危素至其家选购书籍。此

---

① 宋濂等:《元史》,中华书局,1976年,第179页。
② 危素:《危太仆文集》卷八,刘氏嘉业堂刻本。

外,顺帝还派遣司书官到东南寻求私藏的汉籍,仅四五年间,收到遗书30多万卷。

元代作为游牧民族建立的政权,能够收藏保管金、宋遗书,注重史书的编纂,不仅延续了我国古代的藏书事业,也让璀璨的中华文明得以流传,促进了民族间的互通与融合。

(二)藏书机构

1.秘书监:设于元世祖至元九年(1272),秩正三品,是元朝官府管理藏书的重要机构,同时也监领天文历书等相关事宜。秘书监藏书大部分是继承金、宋两朝的官府藏书,其中有网罗四部的文籍,也有境内征收或者邻邦进呈的图文典籍。

2.太史院:设于元世祖至元十五年(1278),掌管天文历法,负责观测天象,编制历书。此机构因其职务和平日工作之需,藏有大量天文历法等相关图书。

3.翰林国史院:主要掌管拟写诏令、纂修国史以及应答咨询诸项事务。为了编纂国史,此地藏书颇丰,丰富的藏书使得《辽史》《金史》《宋史》的编修工作在此机构顺利完成,为我国史学文献留下了宝贵的财富。《元史·李好文传》中记载,李好文曾向朝廷谏言组织编纂《集礼》一书,后来得到应允,遂"选僚属数人,仍请出架阁文牍,以资采录",最终完成了《太常集礼》50卷的编纂。我国现存的元代刻本《梦溪笔谈》,就钤有元代"翰林国史院"印章,可见该书是翰林国史院的藏书之一。[①]

4.奎章阁:天历二年(1329)三月,元文宗在大内建立奎章

---

① 任继愈主编:《中国藏书楼》,辽宁人民出版社,2001年,第852页。

阁。奎章阁是皇室重要的宫殿，主要用途是放置珍贵宝玩，贮藏皇室藏书。顺帝至元六年（1340）罢奎章阁，改置宣文阁，后又改为端本堂。此处聚集了全国各民族的学者，他们在这里研读书籍，为皇帝讲历代治理之道和本族祖宗明训。这里也是藏书之地。这里的藏书较为丰富，辽代实录和数卷蒙古族秘史就藏于此处。此外，该机构还兼有编纂的职能，综录元代典章制度与礼仪的《经世大典》就由奎章阁学士院在此编纂完稿。

5.艺文监：设于天历二年（1329），主要职司是翻译儒学经典，校雠文书典籍。下设机构为艺林库，在顺帝至元六年（1340）更名为崇文监，主掌藏书管理之事。

6.兴文署：集贤院下属机构，设于元世祖至元二十七年（1290），掌提调国子生饮膳与雕印文书事。该署起首刻成的是《资治通鉴》，后来雕印的各种图书极多，仅次于国子监。此地也是一个藏书之所。卢挚收江南诸郡四部精善书，运至大都后，就藏于此。

除了上述几个著名的中央官府藏书机构以外，元代也在地方官府设立了相关藏书机构，如行省以及下设的路、府、州、县均设有专门收藏图籍案牍的架阁库；掌军民事务的宣慰司，由于职司需要，也有藏书；设于各行省，统理诸路、府、州、县学校祭祀、教养、钱粮等事的儒学提举司，因此司负责进呈和申请刻印当地士人著述的事务，故同时具有收藏和刻印图书的职责。

第二节　私人藏书事业的发展

一、宋代私人藏书

私人藏书在宋代社会的各阶层中都很普遍，尤其是士大夫阶层，他们除了具备对图书价值认知的素养外，还具备相应的经济基础，所藏书籍的数量也随着时间的积累日益增加。北方的私人藏书在经历了北宋末年的战乱后受到不同程度的影响，幸好宋室在南渡后，在江南地区很快对其进行了恢复。南宋的私人藏书中心在江浙一带，包括福建、安徽等地。私人藏书在两宋时期一直保持较快的发展。宋代的私人藏书家不仅收藏的图书种类丰富，而且十分重视对藏书经验的归纳与总结。这些藏书家除了校勘正误，为藏书分类编目之外，还刻书出版著述，不仅在保存经典、促进文化的交流与传播中起到了举足轻重的作用，而且推动了社会进步，在中国藏书历史上写下了辉煌的一笔。

（一）私人藏书之风盛行

虽然私人藏书盛行于社会各个阶层，但从《宋代藏书家考》所列的126位藏书家来看，大部分藏书家为政府官员。宋代私人藏书风气十分浓厚，许多都是父子兄弟相继，因此出现了不少藏书世家，其中不少沿袭两代、三代甚至更多。据《中国私家藏书史》统计，在众多的藏书世家中，宋代有影响的大藏书家与藏书世家总共25家，其中沿袭两代以上的藏书世家有10多家，而沿袭三代以上者有14家。

1. 社会身份

宋代藏书家的社会身份一般是官员、士绅、僧人、道士。许多藏书家均身居要职，如宰相、学士、侍郎等。士绅主要是指在野并享有一定政治和经济特权的知识群体，包括考取科举功名之士和退居乡里的官员。

2. 藏书名家

据《中国私家藏书史》统计，宋代私人藏书达万卷以上的大藏书家共计214人，其中收藏达100000卷者有叶梦得、魏了翁两家，其次是赵宗绰70000卷、陈振孙51000余卷、赵汝愚50000卷、王钦臣43000卷、周密42000卷等。①

（1）叶梦得（1077—1148），字少蕴，南宋著名藏书家、文学家。原籍江苏吴县（今江苏苏州），居于乌程（今浙江湖州吴兴区），死后葬于弁山。绍圣四年（1097）进士，任丹徒尉。崇宁初，任婺州（今浙江金华）教授。后被征召入朝，为礼仪武选编修官。大观初为中书舍人，兼实录院修撰，擢翰林学士，官至尚书左丞，因事降职。绍兴三年（1133）起用为江东安抚制置大使，兼知建康府。绍兴十年（1140）为资政殿学士，兼福建安抚使。后辞官归，晚年隐居湖州弁山玲珑山石林，故号石林居士。

---

① 范凤书：《中国私家藏书史》（修订本），大象出版社，2009年，第82页。

(2) 魏了翁（1178—1237），字华父，号鹤山，南宋著名藏书家、教育家，邛州蒲江（今属四川）人。庆元五年（1199）进士，任剑南西川节度判官。开禧二年（1206）任学士院考官。因直言时弊而被降职，为校书郎，后任嘉定知府。嘉定十七年（1224）升至秘书监，又因直言连降数级而离京。绍定四年（1231）又被召回京任礼部尚书兼吏部尚书等职。先后知绍兴府、浙江安抚史，知福州、福建安抚史。官至端明殿学士。魏了翁曾创鹤山书院，将其藏书大半捐献给书院，供他人阅读。鹤山书院建"尊经阁"收藏图籍，其藏书规模是宋代各大书院之首。

(3) 赵宗绰（1034—1096），北宋藏书家，濮安懿王赵允让子，宗晟之弟。早年与英宗同学于官邸，官至河阳三城节度使、检校司徒。卒赠太师，追封荣王，谥孝靖。洪迈《容斋四笔》卷十三记："濮安懿王之子宗绰，蓄书七万卷。始与英宗偕学于邸，每得异书，必转以相付。……宣和中，其子淮安郡王仲糜进目录三卷。忠宣公在燕得其中帙，云：'除监本外，写本、印本书籍计二万二千八百三十六卷。'观一帙之目如是，所谓七万卷者为不诬矣。三馆秘府所未有也。盛哉！"① 宗绰藏书七万卷余，称得上是北宋时期藏书大家，其藏书后多毁于靖康之乱，令人惋惜。

(4) 陈振孙（约1179—约1261），曾名瑗，字伯玉，号直斋，浙江安吉县梅溪镇人，南宋藏书家、目录学家。少壮时期受到书香熏染，勤于学习。历任台州知州、嘉兴知府。淳祐四年（1244），任国子监司业，后官至侍郎，以宝章阁待制致仕。博古通今，藏书五万一千余卷。仿晁公武《郡斋读书志》，撰《直斋书录解题》。大

---

① 转引自凌郁之《容斋知见书目录》（上），《古籍研究》2019年第2期。

概在嘉定末年时，陈振孙开始收藏图书，此时他已经升为江西南城的县官。1217—1224 年，又做了兴化军通判，之后又到浙江任职地方官，1238 年到临安担任国子监司业。此时他已具备十分丰富的图书目录经验和相关知识，可以说是藏书家了。于是便开始其《直斋书录解题》的编写工作，他创立的书目使用解题和记载版本资料的先例，为古代目录学发展作出重要贡献。

（5）赵汝愚（1140—1196），字子直，饶州余干人（今江西余干），生于崇德县洲钱（今浙江桐乡洲泉）。南宋学者，宋太宗赵光义八世孙、汉恭宪王赵元佐七世孙。赵汝愚早有大志，宋孝宗乾道二年（1166）状元及第。历任签书宁国事节度判官、秘书省正字、集英殿修撰、知福州、吏部尚书等职。宋孝宗崩逝后，赵汝愚策划实施"绍熙内禅"，奉嘉王赵扩（宋宁宗）即位，以功升任右相，与留正同心辅政。庆元元年（1195）遭诬陷，被贬为宁远军节度副使。庆元二年（1196），于衡州暴卒。开禧三年（1207），朝廷为赵汝愚平反，恢复原官，赐谥忠定，追赠太师、沂国公。宋理宗时，配享宁宗庙廷，追封福王，后改周王，为昭勋阁二十四功臣之一。

（6）王钦臣（约 1034—1101），字仲至，应天宋城人，以文彦博荐试学士院，赐进士及第，任陕西转运副使。元祐初，为工部员外郎，曾奉使高丽。进太仆少卿，迁秘书少监，掌管国家藏书、校书之职。不久，改任为集贤殿修撰、出知和州，徙饶州，提举太平观。王钦臣家中藏书数万卷，他亲自校正，一生嗜好藏书，徐度道"所见藏书之富者，莫如南都王仲至侍郎家"，可见其家藏书之丰富。王钦臣每获得一珍本，先是以废草纸抄写完整，再求另一版本进行参校，直至无误时，才正式誊写。抄录所用纸张，必选用鄂州蒲圻（今属湖北）纸。一书抄录两本，一本用来借阅，另一本以素绢装裱，号称"镇库书"，镇库书不到万不得已的情况绝不出示，类似于今天的"库本"，其镇库书达5000卷。王钦臣与宋敏求交游密切，订有互借之约，两人之间互置对方藏书目录一本，遇有疑难，则互借校雠，极大地保证了藏书的质量。宣和中，其孙王问献出镇库书，被朝廷赠予承务郎的官职，而镇库书的副本被保存下来。北宋亡后，藏书渐渐流失。王钦臣精于校勘，所藏书大部分均亲自雠正，世称善本。史称古今校书之精，莫过于王钦臣家中藏书。

（7）周密（1232—1298），字公谨，号草窗，又号四水潜夫，别号华不注山人，晚年更号弁阳老人。先祖济南人，其曾祖随高宗南渡，晚年居于杭州，作《癸辛杂识》。历任义乌令，监和剂局，充奉礼郎兼太祝，宋亡后不再入仕。其家三世藏书，传至周密，已有四代，凡有书42000余卷，金石之刻1500余种。设有"书种""志雅"二堂，周密每日在其间校雠读书，后不幸遭逢变故，加之保存不善，大约于宋末元初时其藏书尽散。

3.藏书世家

晁迥，字明远，谥文元，先为澶州清丰人，后徙于彭门，太平兴国五年（980）登进士第。历大理评事、右正言、知制诰，累官工部尚书、礼部尚书、集贤院学士，以太子少保致仕。据宋敏求《春明退朝录》记："宣德门前天街东第四昭德晁文元迥宅，致政后，辟小园号养素园，多阅佛书起密严堂。"多阅佛书，可见在晁迥的藏书中，佛经道典可能是一大特色，他本人也对此多有研究，史传其善吐纳养生之术。晁迥著有《翰林集》30卷、《道院集》15卷、《法藏碎金录》及《昭德新编》等。

晁迥之子宗操、宗悫，均嗜书。晁宗悫，字世良，谥文庄，赐进士及第，累迁尚书祠部员外郎、知制诰，参与《南北书》《隋书》的校勘。

王铚（生卒年不详），字性之，自称汝阴老民。性极聪慧，尤其通晓宋代故事。高宗建炎四年（1130），任枢密院编修官，因纂集祖宗兵制，受到皇帝的赏识，诏改京官，后罢为右承事郎，主管台州崇道观，晚年遭受秦桧的排挤，避地在剡溪山中，日以咏诗赋自娱，人称雪溪先生，藏书数百箧，无所不有。著作有《雪溪集》《默记》《补侍儿小名录》《四六话》等。

王廉清（1127—1214），王铚长子，字仲信，学问广博。著有《京都岁时记》《广古今同姓名录》《补定水陆章句》《新乾曜真形图》等。秦桧养子秦熺曾奏请皇帝，要求地方官员负责搜访私人藏书，并抄录绍兴陆氏藏书，呈交三馆，进谗言称"会稽士大夫家藏野史以谤时政"，派浙江转运使吴彦猷将王铚家的藏书掠走大半。王铚离世后，秦熺欲尽得王氏藏书，许王廉清以高官厚禄，廉清拒绝富贵的诱惑苦守藏书，"愿守此书以死，不愿官也"。

王明清（1127—约1205），王铚次子，字仲言，少时继承家学，熟知历朝史实，陈傅良推荐他修史，未果。宋室南渡后史料多散亡，王明清多方收集旧闻佚事，编成《挥麈录》20卷，较详尽地记录宋代政事及制度。王明清同样爱好藏书，《挥麈录·后录》详细地记述了其藏书渊源，并且对宋代官府藏书、设置官职、献书举措及文献流向有较多记载和论述，这对研究两宋的公私藏书史有重要的参考价值。

4. 藏书来源

（1）购书

宋代雕版印刷术十分盛行，书肆日益繁荣，藏书家获得书籍的途径较多，在书肆购买书籍是相对便利的图书收集方式。

（2）抄书

虽然雕版印刷术在宋代已经普及开来，但也不是所有图书都可以印刷在板片上面，况且雕版印刷相对于抄写存在成本较高的问题，所以这一时期的藏书家们仍然以手抄作为聚书的主要手段。而手抄本一般多属于真本秘籍，通过抄录，藏书家还可以亲自进行校勘，发现问题。经过多次校勘的典籍，其质量能够得到保证。

（3）赠书

除了通过购买和抄写获得藏书外，在藏书家之间还有互相赠予的行为，这是私人藏书的另一个来源。宋代著名藏书家宋绶拥有的私人藏书数量能够为秘阁所不及，就是因为得到了毕士安（宋绶娶毕士安孙女，长子宋敏求娶毕士安曾孙女）和外祖父杨徽之两家赠予的藏书。

宋代私人藏书家以江浙地区居多，现据吴晗《江浙藏书家史略》（中华书局，1981年）简要归纳如下：

表 2-4　宋代江浙地区藏书家举要

姓名	籍贯	人物概述	藏书与治学特色
文莹	钱塘	僧,字道温。工诗,喜藏书,尤留心当世之务	收古今文章著述最多,自国初至熙宁间,得文集二百余家,著有《玉壶清话》
史守之	鄞县	字子仁。以承事郎监平江府粮料院,主管绍兴府千秋鸿禧观,以朝奉大夫致仕。中年避势远嫌,退居月湖之松岛,著升闻以寓规谏,诏书累起之,力辞不出。杜门讲学,又学古文于楼钥。不与时谐,以道自任	宁宗御书"碧沚"二字赐之。吴中旧书家有"旧学史氏"及"碧沚"印者皆其遗书也
石公弼	会稽新昌	初名公辅,字国佐。元祐六年(1091)进士,官至兵部尚书	越藏书有三家:曰左丞陆氏、尚书石氏、进士诸葛氏,而石氏当尚书无恙时,书无一不有。又尝纂集前古器为图记,亦无一不具。其后颇勿克守,而从子大理正邦圻尽以金求之,于是为博古堂。博古之所有众矣,其冥搜远取,抑终身不厌者,后复散出。而诸孙提辖文恩院继曾稍加访寻,间亦获焉
石邦哲	会稽	字照明。官福建参议	筑堂名博古,藏书二万卷
何恪	义乌	字茂恭。绍兴三十年(1160)进士,官徽州录事参军	性好古,藏书至万卷。博览而工于文,陈亮尝称其奇壮精致,反复开阖而卒能自阐其意。著有《南湖集》二十卷

续表

姓名	籍贯	人物概述	藏书与治学特色
李光	上虞	字泰发，自号读易老人。崇宁五年（1106）进士，官至参知政事，谥庄简	庄简公光无书不读，蓄书数万卷
李孟传	上虞	字文授，光子。少讲学有声，而天资爽迈，无丝毫世俗之气。性嗜书，至老不厌	藏书万卷，悉置左右，翻阅绅绎，周而复始。每得异书，手自校勘，竟其编乃止。多识典故及前辈出处，中朝旧事，历历能道本末，有如目睹。所著有《磐溪诗文稿》五十卷、《宏词类稿》十卷、《记善》《记异》各五卷
沈思	归安东林	字持正，一字东老。家颇藏书，喜宾客。东林当钱塘往来之卫，故士大夫与游客胜士闻其好事，必过之，思亦应接不倦	尝有布裘青巾者自称回山人，风神超迈，与之饮终日不醉，薄暮取食余石榴皮书诗一绝壁间，有："白酒酿来原好客，黄金散尽为收书"句，其风雅可想而知矣
周启明	金陵	字昭回。四举进士皆第一。仁宗即位，除试助教。迁秘书郎，改太常丞	启明笃学，藏书数千卷，多手自传写。有古律诗赋笺启杂文千六百余篇
林千之	平阳	字能一。官翰林院编修	家藏图书法帖甚富，览裁精密，有《云根痴庵》集
张瑞	鄞县	两经荐辟，以母老力辞	筑甬洲书庄，聚书万卷，与子孙讲习其中

续表

姓名	籍贯	人物概述	藏书与治学特色
曹豳	镇海	字因明。年十二能作举子业。未冠已博综经史百家之言，天文地理与夫天下形势兵家之学，靡不通贯。自号牧庵居士，嘉泰二年（1202）卒，年六十八	常聚万卷，多手自雠校，积学老而不衰
许棐	海盐	字忱父，号梅屋。《梅屋书目》自序云："余贫喜书，旧积千余卷，今倍之，未足也。肆有新刊知无不市，人有奇编见无不录。故环室皆书也。"	隐居秦溪，筑小庄于溪北，储书数千卷，丹黄不休。著有《梅屋稿》《献丑集》《樵谈》《春融小缀》
陈思	临安	卖书于都市，士之好古博雅搜遗猎忘以足其所藏，与夫故家之沦坠不振，出其所藏以求售者，往往交于其肆。且售且卖，久之所阅滋多，望之则能别其真赝	曾汇刻《群贤小集》，自洪迈以下六十四家，流传甚罕。所著有《宝刻丛编》，尤为渊博。又有《书苑精华》十二卷、《海棠谱》二卷行世
陈起	杭州	字宗之。于睦亲坊开书肆，自称陈道人。能诗，凡江湖诗人皆与之善。尝刊《江湖集》以售，后以集中语有敖器之言，论列劈江湖集版，坐流配	生平印书凡于书之疑处率以己意改令谐顺
陈谧	鄞县	字康公。宋嘉祐八年（1063）进士。元丰七年（1084）知华亭县，民事佛有羡余率尽以施浮屠，先圣庙则湫隘卑陋，谧始议兴学，会以事罢去	—

续表

姓名	籍贯	人物概述	藏书与治学特色
孙曦	—	字元和,号雪窗,绍兴八年(1138)进士。知休宁县	有藏书记,以告其后勿坠素业
陈贻范	临海	字伯模,宋治平四年(1067)进士,历宗正丞,通判处州	好藏书。所著有《庆善楼家藏书目》二卷、《庆善集》若干卷
陆宰	山阴	字元钧。越藏书家曰左丞陆氏、尚书石氏、进士诸葛氏	中兴秘府始建,首命绍兴府录朝请大夫直秘阁陆宰家所藏书来,凡万三千卷有奇。著有《春秋后传补遗》
陆游	山阴	字务观,号放翁,宰子。越中藏书家有三,曰左丞陆氏、尚书石氏、进士诸葛氏。陆氏即游家也	游尝宦西川,出峡不载一物,尽买蜀书以归。其编目益巨。三家图籍尝更废迁,而至今最盛者唯陆氏
楼钥	鄞县	字大防,一字启伯,自号攻媿主人。隆兴元年(1163)试南宫策偶犯讳,知贡举洪遵奏,有旨置末等之首。以启谢诸公,胡铨大称之曰:"此翰林材也!"调温州教授。范物以躬,学者日益归心。后官至资政殿大学士,提举万寿观。钥资禀高明,风仪峻整,琐务不经于心。唯酷嗜书,潜心经学,旁贯史传,以及诸子百家。嘉定六年(1213)卒,年七十七,赠少师,谥宣献	聚书逾万卷,皆手校雠,号善本

续表

姓名	籍贯	人物概述	藏书与治学特色
郑若冲	鄞县	字季真,自号梦溪。少失怙恃,育于伯父章。卒年七十九	自置书塾,聚书数千卷,延师训子,虽卧病不废书。尝书壁自警云:"一日不以古今浇胸次,览镜则面目可憎。"
诸葛行仁	会稽	越中藏书有三家,曰左丞陆氏、尚书石氏、进士诸葛氏	绍兴五年(1135)六月,布衣诸葛行仁进所藏书八千五百四十六卷,尝以官
钱惟演	—	字希圣,谥文僖。宋咸平中献其所为文,拜太仆少卿,官至枢密使	尝曰学士备顾问,不可不该博。故其家聚书侔于秘府。又多藏古书画,在馆阁与修《册府元龟》,凡千篇,诏杨亿分为之。所著有《典懿集》《枢庭拥旄前后集》《伊川汉上集》《金坡遗事录》《飞白书叙录》《逢辰录》《奉藩书事》
薛高	永嘉	字宁仲。任连城簿,弃官而隐	家有读书楼,郡守楼钥为之记。陈谦赠诗有"万卷编抄高似屋,一门师友重如山"之句
杜琼	吴县	字用嘉。从陈继先生学,博综古今,自号鹿冠道人。晚而徙家东园,得朱长文乐圃家焉,学者称东园先生。卒年七十八,门人赵同鲁私谥曰渊孝先生	国初南原俞氏、笠泽虞氏、庐山陈氏书籍金石之富,甲于海内,景天以后,俊民秀才,汲古收藏,杜东原其尤也
周辉	淮海	字昭礼。绍兴间居钱塘清波门之南,嗜学工文,隐居不仕	藏书万卷,父子自相师友。撰《清波杂志》十二卷

续表

姓名	籍贯	人物概述	藏书与治学特色
张舆	常州	字子厚。登进士甲科,调青溪主簿。元祐大臣荐起教授颖州,辞不就。诏拜秘书省校书郎,竟不出。崇宁四年(1105)卒,赐谥曰正素先生	闭户读书四十年,手校数万卷,无一字舛

(二)历史影响

宋代时,雕版印刷实现了初步普及,并开始进入初步繁荣时期,但由于雕版印刷的印本图书错误较多,在众多的官私藏书中,采用人工抄写的方式仍是一种普遍现象。作为当时的国家图书馆,崇文院专门建立了补写所,以进行图书的补抄工作,传统的手工抄写和雕版印刷等图书制作方式也使图书数量大量增加。300余年间,涌现出近1000名私人收藏家,其中万卷以上的藏书家就有200多位。私人藏书家吕大防、尤袤、李常、叶梦得、陈振孙等也都抄写了大量图书。除了大量抄书外,藏书家还会花费大量时间进行图书的校雠,据不完全统计,宋代官方大规模校书约有78次,其中史书校阅就有21次。

宋代藏书家不仅在整理研究私家所藏书籍的基础上,细心校雠,勘正误差,分类编目,收藏内容相当丰富,还首创校勘学、版本学、刊刻学、金石学等。宋代私人藏书规模远甚前代。

1.书籍的整理

(1)校雠

宋人藏书,精于校勘。宋代藏书家中,以宋氏父子、王钦臣、刘挚等为代表的一批藏家十分注重对图书的校雠,且精于校书,长期不辍,校勘如屋内扫尘一般不苟,直至无误,这也是当时社会存在的一种普遍现象。

正因如此,宋代的藏书家不仅以庞大的藏书数量著称,其所藏之图本也被称为精良之作,毕士安、宋氏父子、苏颂、陈景元、贺铸等人既是藏书家也是校勘家。正是因为这些藏书家对典籍的专注校雠,才有流传于世的经典。通过校雠,藏书家一方面勘正误差,另一方面提高藏书的质量,既保存了经史典籍,也为后世的藏书树立了典范。

(2) 编目

许多宋代私人藏书家都编有书目,综合晁公武《郡斋读书志》、尤袤《遂初堂书目》、陈振孙《直斋书录解题》、郑樵《通志·艺文略》、《宋史·艺文志》所载,结合其他文献,宋代藏书家编有家藏图书目录的有近40家,其中包括许多人们非常熟悉的大藏书家,如毕士安、宋绶、李淑、王洙、欧阳修、王钦臣、田镐、刘恕、叶梦得、莆田李氏、周密等。

与前代相比,由于宋代私人的藏书量相当庞大,若不进行整理,恐怕会杂乱而不易检索,因而宋代藏书家十分重视对藏书的整理。他们对自己的藏书进行分类编目,不仅能够清晰地掌握自己所藏书籍的种类,便于查找,也能更好地起到保护、利用图书的作用。

南宋初年,莆田藏书家郑樵在编目实践的基础上,提出应"以人类书,不应以书类人"。郑樵撰有《通志·校雠略》一卷,这是我国最早的目录学专著之一。宋代私人藏书家在书目分类方面,大体继承前代的四分法,如晁公武的《郡斋读书志》、尤袤的《遂初堂书目》及陈振孙的《直斋书录解题》，但在分类体系和类目设置上有了很大突破和改进，类目随当时社会环境、学术变化而增删变革，在体例上出现了私人藏书提要目录。这些书目著录的内容具有很高的学术价值，为后世的研究提供了保障，在文化传承方面有着巨大贡献。

2. 藏书经验总结（保护措施）

宋代私人藏书采取的保护图书的多种措施：

（1）楼、堂、馆、室等大量藏书楼出现。许多藏书家建造了具备防潮、防火、防水功能的藏书之所。

（2）宋代藏书家除了修建藏书处所外，还编制了大量藏书目录。

（3）副本制度普遍建立。历史经验告诉我们，为一本书准备多个副本，藏书就不会轻易散失毁灭。宋代私人藏书十分重视版本，形成了自己的善本观，他们设立副本制度、借阅制度等，为保护藏书提供了重要支撑。

3. 目录学名篇

《郡斋读书志》，全书分四部共45类，有总序，每部前有大序，类目前有小序，每书有简介，即提要。

《遂初堂书目》，对所收刻图书的不同版本均会予以注明，首创了版本目录之先河，然而对所收图书则并未注明卷数，仅著录书名，部分条目会著录作者，但大多数作者姓名不详，没有解题。

《直斋书录解题》，没有总序和大序，在53个类目中，有7个类目有小序，它把"解题"运用到书目中，每书写一篇叙录，称之为解题，形成了解题目录一大流派。

4.藏书特点

（1）抄刻并存

抄本和刻本并存是宋代藏书的一大特点，私人藏书尤其如此。宋代刻书业兴盛，许多藏书家同时也是刻书家，例如黄唐、洪适、汪纲等。刻书是增加藏书的重要途径之一，刻书业的发展也促进了私人藏书的发展，但由于刻书需要相对稳固的经济基础，所以抄书的做法历代有之。

南宋时的著名诗人陆游同样是藏书爱好者，他在宦游各地时也不忘刻书，入蜀前刻有《岑嘉州诗集》，在江西抚州时刻有《陆氏续集验方》，刻书、抄书在他的藏书活动中占有重要位置。

（2）兼收书画金石碑刻

宋代私人藏书的另一个特点就是种类丰富。就图书的收藏而言，由于个人的偏好不同，所以在藏书家中有人收藏孤本、善本或少见图本，有人则收藏当下名人著作，还有人喜欢收藏特定种类的书籍。

宋代藏书家的收藏目标不仅仅局限于图书，还涉及书画、金石以及碑刻等，欧阳修长期收集金石碑刻，编撰的《集古录》成为传世最早的一部金石学专论。一生以讲学为业的王柏，喜藏碑刻法帖，曾手拓石刻数百种，将所藏分类编目，每部各有序跋，著成《鲁斋清风录》15卷。[①] 此外，宋代的藏书家不仅将金石碑刻的收藏当作爱好，还对其进行研究，并撰写专门著作，由此奠定了金石学的基础。

宋代私人藏书的收藏范围甚广，从一般的图书、书画到古器物

---

① 顾志兴：《浙江藏书史》（上册），杭州出版社，2006年，第79页。

和金石碑刻等资料，无所不包，不仅开创了金石学，还为后世留下了诸多优秀的著作。私人藏书的发展也对宋代的中央、地方的官府藏书起到了极大的补充和丰富作用。

二、辽代私人藏书

辽太宗时期，辽代仿宋制，依然利用科举制度选拔人才，使得很多的文人学士倾注热情于读书、做学问，也形成了藏书风尚。在辽代统治的二百余年间，契丹贵族也充分意识到汉族文化的重要性，因此他们之中不乏一些习汉文、藏典籍的学者。

（一）私人藏书家构成

辽代的私人藏书家以契丹贵族和汉族学士为主要群体。辽代推行汉制，在其统治时期社会呈逐步汉化的趋势，许多契丹贵族中的学者也不断地学习中原文化，其中涌现了许多博学多才、精通儒学的著名私人藏书家。同时辽代十分注重对儒士的任用，很多汉族学士被委以重任，因此在辽代官员之中有着较为庞大的汉族文人群体，他们传播、推行儒家的治国理念、教育思想等。良好的文化政策促进了教育的进步、文化的发展、民族的融合，因此辽代社会读书向学的风气十分浓厚，为藏书活动提供了思想基础。

（二）私人藏书家

1. 耶律倍

耶律倍为辽太祖耶律阿保机之长子，自幼嗜好读书，孜孜不倦，精通各门学问，通阴阳、知音律、精医药、工绘画，曾绘有

《射骑图》《猎雪骑图》《千鹿图》。又熟辽汉文字,曾译《阴符经》。他是辽代契丹贵族里文人学士的典型代表,具有较高的文化素养。耶律倍一生崇尚汉学,追崇儒教。据《辽史·义宗传》载,时太祖问侍臣曰:"受命之君,当事天敬神。有大功德者,朕欲祀之,何先?"皆以佛对。太祖曰:"佛非中国教。"倍曰:"孔子大圣,万世所尊,宜先。"太祖大悦,即建孔子庙,诏皇太子春秋释奠。[①]

耶律倍一生热衷于藏书,据载他曾先后于两地建立藏书楼,其中较为著名的是被誉为辽代东北地区第一藏书楼的望海堂,"人皇王性好读书,不喜射猎,购书数万卷,置医巫闾山绝顶,筑堂曰望海。……世宗亲护人皇王灵驾归自汴京。以人皇王爱医巫闾山水奇秀,因葬焉"[②]。望海堂位于今辽宁北镇辖区医巫闾山最高峰。《辽史·义宗传》记载了耶律倍有藏书万卷,藏于他所筑藏书楼望海堂之中,望海堂是辽代时期最大的藏书楼,规模浩大,也是中国古代东北地区最早的私人藏书楼。

由于藏书数量激增,耶律倍又在望海堂下北侧起建了桃花洞建筑群,其中轴有三层大殿、配殿十间,规模宏敞,专为藏书之用。[③] 望海堂修建时,契丹国正处于战乱时期,当时的历史环境不适宜出版大量图书,耶律倍对图书热爱至极,常常派人去中原购求图书。在战火连绵之时,能有万卷藏书,实属不易。

其二为辽南京所建的西宫。耶律倍受辽太宗之命为东丹王,迁至南京(今北京西南)。"倍既归国,命王继远撰《建南京碑》,起

---

① 孙浩:《辽代私家藏书第一人——耶律倍》,《兰台世界》2012 年第 24 期。
② 脱脱等:《辽史》,中华书局,1974 年,第 463 页。
③ 傅璇琮、谢灼华主编:《中国藏书通史》,宁波出版社,2001 年,第 421 页。

书楼于西宫。"① 虽然史料没有更多对于西宫的描述,但也可见西宫为耶律倍另一藏书处所。

耶律倍收藏图书不仅数量多且内容丰富,涉猎范围也十分广博,藏书中既有儒家经典,也不乏医书、经书和一些别类。他的藏书来源也有多种,不仅常亲自购书,也派人入关求购,同时也有贩书商贾向他呈进,他对于善本和孤本的收藏也十分注重。耶律倍不仅热爱藏书,同时也十分注重书籍的使用。他作为私人藏书家典范,也对后世起到了榜样作用。

2. 耶律庶成

耶律庶成自幼好学,有过目不忘之天赋,精通契丹文及汉文,博学多识,工诗善赋,在医药、国史、礼、法等方面均有建树,尤工于诗。对辽代的国史编修作出了重要贡献。其侄耶律蒲鲁亦嗜读好学,博通经籍。

3. 秦晋国妃萧氏

萧氏是见于史料的唯一一位契丹族女性藏书家,她热爱读书,博览古今,也擅长写作,文诗皆通。萧氏出身于皇族,父为枢密使北府宰相驸马都尉曷宁,母为卫国公主长寿奴。萧氏"幼而聪警,明晤若神,博览经史,聚书数千卷,能于文词。其歌词赋咏,落笔则传诵朝野,脍炙人口"②。

4. 王继恩

王继恩为辽宫廷宦官,棣州(今山东惠民县)人士。睿智皇后南征北宋时,继恩被俘,随后被载赴凉陉,并被阉为宦者。"继恩

---

① 脱脱等:《辽史》,中华书局,1974 年,第 1210 页。
② 陈述辑校:《全辽文》(卷八),中华书局,1982 年,第 193 页。

好清谈,不喜权利,每得赐赍,市书至万卷,载以自随,诵读不倦。"① 他十分聪慧,藏书万卷,爱读书且擅长辽语,得到圣宗的信任,官至内库都提点。

三、西夏私人藏书

西夏境内有党项人以及其他少数民族,因此形成了多元的西夏文化。在西夏统治者逐渐推行汉化的过程中,党项贵族阶层涌现了一部分私人藏书家,同时和历朝历代一样,汉族文人学士始终是私人藏书家的主要群体。

西夏党项贵族早在建国之前就开始积极学习汉文化,促进民族文化的交流与融合。太宗李德明"晓佛书,通法律,尝观《太乙金鉴诀》《野战歌》,制蕃书十二卷,又制字若符篆"②。开国皇帝李元昊"晓浮图学,通蕃汉文字,案上置法律,常携《野战歌》《太乙金鉴诀》"③。这对父子就是当时党项民族的缩影,可见当时西夏贵族人士广泛学习汉文化,知识渊博。西夏建立之后,更是注重儒家经典的传播和汉文典籍的收藏,这些也说明了西夏党项民族一直都是中华血脉的一部分。儒学的盛行,除了统治者吸纳汉文化、任用儒臣以外,汉族文人学士对于文化的传播也作出了巨大贡献。而文化教育的传播基础便是丰厚的文化底蕴和丰富的藏书,这些汉族知识分子不仅饱读诗书,而且热爱藏书。特别是一代名儒斡道冲,是西夏儒士中的杰出代表,家学渊源,世代读书,精通西夏文,曾担

---

① 脱脱等:《辽史》,中华书局,1974年,第1481页。
② 脱脱等:《辽史》,中华书局,1974年,第1523页。
③ 脱脱等:《宋史》,中华书局,1977年,第13993页。

任教授，译《论语注》。乾祐时期，升至国相。去世后，家无所蓄，唯有很多藏书。①

四、金代私人藏书

金是由东北女真族所建立的政权，先后灭辽和北宋，在我国北方称霸百年。河东南路一带由于所受战争创伤较轻，造纸印刷业较为发达，稷山的竹纸，平阳的麻纸，曾经闻名一时。南京、中都、平阳、宁晋是金代的刻书中心。特别是平水县，有著名的书坊"中和轩"和"晦明轩"，《金史·地理志》称这一带"家置书楼，人蓄文库"。很多文学家族通过收藏图书使文化在子孙辈得以延续和传承，特别是河东南路平阳府，成为北方刻书中心。图书出版的兴盛与藏书风气相辅相成。金代藏书家在文献典籍的保存和流通中贡献出自己的力量，对中华民族文化的传承与发扬起到了重要作用。

金代藏书家的数量明显比辽代多，历史可考的有 20 人左右，人员构成从权贵到士庶，也较辽代更为丰富。金代，藏书已经形成一定风气，女真贵族开始崇尚并学习中原文化，中原人士更是以藏书治学为荣，士人之间借书互赏，民间藏书家读书抄书孜孜不倦，文人学士在战乱之际竭力护书，这些形成了金代特有的私人藏书文化。

（一）女真贵族

完颜勖（1099—1157），本名乌野，字勉道，为金穆宗完颜盈

---

① 王龙：《西夏藏书管窥》，《学理论》2014 年第 29 期。

歌的第五子，敏而好学，是金代初期藏书家。金太宗曾经下诏访求女真祖先的事迹，以备修国史之用。于是完颜勖等人便到先祖部落四处寻访搜集有关于女真祖先的旧事和遗言，最后以搜集的资料为基础，编纂了包括金始祖在内的十位君王的生平事迹，统编为《祖宗实录》三卷，而后又撰《太祖实录》二十卷和《女直郡望姓氏谱》。与此同时，他也钟爱藏书，并作有大量诗文。完颜宗翰与完颜宗望攻占汴京之时，金太宗特命完颜勖去汴京军营劳军。宗翰等问其所欲，答曰："惟好书耳。"于是载数车还。图书成为他的战利品，被他带回中央政府收藏，可见他对图书的珍惜和热爱。

完颜璹，本名寿孙，字仲实。金世宗之孙。历官奉国上将军、荣禄大夫，封密国公。完颜璹好学问，擅长绘画书法，喜爱读书，曾读《资治通鉴》三十余遍。筑有藏书楼，名为"樗轩"，所藏法书名画几与秘府相等。宣宗南迁时，乃尽载其家书画，一帙不遗。居汴京，每逢客至，蔬饭共食，焚香烹茗，尽出藏书，共赏奇文。其第五子守禧，字庆之，风神秀彻，完颜璹特别钟爱他，尝曰："平日所蓄书画将以付斯子。"

完颜孟阳，据王恽《秋涧集·碑阴先友》卷五十九，仅简单记其"用门资起为部掾……好古书，家藏至千余卷"，也对藏书事业作出了一定的贡献。

（二）文人士大夫

宇文虚中（1079—1146），字叔通，别号龙溪居士，成都广都人。初仕南宋，累官资政殿大学士，使金被留。金代统治者对他的才华极度欣赏，于是他入仕为翰林学士、知制诰兼太常卿，累迁礼部尚书。由于宇文虚中有文人傲骨，被朝中诬陷其家中藏书多为禁书,有造反之心,于是全族惨遭杀戮。《瞥记》曰:"宇文虚中为人媒孽,指家藏图书为反具,罪至族……士大夫家藏图籍,固是美事,然聚书之祸不可不知。"

耶律履(1131—1191),辽宗室后裔,东丹王耶律倍七世孙。由于通易太玄,精究历法,并通契丹大字、小字,耶律履曾任金国史院编修官。他还精通女真族文字和汉字,所藏汉文典籍惠及后代。

高士谈(？—1146),字子文,为翰林直学士,与宇文虚中同以文学著称于金朝。其家藏书更多于宇文虚中,因宇文虚中案,被处以极刑。著有《蒙城集》。

范承吉(1088—1154),字宠之,天庆八年(1118)中进士丙科,任秘书监校书郎,至大定府金源令,归金后为御前承应文字。天会初,迁殿中少监。天会四年(1126),从攻太原,迁少府监。天会五年(1127),宗翰克宋,所得金珠承吉司其出入,毫发无欺,及还,犊车载书史而已,寻迁昭文馆直学士,知绛州。

胡益(生卒年不详),字士恭,河北武安人。博涉经史,工书翰。金正隆(1156—1160)南征,以良家子的身份从军,载国子监书以归,因起万卷堂,延至儒士,门不绝宾,以儒素兴宗,至孙胡景崧出仕国子监丞,积官至朝散大夫。

赵秉文(1159—1232),字周臣,自号闲闲居士,磁州滏阳人。他作为一代文豪,生性嗜读,孜孜不倦抄录图书,也著有许多著名文籍,如《太玄解》《老子解》《南华指要》《滏水集》等。

商衡(1188—1232),字平叔,曹州人。金崇庆二年(1213)进士,历任尚书省令史、监察御史等职,藏书数千卷。元好问为商衡撰写的《墓铭》记载其"性嗜学,藏书数千卷,古今金石遗文人所不能致者,往往有之"(见《遗山文集》卷二十一)。其子商挺,官至枢密副使，后被追封为鲁国公，也继承了他的喜好，聚书藏书，日日读书，嗜书如命。

张行简，官至太子太傅。自幼聪慧，终身爱学。家中有很多藏书，其中有大量他亲自手抄的抄本。

刘祁，字京叔，山西浑源人。少随其父宦游河南开封，未仕。金末壬辰（1232）之乱，壮年归里，筑归潜堂，闭门读书，肆力经史。《归潜志》卷十三又记："余平生有二乐：一曰良友；二曰异书。每遇之则欣然忘寝食……书则资吾见闻，助吾辞藻，属文著论以有益。"足见其收有一定的藏书。

元好问，金代文坛大家，家学渊源深厚，世代聚书藏书，且藏书种类极其丰富，有经史子集、文物字画、医学典籍等。遗憾的是战火损毁了其大半藏书。

除上述几位金代著名藏书家外，还有许多私人藏书家。如漆水郡夫人耶律氏为史上少有女性藏书家之一，她有自己的保管图书方法，"藏书万卷，部居分别，各有伦次"[①]。也有许多藏书家倾尽家产购书，如张邦直"束脩惟以市书"，刘祖谦"博通佛老百家之书"，杨奂之母程氏"家所藏书数千卷"，李夏卿家"文籍甚富"，等等。

五、元代私人藏书

蒙古族奋起于漠北，历经连年争战，先后攻灭西辽、西夏、花剌子模、东夏、金等国，入主中原，建立了我国历史上第一个由少

---

① 刘长言：《大金漆水郡夫人耶律氏墓志铭》，载北京市文物局编《北京辽金史迹图志》（下），北京燕山出版社，2003年，第182页。

数民族建立的大一统王朝。由于当时社会环境动荡不安，加上元初统治者的民族歧视思想，文化发展受到严重束缚，私人藏书远不及宋代。但是随着统治者推行汉文化，实行文治，尊重儒学之后，藏书事业也有了一定的继承和发展。

（一）私人藏书家构成

1. 汉族学者

元代藏书家大部分由汉族儒士组成，其中有南宋旧吏，也有市井中人。其中原因与元代朝政密不可分，民族压迫政策将境内居民分成四等，其中把汉族分为三等汉人和四等南人，这无疑是为了分化汉族人民，削弱他们的反抗力。武力治国、停办科举，这都是打压儒士、限制文人的做法，不仅不许他们继续为官，还强令他们服兵役、缴税。至此很多文人学士科举入仕之路被阻，难能可贵的是，文人学士始终把传播圣贤之学作为己任，通过藏书的方式得到精神的慰藉。

宋代著名文献学家王应麟和其子王昌世就是代表。应麟宋末官至礼部尚书兼给事中，宋亡前回到家乡鄞县，入元后不仕，专事著述达 20 年。王昌世宋末用父荫补承务郎，未上任而宋亡。于是，"父子杜门不出，蓄书万余卷，日夕坐堂上，应麟取经史诸书讲解论辨，昌世听受不倦，于名理经制治道之体统、古今礼典之因革，殊闻异见，靡不究悉。应麟卒后，书毁于火，昌世露抄雪纂，至忘寝食，书以复完"。

元统治者对学者也有一定程度的重视，如楷书四大家之一赵孟𫖯，随父降元后，经行台侍御史程钜夫举荐，赶赴大都，受元世祖忽必烈的礼敬，累官翰林学士承旨、荣禄大夫。赵孟𫖯平生勤于抄书,世传所书《道德经》,见于各家集帖,收藏家题跋者,已有十数本之多。赵孟頫更是爱书、喜书、藏书,是优秀的藏书家。

袁桷,家中藏书丰富,为世代所传。袁桷在自己的藏书编目《袁氏旧书目序》中曾叙述"承祖父之业,广蓄书卷。国朝以来,甲于浙东"的情况,由此可见,袁氏的藏书得益于家族世代的传承与积累。①

2. 渐通儒学的少数民族藏书家

虽然元代统治阶级"武功迭兴,文治多缺",藏书家以汉人为主体,但仍然有一些少数民族士大夫渐通儒学,热爱藏书。据统计非汉族藏书家中有蒙古人10人,色目人3人,回人1人。而傅璇琮、谢灼华主编的《中国藏书通史》中也有说明,有近20位少数民族藏书家,这些少数民族藏书家几乎都出身世宦之家,祖、父建有功业,本人亦担任较高官职。②

蒙古族私家藏书数量最多的是纽邻之孙。纽邻是蒙古大臣,元宪宗时,在攻克成都后成为蜀帅。陆深《豫章漫抄》曾记载其孙的藏书情况,"元至正初,史馆遣属官驰驿求书,东南异书颇出,时有蜀帅纽邻之孙,尽出其家资,遍游江南,四五年间得书三十万卷,溯峡归蜀,可谓富矣"。根据描述,纽邻之孙在五年间得书三十万卷。如此之庞大的数额,在当时应该无人能比。

达可,曾任秘书太监,卸任后创办了当时著名的草堂书院,地点位于成都。他在全国各地搜集刻本、抄本书达17万卷之多,藏之于草堂书院石室。

---

① 徐海蛟、许暖阳:《袁氏家族》,宁波出版社,2012年,第184页。
② 傅璇琮、谢灼华主编:《中国藏书通史》,宁波出版社,2001年,第477页。

廉希宪（1231—1280）是一代名相，不仅精通儒家经典，而且熟读经史文籍。忽必烈召见他时，因其"笃好经史，手不释卷"的勤学精神，称其为"廉孟子"。廉希宪曾有藏书两万余卷，并且购田筑室专门用来藏书，也时常与其他学者在藏书室中探讨学问，同时期著名的学者杨奂以及许衡就曾与其日夜研讨。其子廉惇同他一样，十分喜爱读书，为示承父遗志，廉惇将自己年幼之时的读书之地修建成了藏书楼，取名为读书岩，并购置了万卷书籍藏于其内。

阔里吉思是一代名将，屡立战功。他是忽必烈的外孙，除战功卓著以外，在文学上也颇有造诣。《元史》记载其"性勇毅，习武事，尤笃于儒术，筑万卷堂于私第，日与诸儒讨论经史、性理、阴阳、术数，靡不该贯"[①]。这样文韬武略的蒙古贵族，在当时是不可多得的人才。

蒙古人中如木华黎后代只必，"幼嗜读书，习翰墨……尝出家藏书二千余卷，置东平庙学，使学徒讲肄之"[②]。

除此之外还有耶律楚材这样的特殊代表。耶律楚材是出身契丹族的金朝旧臣，后入仕元朝。他热爱儒家文化，提出以儒家治国为核心的施政方略，为元代的朝纲稳定作出了巨大的贡献。耶律楚材同大多数女真贵族藏书家一样，精通汉文，自幼学习文书典籍无数，加上其天赋异禀，所以"博及群书，旁通天文、地理、律历、术数及释老、医卜之说，下笔为文，若宿构者"。他十分尊崇儒家经典文化，对儒学更是融会贯通、学以致用。耶律楚材倡导建立经籍所和编修所，刊印了许多儒家经典文籍，并且请来了一些名儒讲解这些典籍。他认为"昔者圣人之藏书也，贮之以金柜，写之于琬

---

① 宋濂等：《元史》，中华书局，1976年，第2925页。
② 宋濂等：《元史》，中华书局，1976年，第2943页。

琰,重道尊书",是为了传之于将来,所以他自己也极爱收藏图书。他曾千方百计寻购屏山居士的《鸣道集说》一书,当得到此书后,他仔细阅览,"咸泣者累日",并为此书作序。他听说燕京大觉禅寺收藏了一部《大藏经》,很是高兴,特为之作《经藏记》。《元史·耶律楚材传》称,耶律楚材卒后留有"古今书画,金石遗文数千卷"。

(二)藏书规模及地域分布

据范凤书《中国私家藏书史》统计,元代私家藏书共有 250 家左右,且《中国藏书通史》一书中也说明了元代有明确记载、生平事迹可考、藏书数千卷以上的藏书家有 127 人。元代藏书家数量虽然不如宋代,但是他们为文化的传承和发展作出的贡献不容小觑,也是中华民族灿烂文明得以永续的重要一环。元代藏书规模不如宋代的原因是多方面的。一方面,为了加固思想统治,元代的科举制度时兴时废,很多儒士放弃了读书治学之路;另一方面,统治者又颁布禁书令,导致人心惶惶,很多文人学士自焚藏书于家中,如藏书家庄肃,因害怕触犯禁令,故"继命危学士朴特来选取。其家虑恐兵遁图谶干犯禁条,悉付祝融氏。……其孙群玉悉载入京,觊领恩泽,宿留日久,仍布衣而归"[①];另外,元代崇尚武力,战争也损毁了大量文书典籍。

元代的藏书家地域分布较为广泛,也相对集中,根据方建新等人分析归纳,元代私人藏书家规模较大,分布较广,藏书家分布最多的是江浙地区,其中浙江 35 人,江苏 25 人;其次是河北、江西

---

① 陶宗仪著,文灏点校:《南村辍耕录》,文化艺术出版社,1998 年,第 376 页。

一带，其中河北 18 人，江西 6 人；山西、河南、山东、陕西、安徽、甘肃等地也有藏书家，分别分布 6 人、4 人、4 人、3 人、2 人、2 人；此外其他地区还分布有 16 位藏书家。[①]

1127 年靖康之变，北宋灭亡。赵构继承皇位，迁都临安，史称南宋，政治文化中心也随之南移到临安所在的浙江一带。而在此期间宋元战事频频，历经四十多年的抗衡，南宋最终灭亡。南宋是中国历史上经济极为发达，同时科技发展较快、对外开放程度较高的一个王朝。江浙一带有很多喜爱藏书的故宋世家和儒士，因此该地区的藏书家相对集中，且藏书颇丰。江浙一带较为著名的私人藏书家有赵孟𫖯、陆友、陈季模、庄肃等人。大都是建元后设立的都城，以大都为中心的河北一带，毫无疑问是元代的政治中心和文化中心，所以大都的私人藏书家数量也很多。这些藏书家中，有蒙古贵族，也有金代后裔等，其中较为著名的有张柔、贾辅、张文谦、汪世显等人。

（三）藏书来源

元代私家藏书的基础是宋代遗存的大批典籍，元代雕版印刷术在宋刻的基础上又有所发展，所以元代藏书家仍然有条件在战乱之后保存旧籍和不断丰富自己的收藏。[②] 根据相关学者研究总结，元代藏书来源主要包括以下三个方面：

1. 收购

元代官府中有很多文人学士出身的官吏，他们嗜书藏书，不惜

[①] 方建新、金达胜：《元代私家藏书考析》，《文献》1996 年第 4 期。
[②] 周少川：《元代的私家藏书》，《中国典籍与文化》1996 年第 2 期。

斥资收购大量图书以收藏，更是有很多文人学士节衣缩食，只为购求所爱图书。其中的典型代表如儒士出身的官吏张思明，《元史·张思明传》记延祐间中书参知政事张思明，"平生不治产，不蓄财，收书三万七千余卷"。

与张思明同期的申屠致远，"清修苦节……聚书万卷，名曰墨庄"（《元史·申屠致远传》）。而同恕则"家无儋石之储，而聚书数万卷，扁所居曰榘庵"（《元史·同恕传》）。还有嗜书如命、购书不计价钱者，如元干文传记苏州儒士沈景春，"平生寡嗜欲，惟酷好收书"，"人有挟书求售，至必劳来者饮食之，酬之善价，于是奇书多归沈氏"（《皕宋楼藏书志》卷五三引干文传跋）。

2. 世代积累或战争所得

元代藏书家中有很多都是几世藏书，世代积累。他们其中有故宋旧臣，也有文人学士。这些家族世代相传，不断丰富所藏典籍，也传承了传统文化，对于古代藏书事业的发展作出了不小的贡献。其中比较著名的藏书家有：

苏天爵，累官江浙行省参知政事，是元代著名的学者，其家中筑有滋溪书堂藏书，四世藏书，累计数万卷。

陈孚，家中世代为儒士，自其曾祖父起便建有藏书楼，至其父又建新楼，陈孚本人也筑新楼藏书，可见其世代相传，聚书众多。

张槡，"承先世之遗，图书富有"。其家族同样世代业儒，在动荡的元初时期，保存先祖遗书，不断地搜集丰富藏书，有一定的藏书数量，并世代相传。

除了家族藏书世代相传外，还有战争所得。其中较为著名的就是元代名将张柔和贾辅，他们在攻占城池之时，不贪图金银珠宝，而是独具慧眼，广泛搜集图书为己所藏。

张柔，字德刚，易州定兴（今属河北）人。金代末期朝廷要员，行元帅府事。投降蒙古后，从攻金、宋。元太宗五年（1233），蒙古军队攻占汴梁，其余将士争夺珠宝之时，唯独张柔将金《实录》及秘府图书收集以归，共计万余卷。后王鹗以张柔从金代官府藏书所得《实录》为基础，纂辑史事。金《实录》为《金史》的编修提供了大量的资料，即所谓"张柔归金史于其先，王鹗辑金事于其后"。

贾辅，原任金国祁州刺史，后战败降于蒙古，虽为武将，但其好读书，喜学识。在征战过程中，聚书数万卷，后专门修建万卷楼用于藏书。

虽然这种战争所得藏书实质上是掠夺行为，但是在那个纷乱的年代，客观上说这也是对文献的保护，让本可能毁于战争的文书典籍得以继续流传于世。

3.抄录

抄书一直是古人读书治学的重要手段。一方面，抄录图书简单易行，不需要消耗太多资金；另一方面很多文人嗜书如命，常以抄书为乐，抄录过程中可以直接品读书中的蕴意，尤其是对于善本、孤本等书籍的抄录更有意义。

孙道明，字明叔，松江华亭人，居泗泾，隐于其里九峰三泖之间。读书积学，筑草堂三间，偃休其中，虽贫甚，用前人苦志笃学，名其斋曰"映雪"。日以抄书校阅为乐，其手抄书数千卷，皆小楷齐整，好事者以重价购之。郎瑛《七修类稿》卷四十曾记："松江孙道明，屠儿也。每借人书，坐肆中且阅且写，密行楷字，积写千余本也。至今人家书本后有'孙道明识'字。"然其自以为无所用于世，视田野阒寂，若将终其身，于是全真教主关真人号之曰清隐处士。钱曾《读书敏求记》卷三《自号录》有"至正壬寅（1362）华亭孙道明手抄于泗北村居之映雪斋，时年六十有六。予见道明所抄书，不下数十种，皆在崦嵫景迫之年，老而好学，真秉烛之明也"。

王天铎累官户部主事，常年以读书为乐，"目览手笔，日且万字。不下年，得书数千卷"①。

吴师道，未仕前，家贫无书，于是发奋手录盈数箧。②

第三节　书院藏书事业的发展

一、宋代书院藏书

作为我国封建社会的重要教育机构，书院在古代教育史上具有巨大的影响。书院始于唐代，成于五代，在宋代得到发展，至清代达到繁荣，延续千年，对中国封建时期的教育发展和学术繁荣具有重要意义。古代书院重视藏书，以讲学、自学等形式开展学术研究。首先，书院藏书作为古代藏书的重要构成部分之一，不仅推动

---

① 王恽：《秋涧集》，载《景印文渊阁四库全书》（第1200册），台湾商务印书馆，1983—1986年，第527页。
② 方建新、金达胜：《元代私家藏书考析》，《文献》1996年第4期。

了古代学术的发展，更使古代学术研究繁荣起来。其次，大量的古代文献得以保存下来，为研究古代科举考试提供了许多重要参考资料。同时，书院还培养了数以万计的人才，积累了丰富的藏书经验。

宋代时，书院有了较大发展，书院数量大增。其所分布的范围，北起今山西、山东、河北、陕西，西达贵州、四川，南至海南岛，特别集中于江南地区，以江西为多，湖南、福建、浙江次之。宋代书院汲取众家之长，与各大学派紧密结合，并制定院规，建立了比较完善的管理制度和运行模式。

北宋初年，全国只有嵩阳、江州白鹿洞、潭州岳麓山等少数地方有书院。这些书院通常是因个人隐居读书的需要而发展建成的，由此培养出了一批文人学士。如岳麓书院，其前身是唐末五代麓山寺僧智璇等人创建的教学之所，当时山中"经籍缺少，又遣其徒市之京师，而负以归"，使得儒家士人"得屋以居，得书以读"。

宋代书院闻名天下，据邓洪波等在《中国书院制度研究》中的统计，这一时期的书院有700余间，其数量之大，远超隋唐五代时期。再如南京应天府书院，其地本为五代戚同文讲学之所，宋大中祥符二年（1009），由乡人曹诚出资三百万改建而成，有学舍百五十间，藏书一千五百余卷。唐末、五代时期，士子常隐居于山林读书，后发展为授徒讲学之处，但是此时，书院还不多。古代最早的书院有唐代时湖南攸县光石山书院、河北满城张说书院、江西皇寮书院、福建梁山书院。除了官方的丽正殿、集贤殿书院之外，私人书院的藏书并不多。而到宋代时，书院藏书才逐渐多了起来。宋代书院藏书从数千卷到三万卷的比较普遍。

宋代著名书院有白鹿洞书院、岳麓书院、嵩阳书院等。我们可以将宋代书院的发展历程划分为北宋和南宋两个时期。宋仁宗庆历以后，各地兴建官学书院的势头在全国范围内暂时消沉，出于对书院发展的重视，国家多次将国子监印本九经等书籍颁赐给书院。宋初时，白鹿洞书院、岳麓书院、嵩阳书院这三处都曾得到赐书。而到南宋时，理学开始形成并传播，官学也开始式微，于是书院得到进一步发展，这时，书院与官学并驾齐驱甚至盛于官学的发展格局形成。书院兴盛是建立在南宋理学发展基础之上的，因此书院成为理学传播的基地。书院兴盛的物质基础则是南宋雕版印刷术的普及以及大量图书的刻印。除此之外，腐朽的科举制度和官学经费短缺都成为书院兴盛的原因。书院藏书事业的发展与南宋管理者对藏书的建设热忱也是分不开的。

（一）三大书院

1. 白鹿洞书院

白鹿洞书院的遗址位于庐山五老峰东南处，今江西省九江市庐山境内。唐德宗贞元间（785—805），李渤与其仲兄李涉在此处隐居读书时，由于李渤在此豢养一只白鹿，因此被人们称为白鹿先生，隐居处所则被称为白鹿洞。现存嘉靖郑廷鹄、万历田琯、天启李应昇、康熙廖文英、康熙毛德琦刻本《白鹿洞书院志书》均称，白鹿洞于"宋初置书院"。[①] 白鹿洞书院虽从一开始便驰名天下，但始终囿于规模，在北宋时期的发展并不尽如人意，经过三次起伏，直到南宋时才步入正轨。

宋初，白鹿洞隶属于江南东路的江州德化县星子镇。宋太祖、

① 李才栋：《白鹿洞书院考略》，《江西教育学院学刊》1985年第A1期。

太宗、真宗为巩固中央的集权统治，通过科举制度来选拔朝廷官员，大规模开科取士，使更多人对读书仕进产生极大的兴趣，从而促进了书院发展。白鹿洞书院在这样的社会背景下建立起来。太平兴国五年（980），白鹿洞书院主持人明起任蔡州褒信县主簿，书院在山长离去后便日益零落；咸平五年（1002）后，管理维护不善的白鹿洞书院，如同废墟；皇祐末年（1054），书院毁于兵火，书堂被焚。此后的北宋一朝，白鹿洞书院再也没能恢复。

直至南宋淳熙六年（1179），著名的理学家朱熹被任命为知南康军，他上任后见到如同废墟一般的白鹿洞书院，惋惜不已，多次上奏朝廷，希望准其重办白鹿洞书院：

> 庐山一带老佛之居以百十计，其废坏无不兴葺。至于儒者旧馆只此一处，既是前朝名贤古迹，又蒙太宗皇帝给赐经书，所以教养一方之士，德意甚美。而一废累年不复振起，吾道之衰既可悼惧。而太宗皇帝敦化育才之意亦不著于此邦，以传于后世，尤长民之吏所不得不任其责者。①

为兴复白鹿洞书院，朱熹建院舍，筹资金，广征图书充实书院收藏，订制书院章程，招收学徒，亲自讲课，开展教学活动，请求朝廷颁赐御书石经和国子监印制的九经等书。在朱熹的不断努力下，白鹿洞书院又重新焕发光彩，成为我国历史上书院的代表，同时为书院制度的发展奠定了良好的基础。

2.岳麓书院

岳麓书院在北宋开宝九年（976）正式开办，其前身是僧侣创

---

① 转引自李才栋《江西古代书院研究》，江西教育出版社，1993年，第122页。

办的读书之所。岳麓书院自建立之日起就十分重视藏书，因为书院是潭州知州朱洞等在僧侣的建设基础上扩建的，所以岳麓书院最早的藏书就是僧侣所购置的图书。咸平二年（999），李允则出任潭州太守，他带头倡导教育活动，岳麓书院经过不断修复后迅速恢复生机，李允则还向朝廷请赐国子监刻印的书籍，包括儒家经典、辞文义疏，以及《史记》《玉篇》《唐韵》等。在此基础上，李允则进一步丰富书院藏书，并确定开讲坛、序客次、请水田、供先师先哲等规章制度，岳麓书院的基本格局由此确立。

北宋大中祥符年间是岳麓书院的鼎盛发展时期，潭州湘阴人周式于大中祥符五年（1012）开始主持岳麓书院，此时书院校舍的规模扩大，前来求学的人数也在增加，大中祥符八年（1015），宋真宗召见周式，对其办学颇为嘉许，亲书"岳麓书院"匾额。然而岳麓书院在宋室南渡后曾一度毁于战火。南宋乾道元年（1165），湖南安抚使知潭州刘珙受命重建岳麓书院，而当时的著名理学家朱熹、张栻等人也被聘请来讲学，此项举措极大地提高了岳麓书院的教育和学术地位，学生的数量也快速增加，最多时能有一千多人，岳麓书院的发展来到全盛阶段。

3.嵩阳书院

宋初，嵩阳书院称太乙书院，是沿用的五代旧名。北宋至道三年（997），宋太宗赐名"太室书院"，并赐九经、子部、史部图书，还为书院设置了校舍。宋仁宗景祐二年（1035），敕西京（洛阳）官员重修书院于嵩山，并且赐额"嵩阳书院"。

当时的县令王曾奏准置学官，开始负责管理书院事务，拨出一百亩田地用作经办校务的经费和老师、学生的饭食支出。宝元元年（1038），宋仁宗又赐予十顷学田，用于维持书院经营，依旧由书院为前来听讲的学子提供饭食,"崇堂讲遗文,宝楼藏赐书。赏田逾千亩,负笈者云趋"①,书院繁荣一时。"洛学"创始人程颢、程颐在嵩阳书院聚众讲学十余年,天下学子纷至沓来,书院名声大噪。然在其鼎盛之期,北宋三兴官学后,"垣墙聚蓬蒿,观殿巢鸢鸟。二纪无人迹,荒榛谁扫除"②,嵩阳书院无奈被变卖,此后逐渐荒废。

(二)聚藏之法

表 2-5　各书院聚藏情况

书院	藏书之法	内容形式	聚藏之时
白鹿洞书院	朝廷赐书	《诗》《书》《易》《礼记》《仪礼》《周礼》《左传》《公羊传》《穀梁传》	太平兴国二年(977)
		《白鹿洞学规》	淳祐元年(1241)
	官府置备	主要有两种形式:一是听从上级调令置备图书,二是在政府权力范围内使用公款为书院置备图书③	—
	社会捐赠	官员个人或文人的捐赠	—
	书院自置	胡泳《枕流桥题志》	嘉定十五年(1222)
		袁甫《重修白鹿洞书院记》《白鹿洞书院君子堂记》	绍定六年(1233)

---

① 陈谷嘉、邓洪波主编:《中国书院史资料》,浙江教育出版社,1998年,第60页。
② 陈谷嘉、邓洪波主编:《中国书院史资料》,浙江教育出版社,1998年,第60页。
③ 王雁杰:《白鹿洞书院的藏书事业初探》,《江西图书馆学刊》2004年第4期。

续表

书院	藏书之法	内容形式	聚藏之时
岳麓书院	皇帝赐书	国子监诸经释文、义疏及《史记》《玉篇》《唐韵》	咸平四年（1001）
	地方官员、士子名绅以个人的名义捐赠	—	—
	书院自筹经费购买或刻书	收藏著作、讲义、语录、注疏等	—
嵩阳书院	书院请御赐书	《易》《书》《诗》《左传》《公羊传》《榖梁传》《仪礼》《周礼》《礼记》	至道元年（995）
	士大夫赠书		
	书院自行购置、刊刻书籍	刊刻两类书籍：以经、史、文集为主的教材，师生文集以及讲师学者的著作	—

1. 白鹿洞书院

白鹿洞书院所得朝廷赐书的数量并不多，但朝廷赐书可给书院带来荣耀，提高社会地位。江州知州周述奏请宋太祖赵匡胤，将国子监所印儒家九经赐予书院，以供师生学习使用。宋理宗视察太学，则将手书的《白鹿洞学规》赐予书院。此外，书院有时也会从预算中抽取一部分用于图书的购买或进行书籍的自刻。

2. 岳麓书院

岳麓书院一直注重图书典籍的保藏与利用。宋朝执政者为巩固臣民思想，维护统治地位，常常通过赐书这一方式表明对各派学术的态度，赐予书院的书籍多是经史类代表正统思想的图书。大中祥符八年(1015),山长周式被宋真宗召见,之后赐内府秘籍。因多次得到朝廷赐书,岳麓书院特别将藏书楼改名为"御书阁"。当然,地方官吏会出于一些目的捐书给书院,书院也会向这些地方官员和乡绅征集图书。师生学习主要使用书院刻书,书院重点刊刻学术著作及学术成果,包括经、史、子、集四部。

全国大多数的书院,从宋代开始都是作为讲学场所存在的,科举制的发展使儒家经典成为读书人的主要研究方向。有能力的书院一般藏书数量多且内容丰富,学子们学习所用的图书均是书院自行购置和刻印的。

3.嵩阳书院

北宋初年,朝廷多次赐书给嵩阳书院,宋太宗在至道元年(995)赐经书作为学院教材;至道三年(997),赐嵩阳书院"太室书院"匾额与子、史诸书。朝廷通过御赐书籍的方式来表示对书院的重视,有利于提高书院的社会地位。嵩阳书院自行购置和刊刻的图书多达数百种,其选刻图书的标准非常严格,这样做不仅使学士的读书研究能力提高,还使书院的著述活动得到推广。这也成为除士大夫捐赠书籍外,书院丰富藏书的重要途径。

(三)书院藏书管理

表2-6 各书院藏书管理

书院	书院特点	目的(任务)	藏书管理
白鹿洞书院	以经史等学术著作为主要收藏对象,以收藏通行本为主	教书育人	专人管理藏书,而且建有藏书楼

续表

书院	书院特点	目的（任务）	藏书管理
岳麓书院	自学为主、讲学为辅	师生最大限度地利用这些藏书，配合教学和学习的要求	形成了图书收集整理、编目分类、借阅保管等一整套严密的图书管理制度
嵩阳书院	教育、学术研究与藏书结合	将收藏图书作为重要任务	制定严格的收藏、借阅书籍制度

宋代书院藏书内容主要为儒家经典，如四书五经等，并与宋代理学紧密结合。书院的藏书包括写本、印本、拓本等，不拘泥于版本一说，为满足教学的需要，大部分为印本。书院的藏书面向师生开放，在学术交流中起到重要作用。

1. 白鹿洞书院

盛朗西称书院有三大事业，即藏书、供祀及讲学。吴万居则称宋代书院有读书、藏书、刻书、祭祀、讲学等五大作用，并有收容流寓士子与教育乡族子弟的作用。宋朝时，由于科举取士受到朝廷重视，士子们迫切需要学习相关知识，各地的书院也就应运而生了。书院围绕科举这一主题收集大量的儒家经典书籍，供学子研读，收藏书籍以通行本为主，因是供教学使用，故不追求"善本"或"孤本"。

因规模不断扩大，白鹿洞书院藏书也发生了变化，建立了较为完善的藏书管理制度。《白鹿洞书院经久规模议》云："管干一人，副管干一人，新拟增，专管洞内一切收支出纳、米盐琐碎、修整部署诸务，于洞中择有才而诚实者为之。"又云："除现在四柱清册，交洞中管干收管。"圣经阁和九经堂都是专门设立的藏书处所。

2. 岳麓书院

岳麓书院对图书的种类和数量都要求严格，书院藏书门类齐全且品种多样。在书院求学的士子花费大量时间阅读经典书籍，体现了使用书院藏书的重要性。宋代岳麓书院设"监院"，专门对书籍进行日常管理。"据称收发宜清也"，"应请责成监院设立册档，按年登载"，对于新颁发的或刚征集而来的书籍，都要在各书名下，"注明几卷、几本、几套，系某年月日收到字样"，登记翔实，而"内捐置及购买者，除照前注明外，并添注何员何人捐购字样"，并且"每书于壳面上俱钤用监院钤记，并于逐页加钤'岳麓书院藏书'图记一颗，以免偷换"，对于新捐购的书，则在"每书每本首页尾页，俱钤盖'岳麓书院官书'戳记"进行区别整理。[①] 书院对藏书的管理和保护以及学子使用藏书等十分重视，形成了自己的一套藏书制度，且兼具公共性与开放性。

3. 嵩阳书院

嵩阳书院拥有大量的藏书，书籍的管理至关重要。"圣贤之道，散见典籍，缺而不备，则博综无由，应渐次购求，以资考究。"[②] 班书阁在《书院藏书考》中说："书院所以教习士人者，而书籍有教士之具。使有书院而无书，则士欲读不能，是书院有教士之名，已失教士之具。故凡教士之所，皆有广按典籍之必要，以供学者之博览。"藏书的管理是否完善将对书院的教学活动产生直接影响，于是嵩阳书院派有专人进行图书的管理，只允许书院师生借阅，少有

---

① 刘平：《从千年学府岳麓书院看中国书院藏书特点》，《高校图书馆工作》2010年第4期。
② 耿介：《嵩阳书院志》，载郑州市图书馆文献编辑委员会编《嵩岳文献丛刊》（第四册），中州古籍出版社，2003年，第25页。

外借。

宋代书院藏书有着区别于官府藏书、私人藏书、寺观藏书的鲜明特色。白鹿洞书院、岳麓书院和嵩阳书院作为宋代官学的教育场所,为科考服务,朱熹等理学家在岳麓书院从事教学及学术研究,使其具有一定的学术特性,也决定了它对藏书的重视程度。遍览史书,宋代书院是研究古今学术、传播学术思想、培养社会栋梁的重要场所,不论是学术研究还是传播思想,书籍作为文化载体,使书院与学术研究之间形成密不可分的关系,推动书院藏书事业的发展,而书院藏书的繁荣起到了保全文化、传承文化的重要作用。

二、辽代书院藏书

辽代学校藏书主要是官学藏书,书院藏书少有记载。辽代的官学,中央有国子监、太学、国子学、上京学。神册三年(918),辽太祖于上京设国子监,是中央政权管理教育的机构。"诏设学养士,颁《五经》传疏,置博士、助教各一员。"[1] 辽代各官学机构均藏有朝廷统一颁行的《五经》传疏,主要课本是《三字经》《百家姓》《千字文》《论语》《蒙求》。

辽代设有"五京学",即先后于上京、南京、东京、西京、中京设立了国子监,又在府、州、县等地方设官学,逐渐形成了一套完备的官学体系。[2]

---

[1] 脱脱等:《辽史》,中华书局,1974年,第253页。
[2] 李向东:《浅析辽代的官学、私学及科举制度》,《内蒙古教育》(职教版)2014年第6期。

三、西夏书院藏书

在西夏近二百年的统治时期里，儒学始终拥有较高的地位，儒学是西夏党项人与汉人融合互通的重要工具，西夏建国者李元昊"晓浮屠学，通蕃汉文字"①。元昊在位期间，曾命人将许多儒家经典翻译为西夏文。随着政权的不断稳定，西夏更加重视蕃学的教育，忽视了儒家经典的文化传播，于是夏崇宗李乾顺时，御史丞相薛元礼有所谏言："今承平日久，而士不兴行，良由文教不明，汉学不重，则民乐贪顽之习，士无砥砺之心。"②

大庆元年（1036），李元昊下令建蕃汉二字院。西夏建国的第二年又创立了蕃学，蕃学的建立是为了巩固统治民族的政治地位，蕃学的设置基本上是仿照宋朝制度，命令野利仁荣主持。蕃学的主要职能是教授与传播西夏文，所收学生既有党项人，也有汉人。

西夏立国初期，国家急缺人才，西夏贞观元年（1101），薛元礼提出建立国学。西夏在蕃学外设立国学，设置教授一职，专门负责学子的儒学培养。夏仁宗时期，国学更是得到了快速的发展，学子人数为初建期的十倍，约有三千人，同时仁宗下令州、县设立小学，后又设内学。

从西夏对儒家文化的重视可以看出西夏官学对于儒家经典文籍的热爱，官学教育机构也培养了许多双语皆通的学者；无论是蕃学还是国学，由中央到地方的教育都需要大量的书籍作为媒介，因此不难推断，西夏时期的学校藏书也是粲然可观的，但是书院藏书作

---

① 脱脱等：《宋史》，中华书局，1977 年，第 13993 页。
② 吴广成撰，龚世俊等校证：《西夏书事校证》，甘肃文化出版社，1995 年，第 359 页。

为学校藏书的一部分,却少有记载。

四、金代书院藏书

金代是由女真族建立的政权,女真人设立最早的官学是女真字学。女真字学兴始于女真文字颁布之后,目的是普及本民族文字,巩固少数民族政权。金政府在中央和地方均设有女真字学,传授女真子弟。据《金史》中记:"丞相希尹制女直字,设学校,使讹离剌等教之。"① 大定十三年(1173)中央设女真国子学,又于大定二十八年(1188),在中央设女真太学,随之州府学也逐渐设立,自此女真官学自上而下较为完善。各个官学也有很多书籍,作为授课教材,其中大多为女真译本的汉文典籍。

表2-7 金代女真官学教科书②

类别	名称	备注
经书	《易》	王弼、韩康伯注本
	《书》	孔安国注本
	《论语》	何晏集解、邢昺疏
	《孟子》	赵岐注、孙奭疏
	《孝经》	唐玄宗注本

---

① 脱脱等:《金史》,中华书局,1975年,第2321页。
② 兰婷:《金代教育研究》,吉林大学出版社,2010年,第181—182页。

续表

类别	名称	备注
史书	《史记》	裴骃注本
	《西汉书》	—
	《新唐书》	—
	《贞观政要》	—
	《白氏策林》	—
子书	《老子》	唐玄宗注疏
	《扬子》	李轨、宋威、柳宗元、吴秘注本
	《文中子》	—
	《刘子》	—
3类	14种	—

这些儒家经典、汉文史书的译本在一定程度上丰富了金代的官府藏书，使其具有一定的规模。

除了官学藏书以外，金代的书院发展也具有一定的规模。其书院不仅有新建书院，也有延续并修复的前朝书院，可以说不仅传承了前代书院文化，也保护了部分藏书。其分布情况如下：

表 2-8　金代书院分布统计表①

创办类型	名称	创立时间、创立者	所在地（今地）	资料来源
新建书院	学道书院	金大定年间建	山东嘉定西南四十里	宣统《山东通志》卷14《学校》
	状元书院	金状元张行简创建	山东沂水县南十五里	宣统《山东通志》卷14《学校》
	翠屏书院	金状元刘撝、右丞苏保衡讲学处	山西浑源县翠屏山	《御订全金诗增补中州集》卷20《刘御史从益》、乾隆《浑源州志》卷7《古迹》、雍正《山西通志》卷36《学校》
	黄华书院	金学士王庭筠读书处	河南林县西南黄华坊	光绪《河南通志》卷43《学校下》
	冠山书院	金建，元中书左丞吕思诚父祖，金进士宗礼、仲堪读书之处	山西平定县南八里冠山	雍正《山西通志》卷59《古迹》，卷36《学校》
延续、修复书院	圣泽书院	后魏孝昌年间建	山东汶上县	宣统《山东通志》卷14《学校》
	丽正书院	唐建	河南洛阳市	光绪《河南通志》卷43《学校下》
	显道书院	即上蔡书院，在南关谢显道读书之所，宋末建	河南上蔡县	光绪《河南通志》卷43《学校下》
	封龙书院	唐建	河北元氏县西北封龙山下	雍正《畿辅通志》卷29《学校》
	雄山书院	靖康年间建	山西长治西南30公里雄山	雍正《山西通志》卷35《学校》

---

① 兰婷：《金代教育研究》，吉林大学出版社，2010年，第121页。

由上表可见，金代书院的分布主要集中在中原文化较为发达的地区，金代书院的新建与重修是在辽、宋两朝的基础之上完成的，虽然书院数目不及宋代，但是对于少数民族政权来说，也比较难得。金代新建的书院基本上都是民办书院，很多书院选建在自然环境与人文环境兼备的地点，如冠山书院，建在素有"文山"之称的冠山之上，其中有藏书万卷；翠屏书院，建于浑源县翠屏山上；封龙书院，建于元氏县西北封龙山下；雄山书院，建于长治的雄山之上。正所谓"择胜地，立精舍，以为群居读书之处"。金代书院藏书情况史料所载甚微，但毋庸置疑，书院为授学所用，藏书必然是书院功能中非常重要的一环。

五、元代书院藏书

（一）官学藏书

1. 发展概况

元代统治者继宋朝传统，依旧大力兴学，重视地方官学的发展，以学田为基础，各地方积极办学，蔚然成风，元成宗也下诏规定儒学"其无学田去处，量拨荒闲田土，给赡生徒"[①]。因此元代的官学成为了统治者笼络人心的方式和工具，发展迅速。据《续文献通考》记载，元世宗至元二十三年（1286），"大司农上诸路学校凡二万六十所"[②]。元代兴建约三百所地方官学，总人数约一千人。数量众多的官学体现了元政府对于地方官学的重视。官学藏书来源广

---

① 《景印文渊阁四库全书》（第648册），台湾商务印书馆，1983—1986年，第372页。
② 王圻：《续文献通考》，台湾文海出版社，1979年，第3617页。

泛，朝廷颁赐、官费购置、官员和私人捐赠、自行刻印等都是其获得藏书的主要途径，州县官学还可以从府学无偿获得书籍。至元二十五年（1288）以后，朝廷发布了一系列诏令，规定不得侵夺学田，没有学田的学校，则从官地内划拨。学田成为学校稳定的经费来源，促进了地方官学藏书建设的发展。

元初朝廷南征北战，烽火不断，虽然历史背景与环境并不利于地方官学的聚书藏书，也使得很多地方藏书蒙受损失，但是各地方官学以极快的速度恢复了藏书量，有些甚至收藏书籍多达万卷。据刘芷新《宋元地方学校藏书研究》，以下为元代地方官学藏书历史可考数量千卷以上的机构：

表 2-9　元代地方官学藏书情况统计表

名称	卷数	出处
泽州庙学	万余卷	《全元文》第 1 册第 54 页
彰德府学	万二千卷	《全元文》第 5 册第 370 页
胙城县庙学	数千卷	《全元文》第 6 册第 142 页
隆兴路学	五千卷	《全元文》第 8 册第 758 页
宝庆路学	数千卷	《全元文》第 10 册第 166 页
濮州庙学	一万八千卷	《全元文》第 22 册第 476 页
铅山州学	数千卷	《全元文》第 25 册第 534 页
吴江州学	五千卷	《全元文》第 28 册第 93 页
潞州州学	一万一千二百五十卷	《全元文》第 31 册第 3 页
太平府庙学	一万五千卷	《全元文》第 37 册第 5 页
顺州庙学	万卷	《全元文》第 39 册第 135 页
遂宁州学	万卷	《全元文》第 46 册第 247 页
中兴路庙学	万卷	《全元文》第 47 册第 388 页
栾城县学	万卷	《栾城县志》卷 14

根据以上数据，我们可以看出元代地方官学具有一定的藏书规模。这些书籍一部分是官府出资购买的，也有文人学士的捐赠，还有自行刻印的图书，即下文所述的元代官学藏书的主要来源。

2.藏书来源

购置书籍一直是藏书机构或个人聚书的主要途径之一。元代地方官学依照国家规则购置"九经"等书，因学校书籍不足，常派人到南方出版印刷业发达一带购书。如滕州儒学藏书不足，故派人到江广间购书，所得书籍广罗密布，自经史到诗词，非常齐备。① 淮安路儒学也曾命人到杭州购书三千卷。② 据危素作于至正十三年（1353）的《上都分学书目序》记载，"上都书最难致"③，因此派教授董君到吴中购置图书。

抄写图书与刻印图书也是元代官学藏书的主要来源。中央机构国子监与兴文署虽有刻书，但数量不足，与宋代官府机构刻书规模相差甚远，所以元代将史书的刻印分派到了地方官学。如瑞州路儒学刻《隋书》、信州路儒学刻《北史》，各州县儒学和书院刻书力量合作分工。④ 由此可见，元代各官学及书院之间联系密切，刊成的书籍也可受益于学校和书院。至治二年（1322）嘉兴府刻印《秋涧先生大全集》后，分发给诸路学校，众多学生从中受益。⑤

私人捐赠图书的行为在元代也不少见，有彰德府学以总管胡公为首捐书一万二千卷⑥，亦有杨绍先向滦县所在州学捐书三百六十

---

① 马蓉等点校：《永乐大典方志辑佚》，中华书局，2004年，第3017页。
② 李修生主编：《全元文》（第39册），凤凰出版社，2004年，第417页。
③ 李修生主编：《全元文》（第48册），凤凰出版社，2004年，第238页。
④ 叶德辉撰，漆永祥点校：《书林清话》，北京联合出版公司，2018年，第77页。
⑤ 王国维等撰：《闽蜀浙粤刻书丛考》，北京图书馆出版社，2003年，第246页。
⑥ 李修生主编：《全元文》（第5册），江苏古籍出版社，1999年，第370页。

册，一千八十卷①。可见卷数数目通常很大，这在一定程度上丰富了官学藏书的规模，因此私人捐书对于各地方官学藏书的贡献不容小觑。

(二) 书院藏书

1. 发展概况

元入主中原，起初忽视了文化的重要作用，导致民族矛盾激化。1279年，灭南宋后，忽必烈推行文明开化政策，加强地方书院建设，鼓励办学。根据有关研究考证，元代时期成立的书院大约有406处。书院藏书活动的发展是与书院建设的加强相伴而生的。元代书院发展规模不及宋代，但在宋代基础上有所继承，也有自己的发展特色，其发展的原因有以下几点：一是官方主办，官府任命山长教授，同时划拨学田和经费；二是稳定的文教政策，元代独尊理学，书院与科举考试内容都以程朱理学为主，因而聚书藏书以及书院的兴办方针都较稳定，没有多大变化，一定程度上也更有利于图书的流传和累积。

元代书院事业的发展体现了元政权的儒教政策，蒙古族作为少数民族入主中原，势必要通过笼络人心的方式以巩固政权。宋代时期书院发展繁荣，士风所趋，元代的书院发展离不开文人学士，因此，政策支持书院发展不可或缺。元代统治者采用奖励学田和书籍并封官加爵的政策，制定了相关法律文书，规定书院经费以保证师生生活支出，同时经费完全由书院师生支配。至元二十八年(1291) 下诏说"先儒过化之地，名贤经行之所，与好事之家出钱

---

① 李修生主编：《全元文》(第19册)，江苏古籍出版社，2000年，第621页。

粟赡学者,并立为书院"①。政府向书院拨款,恢复书院学田,同时民间个人向书院捐赠,这一系列政策都保证了书院的正常运转,为书院教书育人、传播文化、探讨学术等活动提供了经济保障,也加强了官方对书院的管理。

除了政府支持的书院以外,元代私人书院也有所发展。因元代的统治政策带有民族歧视的色彩,汉族儒士不愿入朝任职,便兴办私人书院。私人书院主要以私人藏书为文献资源,他们在此进行研习讲学及学术探讨,因而私人书院成为学术氛围浓郁的场所,是文化交流的胜地,它引领了这一时期的学术研究。书院因此成为影响文化活动、促进文化发展的重要力量,产生很多文化成果,例如作于邓州花洲书院的《岳阳楼记》。

元代,印刷术迅速发展,活字印刷逐渐普及,因此书院的研习成果、师生著作等均可以被书院大规模刊印,这不仅增加了书院的藏书数量,也使得大量文献被保留,为日后图书的流传提供了基础和保障。王祯曾主修并自创木活字印刷印制《旌德县志》,后来王祯又发明了转轮排字架,极大地提高了印刷效率。书院图书印制更加便捷,藏书数量逐步增加。

2. 藏书来源

元代书院藏书的来源分为购置、抄刻、捐赠三个方面。

元代书院学田收入可作为购书经费,除了购置中央规定的四书、九经、通鉴等书外,也可购买其他文学典籍,因此元代书院内部基本形成了较为丰富的藏书体系,其中达可书院不遗余力购书最为有名,足有万卷藏书。

---

① 陈谷嘉、邓洪波主编:《中国书院史资料》,浙江教育出版社,1998年,第274页。

抄本图书一直是书籍流通的主要形式，书院聚书研修、讲学授徒的过程也十分重视抄本的利用，尤其是没有刻本的图书，更是通过抄写的形式得以流传。刻书也是古代图书流传的一种重要手段，是书院藏书的重要来源。书院建立的目的是传播文化，各书院为了弘扬经典、传播学术，十分注重图书的印刻。刻印的图书包括教材、书稿、讲义等，这些图书均藏于书院的书楼，以便阅览。元代西湖书院因刻印书籍数目多而著名，西湖书院的书版继承自南宋国子监，印出的书籍即为当时的善本，其自刻书《文献通考》就是公认的善本，因此成为元代最负声望的书院。

元代官府也赐书给地方书院，程钜夫《尊经阁铭》中记载，南阳书院建成后，"列郡校官板本书至，因悉庋之其上，以待学者"[①]，由此现象可以窥见元代书院也具有官学性质。元代书院私人赠书现象也屡见不鲜，如冯梦周建立颍昌书院后购置万卷书籍，全部赠予书院。官赐和私赠都极大程度地丰富了元代书院的藏书。

3.元代著名书院概述

书院藏书楼是书院藏书的重要处所，书院藏书事业的发展也得益于藏书楼中书香四溢、种类繁多的藏书。现将元代较为著名的书院简介如下：

太极书院建于燕京，正逢蒙古与南宋交战时期，其中藏书的主要来源是进攻南宋所得江淮一带的图书。太极书院的建立为程朱理学传播奠定了基础，其藏书楼收藏了大量的理学著作，史料记载其中所藏宋代理学大师遗书著作八千余卷，这和元代宣扬理学思想密不可分，由此可见该书院所藏图书颇具特色。

---

① 李修生主编：《全元文》（第16册），江苏古籍出版社，2000年，第304页。

集虚书院建于浙江余杭。大德三年（1299）时，院中"蓄书数千卷"。①

锦江书院建于安仁（今属江西余干），该书院属倪氏的私人家塾，规模庞大，建有大成殿、敬仪堂、云章阁等藏书室，聚书万余卷。②

东庵书院位于渤海，中州解节亨创建，落成于延祐二年（1315）。书院"藏书万数千卷"。程钜夫在《东庵书院记》中称："书院在居第之东偏。中树高堂为群书之府。翼以东西序为师友讲习之地，阬以重门为内外之别。中庭荫以松柏，冬夏青青。"③

历山书院是由千奴所修建的，程钜夫在《历山书院记》中称："聚书割田。继以廪粟。以曹人范秀为之师，其子弟与乡邻凡愿学者皆集。"④《元史·和尚传》所附《千奴传》则确指："聚书万卷，延名师教其乡里子弟，出私田百亩以给养之。有司以闻，赐额历山书院。"

颍昌书院位于许昌，是私人藏书家冯梦周所建的藏书楼。郑元祐《颍昌书院记》载，"平日捐金以购买之书，自六经传注子史别集，以至稗官杂说，其为书凡若干万卷，亦悉归之书院，师生有欲借之者，则具姓名列书目，而以时谨其出纳"⑤。从此可以得知，颍昌书院的藏书主要来源于冯梦周私人的捐赠，从儒家经典到世俗文

---

① 陈谷嘉、邓洪波主编：《中国书院史资料》，浙江教育出版社，1998年，第212页。
② 李才栋：《江西古代书院研究》，江西教育出版社，1993年，第257页。
③ 程钜夫：《雪楼集》，载《景印文渊阁四库全书》（第1202册），台湾商务印书馆，1983—1986年，第175—176页。
④ 程钜夫：《雪楼集》，载《景印文渊阁四库全书》（第1202册），台湾商务印书馆，1983—1986年，第157页。
⑤ 郑元祐：《侨吴集》，载《景印文渊阁四库全书》（第1216册），台湾商务印书馆，1983—1986年，第535页。

籍，所涉及的种类众多。书院的建制也比较完善，不仅分门别类藏书，而且形成了书院特有的借阅制度。

草堂书院，元秘书太监蒙古族人达可在退休之后所建，位于成都，草堂书院有藏书二十七万卷，藏书数量惊人。达可还专门筑造石室用来保管书籍，从"北燕南越，西陕东吴"等各地搜集刻本、抄本书达"廿有七万"卷之多，"藏之石室，以永厥美"。[①]

第四节 寺观藏书事业的发展

一、宋代寺观藏书

宋代寺观藏书大部分为宗教印书，以佛道经典为主，但其他类的图书也很丰富。宗教印书是晚唐印刷术发明以来最先被应用的领域，宋代随着印刷技术的进步以及佛、道的出现，大多数统治者对两教采取默认和扶植态度，宗教事业迅速发展，刊本也逐渐增多。寺观一般处于幽静、僻远之地，受世俗纷争的影响较小。从唐代开始，士子习业寺观使其从单一的宗教场所逐渐演变成宗教与教育结合的双重机构。

---

① 李祁：《云阳集》，载《景印文渊阁四库全书》（第1219册），台湾商务印书馆，1983—1986年，第753页。

宋代时，寺观藏书由于具有较高的开放性与利用率，不仅为一大批寒门士子读书参加科举提供了便利，更为学者治学与私学的创办提供了条件。寺观成为宗教教育和私学教育的重要阵地。同时，习业成功者的回报也使寺观获得更大的发展空间，宋代民间教育事业就是依托其良性循环而发展的，这也是许多寺观能够存在于各代而不衰的重要原因。

(一)藏书来源

宋代寺观获得图书的途径一般是私藏寄存、个人撰著、翻译、手抄、雕刻刊印、官私赠予和寺观购置。除了收藏宗教典籍以外，寺观还藏有皇帝御书和御札以及部分文人文集，如咸平二年(999)，诏赐太宗御书一百二十轴于建昌军（今江西南城）麻姑山仙都观；[1] 大中祥符六年（1013）六月，以"御制《大中祥符颂》《真游颂》《圣祖临降记》赐天下道藏"[2]。五代以前，抄经诵经是僧尼信奉释氏、崇佛修行的方式，秀州（今浙江嘉兴）海惠院藏有手抄《大藏经》八百函，五千零四十卷。[3] 而北宋虔州（今江西赣州）崇庆禅院所藏宝轮藏，"于江南壮丽为第一，其费二千余万"，历时十六年抄成。[4]

到宋代时，寺庙中所藏佛经主要是由僧侣和信众们手抄而来，南宋淳熙二年（1175），原藏福州闽县九仙山巅的恩光寿观《政和万寿道藏》五百四十函呈送临安，杭州太乙宫即抄录一藏，后又分

---

[1] 王平叔：《正德建昌府志》，载影印《天一阁藏明代方志选刊》，上海古籍书店，1964年。
[2] 李焘：《续资治通鉴长编》，中华书局，1995年，第1830页。
[3] 杨潜修：《云间志》，载影印《宋元方志丛刊》（第一册），中华书局，1990年。
[4] 苏轼：《苏轼全集》，上海古籍出版社，2000年，第902页。

抄成数藏,称《琼章宝藏》,分赐各道观收藏,但由于各地寺观自身条件的不同,因此图书的来源渠道也会各有侧重。①

1. 私藏寄存

宋代时,出于对寺观良好的藏书和读书条件的考虑,个人将藏书寄存在寺院的情况十分常见,加之社会各阶层对佛、道宗教的信仰,个人藏书成为寺观藏书的主要来源。出于获得统治者支持与维护的目的,寺观积极筹资建造用来收藏御书的御书阁,而宋朝的皇帝大都将其个人的大量御书、御札和书画作品赐予各地寺观,以表对佛道两教的尊重与推崇,如天禧五年(1021),宋真宗"赐近臣《御集》,并赐天下名山寺观"②。"宫观、寺院道释,籍其名额,应给度牒"③,除皇帝的亲书原件外,寺观藏书中还有大量的御书复制品,如建于皇祐三年(1051)的建昌军麻姑山仙都观御书阁,藏有仁宗手迹的复制品。④

李常幼年时曾在庐山五老峰下白石庵僧舍读书,其在跻身仕途后,将所抄录的 9000 卷图书放置于僧舍中以供他人研读,并为僧舍取名"李氏山房",这在中国藏书史上被传为佳话。苏轼在《李氏山房藏书记》中称赞李常"是以不藏于家,而藏于其故所居之僧舍,此仁者之心也"。这种将私人藏书寄存在寺观的做法在宋代很常见,目的是供后来学者借阅研读,或是以后能留有个人著作垂名后世。这些私人藏书也让寺观藏书的内容日益丰富起来。

---

① 顾志兴:《浙江藏书史》(上册),杭州出版社,2006年,第122—123页。
② 李焘:《续资治通鉴长编》,中华书局,1985年,第2252页。
③ 脱脱等:《宋史》,中华书局,1977年,第3853页。
④ 李觏著,王国轩校点:《李觏集》,中华书局,1981年,第256页。

2. 个人撰著、翻译

晁公武在《郡斋读书志》卷一一、一六的"道家类""释书类""神仙类"中，记载的佛教经典和阐释僧、道两教的图书多达数百种。在儒、道、佛三教融合的过程中，文人士大夫研读、阐释佛道典籍之风颇盛，不乏僧尼与道观之中的集大成者将研读经籍的感悟记录下来，对其进行撰著以为宣扬教义，由此可看出宋代时寺观所藏个人的撰著颇多。

佛教传入中国伊始，历时千年之久的佛经翻译就此拉开了序幕。汉明帝时期，梵僧竺法兰、摩腾就将《四十二章经》翻译成汉文，这是外来佛经的首次翻译。经过中外高僧的共同努力，魏晋南北朝至宋初陆续译出五千余卷梵经，在统治者的倡导下，宋代仅太宗时期就翻译出"新经论学"五百余卷。[①] 由于道教为本土宗教，翻译主要是针对佛教经典而言的。宋代自太宗时期开始就重视梵经的翻译工作。对梵经的持续翻译极大地补充和丰富了宋代寺院藏书的内容。太平兴国初，太宗在兴国寺设译经院，由"雅善华音"的梵僧法贤、法天、施护和"深识西竺文字"的凤翔僧人释清照共同主持。同时，太宗还诏令在兴国寺兴建翻译学校，"募童子五十人，令习梵学"，培养出惟净等众多翻译人才。[②]

3. 手抄、雕刻刊印

宋代寺院中除藏有大量手抄经卷外，还藏有雕版印刷的经卷。宋初时，寺院的两任长老昙秀和惟湜，先后用了16年时间抄写

---

① 杨亿口述，黄鉴笔录，宋庠整理：《杨文公谈苑》，上海古籍出版社，1993年，第107页。
② 张建东：《文化视域下宋代寺观藏书论略》，《图书馆工作与研究》2013年第9期。

《宝轮藏》，藏于虔州崇庆禅院，"于江南壮丽为第一，其费二千余万"。① 嘉祐年间，宋仁宗批准将一部《大藏经》赐予华亭兴圣院。崇宁五年（1106），宋徽宗也将五百函《大藏经》赐给汀州开元禅寺，据杨亿《婺州开元寺新建大藏经楼记》记载，婺州规模最大的寺院开元寺为了得到经藏，淳化中"相率诣阙，击登闻鼓，求方借版，摹印真文。奏牍上闻，帝（太宗）俞其请"，并"诏免关市之征，授以要券"。到至道年间，经卷复印完成后，朝廷又拨专船送往婺州。② 官方通过赐赠的方式，把这些多次重版刻印的《大藏经》送达各地寺院。大中祥符初年，宋真宗命戚纶、陈尧佐校正秘阁所藏道书，后由张君房专其事，历时多年得4565卷，于是掇其蕴奥，总万余条，成《云笈七签》120卷。③ 宋太宗在位期间，仅道家经典就收集了7000多卷，这些道教经卷经由朝廷统一收集整理，再分次赐予各地宫观，由其抄录后作为宫观藏书。由此可见，宋代统治者对于道教典籍的收集和管理十分重视。大中祥符中，朝廷还组织王钦若等人校正《道藏》，在旧藏3737卷的基础上，增加622卷，于大中祥符九年（1016）呈送御览，真宗赐名《宝文统录》，并亲为之制序。在这以前，王钦若奏请将《道藏》中《九天神章》《玉京》等十二经摹印颁行。④ 徽宗重和元年（1118），先后颁《御制圣济经》《御注道德经》，接着又采纳蔡京进言，集古今道教史事为纪志，赐名《道史》。⑤

---

① 苏轼撰，孔凡礼点校：《苏轼文集》（第一册），中华书局，1986年，第391页。
② 杨亿：《武夷新集》，载《景印文渊阁四库全书》（第1086册），台湾商务印书馆，1983—1986年，第420页。
③ 晁公武撰，孙猛校证：《郡斋读书志校证》，上海古籍出版社，1990年，第752页。
④ 李焘：《续资治通鉴长编》，中华书局，1995年，第1975—1976页。
⑤ 脱脱等：《宋史》，中华书局，1977年，第401页。

表 2-10　宋代寺院所藏经卷

经卷	时间	地点	规格
《开宝藏》	开宝四年（971）至太平兴国八年（983）	四川益都	共 5000 多卷，13 万版
《崇宁万寿大藏》	神宗元丰三年（1080）始至徽宗崇宁二年（1103）	—	全藏共 6434 卷
《毗卢大藏》	政和三年（1113）	福建福州	5000 卷以上
《思溪圆觉藏》	绍兴二年（1132）	浙江湖州	5000 卷以上
《思溪资福藏》	淳熙二年（1175）	平江府（今苏州）	5000 卷以上
《碛砂藏》	绍定四年（1231）	平江府（今苏州）	5000 卷以上

《开宝藏》是我国历史上第一次刻印的汉文《大藏经》，是宋太祖在开宝四年（971）派遣张从信前往四川益都雕刻的，因始刻于开宝时，后世遂称《开宝藏》。宋初印刷业尚处于不发达时期，刻书普遍以手抄为主，随着印刷术的不断进步和成熟，费时费力的手抄本逐渐被刻印本取代。上述《开宝藏》的印版放置于开封显圣寺时，各地寺院纷纷前来摹印，婺州名寺开元寺于淳化年间前来"求借方板，摹印真文"。至道年间经卷复印结束，经卷又被朝廷派人护送到开元寺。佛经的雕刻刊印给佛寺收藏经籍创造了有利条件，朝廷将雕印好的藏经赐予寺院，或者各地寺院到有雕印藏经的寺院复制一份带回。不少寺观还借助民间力量刻印书籍，如张安道贬谪滁州时，"施钱入金山寺"，资助金山寺长老了元"刻板印施"了一部《楞伽经》，苏轼还亲自为经书作了后续。[①]

[①] 赵令畤撰，孔凡礼点校：《侯鲭录》，中华书局，2002 年，第 175 页。

4.官私赠予、寺观购置

宋代的寺观藏书来源主要是官赠和私人捐赠，所赠予的图书大多为佛道宗教典籍。宋时，寺观同之前相比官方化更加明显，为增强对宗教的渗透和控制，中央在有赐额的寺观设置官员，在礼部下设祠部专门负责管理"宫观、寺院道释，籍其名额，应给度牒"，赐赠官校经籍也是其中的一项重要措施。在治平四年（1067），秀州青龙镇邑人陈守通，出巨资购得经藏5048卷，捐赠给当地的隆平寺。① 这是除官赠外，社会各阶层信徒对寺观的施赠。

宋代的寺观大部分都是拥有一些资产的，来自社会的捐赠或是自身的经营等，因此寺观可以利用自身的经济条件自主购买需要的书籍，安福兴崇院僧人海睿，"走二千里至福唐，市经于开元寺以归，为卷者五千四十有八"②。

（二）藏书种类

宋代时，寺观设有为门生讲述基本文史知识的寺学、道学，同时购置一定数量的儒家典籍和启蒙教材，作为教学所需。各地寺观还设有御书阁，所藏皇帝御书御札、字画等也不在少数。寺观寄藏的私人图书更是动辄数千上万卷，而这些图书中很大一部分属于世俗读物。

由于寺观相对比较封闭，受到宋代商品经济繁荣的影响和冲击，不少寺观通过从事商业活动开始积累财富，其中一项重要的收

---

① 杨潜修：《云间志》，载影印《宋元方志丛刊》（第一册），中华书局，1990年，第60—61页。
② 杨万里：《诚斋集》，载《景印文渊阁四库全书》（第1161册），台湾商务印书馆，1983—1986年，第16页。

入来源就是印售图书,福州开元寺、开封大相国寺和成都大慈寺都是全国闻名的图书交易中心。此时,宋人聚书得益于印刷术的广泛使用而变得比之前更加容易,而寺观得到信徒们捐赠的图书数量也随之上升。

佛教、道教也成为宋代在一定时期内科举考试的科目范围,北宋时大多设有道举选拔道教人才,徽宗时,在太学和州县官学中设置道学,道举除考查道教经典外,还要求考生精通《黄帝内经》《圣济经》等经典医书,以培养医学人才。[①] 寺观除了印售佛道教图书外,还同时兼顾时下受欢迎的名人文集、书画等作品来获取利润,这些图书进一步扩大了寺观藏书的种类。

(三)文化影响

佛、道两教在唐宋时期进行讲习修行时,会制定比较详细的学习与讲授经籍的规程,即为"清规",结集成书的这些规程往往藏于各地的寺观,成为信徒的一门必修课程。两宋书院对于中国的传统文化和宋代教育有着突出贡献,而在它的形成和发展中也曾深深地受到清规典籍的影响,其中影响较大的有唐怀海禅师的《百丈清规》、宋宗颐禅师的《禅苑清规》、宋全真教的《全真元范清规》等。这些清规典籍不仅启发了书院创办者对学规、学约制定的重视,还在精神思想上影响着书院的规约。

由于统治者的提倡和扶持,加上佛、道两教自身不断发展,到唐朝时,其影响力甚至隐隐有超过儒家学说的态势。为了儒家正统地位的稳固,唐中后期以韩愈为首,文人士大夫们掀起了一场延续

---

① 脱脱等:《宋史》,中华书局,1977年,第3690页。

到宋代中前期的尊儒排佛、道的运动,许多名士硕儒如石介、欧阳修等都介入其中,正所谓"自唐以来,天下士大夫争以排释老以为言"。宋代的儒士们虽以复兴儒家正统为己任,力主排佛抑道,但也逐渐意识到仅靠排斥的方式是行不通的,这使得儒家学者十分担忧。在这时,他们决定通过寺观研读佛道之说,通过吸收两教之精华,为儒家学说赋予新的思想教义,以期达到抗衡佛道、复兴儒学的目的。"素不信释氏之说"的欧阳修,晚年也"遂信佛法",并"乞为道宫(官)",其子孙皆"奉释氏",其妻薛夫人更是每日"与家人共为佛事"。① 而在此过程中,也有一些学者受到佛道思想影响,开始信奉其学说。

寺观藏书的开放程度常常会高于其他类型藏书,这不仅是为了积累功德、弘扬教义,也是为了扩大影响,这一重要特征在宋代开始变得愈发明显,南宋诗人赵蕃在《怀祖印》中所描述的"古寺僧容客寓居,客行仍许借藏书"就生动说明了这一点。由于其良好的读书就学条件,寺观不仅受到僧道习经的偏爱,同时也成为学者传道授业、莘莘学子静心习业的梦寐之所。

宋代文化成就斐然的原因有很多,而寺观藏书的作用是不可忽视的。具体来讲,宋代寺观藏书的文化影响主要体现在以下几点。②

1.深刻影响了理学的创立

朱熹自年少时就开始潜心于佛道。他曾自述曰:"某年十五六

---

① 叶梦得:《避暑录话》,载上海古籍出版社编《宋元笔记小说大观》,上海古籍出版社,2001年,第2586—2587页。
② 张建东:《文化视域下宋代寺观藏书论略》,《图书馆工作与研究》2013年第9期。

时,亦尝留心于禅。"① 同时,朱熹还托名"空同道士邹䜣"为《参同契》作注,常自谓"清夜眠斋宇,终朝观道书",由此看出他对寺观藏书十分重视。朱熹在"集诸儒之大成"的基础上,对释道哲理充分吸收,展开了一次关于理学的系统性、创造性总结,成为两宋理学之集大成者。

理学又称"道学""宋学",是一种以儒学为主体,并吸收、改造释道哲学,在涵泳三教精粹基础上建立起来的庞大而精致的哲学思想体系。宋代理学家除朱熹外,还有周敦颐、邵雍、张载、程颐、程颢等人,他们都曾访游古刹名观。理学产生的重要前提就是这些人通过研究佛道典籍,互相辩论切磋,注重对其学说的吸收和借鉴;而理学诞生的良好契机则是宋代的儒学家们由排斥到研究释道学说,再到"引佛道入儒"的这一重大转变。

宋代的儒学家经过数代艰苦卓绝的奋斗,以寺观藏书和儒家典籍为依托,以理学为主体,将汉末以来始终冲突不断的儒、道、佛三大思想流派进行最终整合,并创建从南宋后期开始深刻影响了中国近千年的新儒学说——理学。

2. 成为书院兴起的推动力量

朱熹和陆九龄作为宋代书院的主要引领者,对佛道清规典籍的吸收与借鉴对其他书院产生了直接的示范作用。朱熹先后主持过岳麓书院和白鹿洞书院,在其制定学规时就直接借鉴释道清规典籍,《禅苑清规》十卷是北宋末宗颐禅师在《百丈清规》的基础上重新修订的。陆九龄曾向朱熹请教过书院的"小学规"如何制定,朱熹

---

① 朱杰人等主编:《朱子全书》(第27册),上海古籍出版社、安徽教育出版社,2002年,第189页。

答曰"只做《禅苑清规》样做，亦自好"①。它不仅影响了朱熹对两大书院学规的制定，还被陆九龄借鉴制定了"小学规"。

同时，佛教禅师的弟子常常将其在禅林讲经时的语录整理成图书，藏于寺观。这一语录体编撰之法被书院广为袭用，书院大师讲学的内容亦常被弟子记录下来，编成语录，语录的编撰和传诵也成为书院教育中的重要内容。寺观所藏的清规与语录体典籍为宋代书院提供了许多有益的启示与借鉴，成为书院创立与兴起的重要理论依据与精神源泉。

3. 促进宗教教育的发展，繁荣民间教育

寺观藏书对宋代教育的积极影响主要表现在两个方面：

首先，宋代民贫问题严重，再加上科举取士采取不问出身、"一切以程文为去留"的原则，导致了读书业儒的队伍中出现了大批寒士。他们不能同勋贵及豪门子弟一样通过进到官学、家塾或义塾来完成学业，只能积极出门寻找教学资源来完成读书理想。寺观因为有着丰富多彩的藏书和提供短暂性歇息的居所，往往成为贫困学子的求学之处。宋朝很多重臣硕儒出身寒门，都有过习业寺观的经历。如吕蒙正、温仲舒在青春年少时一同在洛阳龙门山利涉塔院读书。②此类寒门学子依靠寺观的帮助在习业成功后，通常铭记于心，并回报一二，这也使这些寺观获利甚多。如吕蒙正官至丞相后，他不但对利涉塔院多方面照顾，并且还让诸子"即石龛为祠堂，名曰肄业"，最后使利涉塔院香烛大盛。士子与寺观互利共赢的结果也激发了大量寺观投身于文化教育的热情。

---

① 朱熹著，黎清德编：《朱子语类》（第一册），崇文书局，2018年，第95页。
② 吴曾：《能改斋漫录》，上海古籍出版社，1979年，第71页。

其次,寺观藏书推动了宗教教育和民间私学的发展。宋代寺观为培养宗教人才,普遍设有寺学、观学,这些私立宗教学校为佛道两教培养了大量才智人士,这从傅璇琮先生主编的《全宋诗》中所录诗僧数量即可窥见端倪:《全宋诗》共收录诗僧818人,占全部诗人的近十分之一,所收诗僧与诗歌数量均远超前代。难怪程颢游天宁寺时,"见趋进揖逊之盛,叹曰'三代威仪,尽在是矣'"①。同时,不少寺观还设有民间私学,私学或由寺观创办,或由外来学者借寺观藏书的有利条件前来办学,如连处士办学于永阳僧舍,文学家宋祁年少时曾在此就读。

4. 为文化典籍的长期保存作出贡献

寺观藏书具有安全性、延续性、累积性等特点。我国古代图书收藏除了受到虫蛀、受潮、火灾等影响外,战乱频仍也是图书散佚的主因,因此,长期存在的寺观为图书的长期保存和积累创造了有利条件,使中国古代文化典籍的生命能够在寺观中得到长期的延续,为中国传统文化的多样性保存与延续作出重要贡献。而宋代作为中国历史上战乱频仍的时期,这一时期寺观藏书在保存文化典籍方面的贡献尤为卓著。

二、辽代寺观藏书

(一)寺院藏书

自汉代起,佛教文化传入黄河流域。辽代的佛教发展比较早,

---

① 王得臣撰,俞宗宪点校:《麈史》,上海古籍出版社,1986年,第346页。

在辽国建立前，我国北方地区的民间佛教的发展传播已经具有相当的规模。辽代统治者多尊崇佛教，大兴佛寺，屡刻经书。902年，辽太祖耶律阿保机在龙化州建开教寺，这是契丹创建佛寺的开端。此后，辽统治者更是耽于佛说。著名的《契丹族》以及《大藏经》，都被大规模刻印，辽国从兴宗开始就大规模刊印《大藏经》。在神册三年（918）五月，耶律阿保机"诏建孔子庙、佛寺、道观"①。

寺院作为藏书的重要场所，其藏书阁内有丰富的藏书，除了佛经以外也有汉文典籍等。辽代寺院所藏图书主要有三个来源：一是前朝遗留或通过与邻国贸易往来传入的佛经，然后由辽代寺院进行抄写、刻印、翻译等，其中最著名的就是《大藏经》的印刻；二是由辽代僧侣自己撰写的佛经、工具书等书籍；三是佛经以外包括经、史、子、集各部的汉文典籍。儒、释、道兼通，是佛教信徒一贯追求的目标。②

（二）道观藏书

上文所述，阿保机曾下诏建立孔子庙、佛寺、道观，虽然如今我们很难找到有关辽代道观藏书的相关记载，不过根据有关史书，如圣宗"至于道释二教，皆洞其旨"，并于太平元年（1021）参观通天道观。③可见辽代统治者是提倡道教的，道观的建立、道教的发展，定会有相应书籍作为支撑，道观里也应置相关图书。

---

① 脱脱等：《辽史》，中华书局，1974年，第13页。
② 王龙：《辽代藏书概述》，《科技情报开发与经济》2014年第19期。
③ 叶隆礼撰，贾敬颜、林荣贵点校：《契丹国志》，上海古籍出版社，1985年，第72页。

三、西夏寺观藏书

(一)寺院藏书

西夏受到地理位置和周边几国信仰的影响也多信奉佛教。党项民族历经百年迁徙最后进入了环境恶劣的西北,受尽民族压迫之苦,于是内心渴望因果轮回、极乐世界。统治者正是利用民众的这一心理,大力推崇佛教,利用宗教思想来统治国家。夏景帝李元昊曾经下令将每年四季的首月朔日定为"圣节",让官民礼佛。

佛教在西夏传播的显著标志就是佛寺的建造,李元昊建国前夕,西夏大庆三年(1038)八月,于京师兴庆府大兴土木,建造佛舍利塔,而府城之外同样修建了众多寺庙。其中著名的有:建于延祚十年(1047)的高台寺,是专门为了收藏从宋朝所得《大藏经》而建立的,高台寺的信徒除了每日行佛诵经以外,还同时担任佛经的翻印工作;1055年建成的承天寺,位于兴庆府西南侧。除此之外还有戒坛寺、海宝塔寺、贺兰山佛祖院、五台山寺、慈恩寺等。林立的庙宇,使兴庆府成为佛教圣地,同时也是西夏的藏经中心。

上文所述高台寺和承天寺都藏有从宋朝求赐来的《大藏经》。据统计,西夏先后六次从宋朝求得《大藏经》。西夏历经五十三年,翻印出了820部佛经,共3579卷,即《西夏文大藏经》。[①] 贺兰山佛祖院曾印刷12部《大藏经》及54部《华严经》[②]。1991年,五台山寺庙遗址共出土了四十多种汉文以及西夏文的佛经和其余类别

[①] 史金波:《西夏文化》,吉林教育出版社,1986年,第77页。
[②] 史金波:《西夏文化》,吉林教育出版社,1986年,第77页。

书籍，其中还有九册西夏活字印本的西夏文佛经《吉祥遍至口和本续》。① 由此可见，寺院是佛经藏书的主要处所，同时也不乏其他文书的典藏。

(二)道观藏书

西夏除了盛行佛教以外，道教也有发展。1081年，宋军向西夏发兵，西夏百姓流离失所，"灵州城中唯僧道数百人"留守。由此可以看出，西夏时期佛教、道教是并存的。道教同佛教一样，将典籍作为传播的主要介质，道教发展也带来了道教典籍的收藏行为。在西夏法典《天盛改旧新定律令》中对童子出家变道作出规定，其中说明凡能诵读《莲花经》《仁王护国经》此类的道教经籍，有能力解说其中的道教经典中的一部，知其前后大义，能熟练诵读十四卷道教经典，即可出家成为道士。② 由此，我们可以窥见，西夏境内当时道教盛行，道教文籍被广泛地传播和收藏。

四、金代寺观藏书

(一)寺院藏书

金王朝建立后，举国上下"奉佛尤谨"，佛教倍受尊崇，女真贵族"多舍男女为僧尼"，甚至太宗自身皈依，他更是将四月初八的佛诞日作为国家重要的朝会日，每年设斋会。讲经授学需要大量

---

① 牛达生：《西夏刻书印刷事业概述》，《宁夏大学学报》(哲学社会科学版)1999年第3期。
② 王龙：《西夏藏书管窥》，《学理论》2014年第29期。

的佛经，于是佛经的刊刻在上京开始初步发展。

金代的寺院发展迅猛，从东北地区到中原地区，名刹星罗棋布，藏经亦是丰富。金太宗年间，金都城上京（今黑龙江哈尔滨阿城区）已设有天元寺、储庆寺、兴元寺、兴王寺、宝胜寺和林尧寺。① 都城以外，佛教亦是盛行，位于闾山间的东丹王耶律倍之读书堂先被改建为崇福寺，后改为上清庵、下清庵。他的藏书楼望海堂桃花洞的藏书也有很多被寺院收藏。随着佛教的盛行，经书刊印规模有所扩大，寺院藏书也更加充盈。辽宁鞍山的千山五大禅林佛教文化延绵不绝，既是历朝的研经胜地，也是藏经处所。这些名刹亦藏金代经卷。起于南北朝时期的龙泉寺藏经阁存有宋、明版藏经百余卷，应为金代所藏；中会寺自唐代起就为佛教信徒集会和讨论佛法的地方，金代时更是得到了重修，定有丰富藏书；祖越寺的玉皇阁为金代遗物；大定二十六年（1186）香岩寺成时，世宗亲自到寺，赐名大永安，其藏书之丰亦有盛名；大安寺至唐起就多藏经。大同华严寺原藏经一部，通制五百七十九帙，易代之际，错杂不完，损失过半。天眷三年（1140）华严寺重建薄伽教藏殿，设藏经柜三十八间。兴严寺临垣传戒慈慧大师受众僧之荐，岁历三周，迄大定二年（1162）刊就《薄伽藏教》。② 位于东京（今辽宁辽阳）的垂庆寺改建为清安寺，投入大量人力财力，可窥见所藏经卷之丰。

还有诸多在金代重建或新建的寺院，均设有藏经阁，名刹伽蓝如林的金代，经卷藏书嘉惠了许多僧人和信徒。

---

① 傅璇琮、谢灼华主编：《中国藏书通史》，宁波出版社，2001年，第457页。
② 薛瑞兆：《论金代社会的藏书风尚》，《求是学刊》2006年第6期。

(二)道观藏书

道教作为金代统治者巩固政权的一种手段，拥有较高地位，因此也颇为盛行。章宗认为"道家者流，洁己求志，有可以赞清净之化者亦特征焉"。道书是信徒必需品，因此金代开始刊印一些道教书籍，如《七真要训》《重阳全真集》《水云集》《周易参同契简要释义》等，作为道观藏书，供信徒所学，同时道观也均藏有几部《道藏经》。

关于金代道观收藏道书，在文献中多有记载。早在大定二十四年（1184）前，田子虚、韩元英在老子故乡亳县再创修太清宫，据陈国符先生引《光绪鹿邑县志》卷十所收金人胡筠撰《续修太清宫记》，靖康难后，道士田子文、韩元英等创修亳州太清宫太极殿"并转轮大藏，仍印经以实之"。事当在金海陵王天德年间（1149—1153），所印经藏当仍为宋《政和道藏》。章宗即位后，谕旨度支，拓展宫观，"列库四区，为楹三十有五，以架计者百有四十"。此外，玉虚观、太极宫等也都藏书宏富。明昌年间，《大金玄都宝藏》刊印后，保定、真定、太原、平阳、河中，及王祖师庵头、关西等处，均有收藏。① 县令李惠《咏栖霞》云："一点无尘迹，千函有藏书。"丘处机所居长春宫，"方丈西有堂曰萃玄，侧有小楼，积书万卷"。

---

① 薛瑞兆：《论金代社会的藏书风尚》，《求是学刊》2006年第6期。

五、元代寺观藏书

(一)佛寺藏书

元代统治者信奉佛教,因此佛教文化在元代社会尤为盛行,佛经的传播也较为盛行。自元世祖时期,就大力修建寺院,乾元寺与龙光华严寺在1261年相继建成,又于1285年"发诸卫军六千八百人,给护国寺修道",同年集聚四万佛教信徒举行资戒会。至元二十四年(1287),举行佛事33会,举行地点除宫殿之内,也有万寿山、五台山等地。此后的元统治者,也大多按照忽必烈范例行佛事。

佛教的兴旺发达离不开佛经的收藏和刻印,元代的寺院藏书以《大藏经》为主要代表,元太祖曾印施《大藏》。至元十四年(1277)元世祖命印《大藏》三十六藏,遣使分赐归化外方,皆得瞻礼。文宗又敕印造《大藏经》三十六部,散施禅刹。元代期间,在位于大都(今北京)的弘法寺藏有金代的《大藏经》刻版,元世祖曾下令重新校订,并将其继续藏于弘法寺。据记载,当时曾有《弘法入藏录》,但未能流传下来。至元二十二年到至元二十四年间(1285—1287),曾召集汉藏大德僧人学士等,勘汉藏两种《大藏经》的不同之处,后编成《至元法宝勘同总录》十卷。①

元代的《大藏经》先后被刻印了不同的文字版本,浙江作为当时著名的刻印中心,在元代时期刻印过两部著名的大藏,即《普宁

---

① 乔吉:《蒙元时期佛经翻译和刊行》,《西部蒙古论坛》2011年第1期。

藏》和《西夏文大藏经》。

《普宁藏》刊刻于余杭县大普宁寺，而它的始刊和竣工时间在学界有众多的说法，现在普遍认同来自日本增上寺的资料，即该藏始刊于至元十四年（1277），至元二十七年（1290）完成。[①]《普宁藏》共收录佛经1430部，6010卷，分作558函。《普宁藏》在元代有着重要的地位，刊成之后，全国各地信徒闻名前往杭州求经，所以该藏被各地寺院广泛收藏。《普宁藏》的大量印刷流传，使之直至今日仍然有很多刻印版本，苏州灵岩寺、山西省襄汾县博物馆、云南省图书馆等都藏有《普宁藏》。《普宁藏》不仅被国内寺院收藏，同时也流传到了海外，比如日本的增上寺、浅草寺，现在依然存在较为完整的《普宁藏》。

《西夏文大藏经》开雕于杭州路，又名《河西字大藏经》。元至元三十年（1293）忽必烈敕令杭州路大万寿寺开版雕印，司其事者为松江府僧录管主八。于元成宗大德十年（1306）刻竣，共3620余卷。至元三十年（1293）至皇庆元年（1312）间，至少刻印三次西夏文《大藏经》，地点杭州。即至元三十年至大德六年（1293—1302），印造30余部；大德十一年（1307），印造50部；至大四年（1311）至皇庆元年（1312），印造50部。[②] 从《西夏文大藏经》的刊刻规模和数量可以看出，当时寺院应该都有该经所藏。

元代浙江寺院藏书见于文献记载的还有仁和县龙兴祥符戒坛寺的轮藏。此寺创建于萧梁时，重建于元世祖至元二十八年（1291），

---

① 臣字函：《大方广佛华严经入不思议解脱境界普贤行愿品》，载日本《增上寺三大藏经目录·元版》（刊记），No.0193，332。
② 王菡：《元代杭州刊刻〈大藏经〉与西夏的关系》，《文献》2005年第1期。

有轮藏，"以函经实之"，同时，寺内同时藏有石刻经文十二种之多。①

《碛砂藏》于南宋时期开始刊刻，到了元代大德初年（1297）开始补刊，两代历时 91 年。因为其开雕于平江府碛砂延圣院，所以得名。该本藏经的刊印起初为民间行为，主要财力来源于富绅和僧侣的捐助，大德十年（1306）松江府僧录管主八大力支持此藏的刊印工作。雕成之后藏于碛砂延圣院大藏经坊，作为后世流传刻印之底本。

元代作为一个多民族的大一统政权，还刊刻了其他少数民族文字《大藏经》，如藏文、蒙古文等多个版本。据史料所载，元世祖忽必烈曾下令刊刻吐蕃文版本藏经，即藏文《大藏经》。又传说西藏人嘉木样，于元仁宗时（1312—1320）发愿，在西藏后藏圣地扎什伦布寺西南的纳塘寺，刊刻了完备的藏文《大藏经》，被称为奈塘古版。今西藏的色拉寺仍有此藏的残印本。松江府僧录管主八于大德间还曾在两浙"装印西番字乾陀般若白伞盖三十余件，经咒各千余部，散施土蕃等处流通读诵"。蒙古文《大藏经》，是根据西藏本翻刻而成的，刊行时期约在武宗至大年间（1308—1311），参与翻译的人员有西藏僧人乔依奥爱尔与藏、蒙、汉、维各族学者。此外，福州开元庄严禅寺、东禅寺、建阳后山报恩万寿堂等都曾雕刻并收藏有《毗卢大藏经》。开雕《毗卢大藏经》得到当时福建行省长官亦黑迷失的赞助，并且他还担任了劝缘主，但只刻成《般若》《宝积》《华严》《涅盘》四大部，今福州鼓山和山西太原崇善寺还存有它的一些印本。在福建平海道释教总统印造《龙龛法宝藏》计

---

① 任继愈主编：《中国藏书楼》，辽宁人民出版社，2001 年，第 12 页。

6020卷，施于大显圣寺。

元代的僧侣也有很多与佛教相关的著作，如禅宗僧徒行秀的《从容庵录》、明本的《中峰广录》、普度的《莲宗宝鉴》、德辉的《敕修百丈清规》、庆吉祥的《至元法宝勘同总录》等，都是我国历史上重要的宗教文献。同时，也有部分僧侣作有诗词歌赋，顾嗣立编纂的《元诗选》中收录了许多元代佛教信徒的诗文，如明本、行端、祖铭等人的作品。诗文创作必须有一定的文化底蕴，由此可窥见元代寺院藏书之丰富。

(二)道观藏书

元代道教也有一定的发展，在道观藏书当中，当以《道藏》最为著名。元世祖至元十二年（1275），道士披云子宋德方受全真掌教尹志平之命，以《大金玄都宝藏》作为基础，全真道人的著述相加辅佐，将其中内容全部刊入成《玄都宝藏》。该藏被刊刻成很多部，流传到各地名观，被收藏。至元十八年（1281），元世祖下令道藏经文只保留《道德经》，所以很多道观藏书均被焚毁。"集百官于悯忠寺焚《道藏》伪经杂书。遣使诸路，俾遵行之。"由于道人张留孙通过太子极力恳请元世祖忽必烈，除《道德经》以外的道观藏书全部焚毁的诏令并未完全执行，道经中之"不当焚者"或"醮、祈、禁、祝"等仪注皆得保存。

第三章

宋辽夏金元时期的图书收藏与分类编目

第一节　宋代图书的收集与保护方法

宋初，时势相对稳定，官府通过多种方式进行图书的搜访工作，因而宋代官府藏书逐渐增多。① 在社会稳定、经济发展的环境下，一些藏书家也具备了购书、藏书的条件。同时，雕版印刷技术的普及也为宋代图书事业的繁荣奠定了基础，方便了图书的购置与收藏，私人藏书风气渐盛。雕版印刷是图书复制技术史上的划时代

---

① 王明清：《挥麈录》，商务印书馆，1963年，第49—51页。

变革，印刷产生的大量副本对于图书的编撰、发行以及收藏都有举足轻重的影响。

宋代郑樵在《通志·校雠略》中分析了历代典籍的散亡原因，以此说明搜访典籍是有必要的，并提出系统的"求书八法"。图书保护是藏书措理的重要环节，宋代统治者也同样重视图书的征集与管理、流通与收藏工作，不少图书均是皇帝下诏修撰的。此外，皇帝还诏令官方收藏一些民间的重要著作。

自春秋战国始，一直到清朝，古代藏书工作者累积了丰富的藏书工作经验。汉朝时就出现河间献王个人征书的记述，南北朝时期则有很多文献体现藏书家抄写、聚书、校勘藏书的个人事迹。唐宋阶段，藏书家收书保存的观念愈来愈强，开始注意到个人收藏一式两份的功效。唐人柳仲郢所藏则是必备三本，上本颜色绮丽作为镇库本，副本作为平时阅读文章来用，次本则是用作学子上课的教材；宋朝的王钦臣也是用这类方法来保证书籍的存留。藏书的实践经验开始形成总结性的理论，并为后世藏书家留下参考依据。

宋代图书事业的繁荣，是中国古代图书史上浓墨重彩的一笔。古代图书的收集，既有求书之道八论、购求四最论、收藏次第论、兼收并蓄观和专藏特藏观等宏观之道，又有鉴别书籍真伪、选择书籍版本等微观之道。聚书不易，而图书的保管似乎更难，古来藏书，除了出于政治原因而遭禁毁外，也有战乱而致散佚的。史上有无数费尽心血收集而来的书籍以不同方式遗失、散佚甚至销毁，令爱书者遗憾不已。宋人也在积极地采取有效的保管方式来最大限度地减少损失。

一、图书收集的方法

我国古代购求书籍的方法论大抵源于宋代郑樵的《通志·校雠略》,其中对购求之法进行了系统的理论总结,提出"求书之道有八论",即"一曰即类以求,二曰旁类以求,三曰因地以求,四曰因家以求,五曰求之公,六曰求之私,七曰因人而求,八曰因代而求,当不一于所求也"①。此求书八法基本包括了藏书家购求书籍的要素,被后世藏书家所推崇。实践证明这是极为科学的求书方法。清代章学诚曾评价道:"求书之要,即郑樵所谓其道有八,无遗议矣。"②

购书作为藏书活动的首要因素,也是藏书活动中最为关键的一环。天下书籍的数量之多,内容之杂,购求者不可能全部收集,即便是官府也不可能穷尽。所以,要根据个人的能力和兴趣进行图书寻访、探求和购买。有选择地收集书籍才能购书得当,这不仅决定着藏书的数量,也是决定藏书质量和价值的关键。

宋太祖、太宗两朝,处于立国初期,他们在削平诸国的军事征战中,注意收集各国遗留图籍,用以充实官府藏书。乾德元年(963)平荆南,收高氏图书,以充实三馆。乾德三年(965)平后蜀,右拾遗孙逢吉赴成都收后蜀图书13000卷。开宝八年(975)平南唐,令太子洗马吕龟祥至南唐京城金陵,收其图书20000余卷。吴越钱俶来朝,又收吴越图籍。太平兴国四年(979)平北汉,由左赞善大夫雷德源入太原,点检书籍图画。据《玉海》记载:宋

---

① 郑樵撰,王树民点校:《通志》,中华书局,2000年,第1813页。
② 章学诚:《校雠通义》,中华书局,1985年,第13页。

初皇室有书万余卷，通过对五代十国图籍的征集，图书数量激增，开宝中（距宋朝立国十余年）朝廷图书即增至8万卷之多。

不仅如此，宋太祖等还广泛地收集民间藏书，充实馆藏。乾德三年开始征集遗书，四年又继续征集，当时规定，凡有书来献者，视其书籍价值，如为馆阁所无，则将献书人送学士院试问吏理，堪任官职者俱以名闻。如涉弼献《三礼》、彭干献《三传》，还有学究朱载亦有贡献，此三人共献书1228卷，被赐科名。

二、图书保护的方法

（一）施药

施药防蠹是中国古代传统的典藏保护手段，将药物施放于书卷用纸、书卷装帧、修裱过程及书柜、书房等，防止书蠹侵害。书蠹常将书籍啃噬得千疮百孔。古代书卷用纸的施药防蠹方式主要采用浸渍法，即将纸置于含防蠹药物的浸渍剂中进行饱和浸渍，经过处理后的黄纸成为官府印纸。宋仁宗嘉祐四年（1059）置馆阁编定书籍官，所编书籍"用黄纸印写正本，以防蠹败"，规定用黄纸抄写或印制正本。嘉祐六年（1061），抄写的黄本书至6496卷，次年达10659卷，印制的黄本书则有4734卷。由此可见，使用黄纸抄写或印制是宋朝国家藏书主要的避蠹方式之一。

染纸避蠹法是依靠载体自身施行的一种有效的保护措施，而古代应用最为广泛的防蠹方法则是在书页、书柜、书房等处施放防虫药剂，让药剂挥发的气味在书籍周围保持一定的浓度，以达到防虫、驱虫和杀虫的目的。

(二)装帧

装帧是对书籍进行保护的重要措施。书籍若不进行装帧,则极易破损断线,"装订不在华丽,但取坚致整齐"。① 装帧虽要美观,但主要是为了让图籍能够长期保存下来。雕版印刷术出现后,中国古代书籍装帧进入了册页时代,当时最先出现的就是蝴蝶装。蝴蝶装盛行于宋元时期,适应了当时一版一页、单面印刷的特点,脱离了以轴卷舒和整张折叠的装帧形式,能较少受到虫鼠的侵害。

(三)修裱

修裱也是对书画的重要保护措施之一。人们运用修补、托裱的方法,使用黏合剂把纸张补或托在原件上。修裱不仅可装饰书画,还可预防湿气、灰尘、阳光及有害物的侵害,并依靠地杆减轻外界对画心的挤压程度。修裱也是对残破古籍的一种补救措施。我国修裱技术起源较早,魏晋南北朝时期开始步入正轨,它的出现是中国古代典籍保护技术上的一项重大突破。宋代国家藏书机构中设有专门从事装裱的人员,称为"背匠":"《六典》载崇文馆有装潢匠五人,即今背匠也。"② 南宋内府背匠中庄宗古装褙技术最高,另有郑滋等人。

宋代修裱技术已达到相当高的程度,而"宣和裱"的出现则标志着我国古代装裱工艺进入了成熟期。"宣和裱"又称"宋式裱",是宋徽宗朝内府收藏书画的装裱形制,多以卷轴为主,形制规范、用料考究、工艺精美。"宣和裱"在民间传播、仿效的过程中,卷

---

① 王艳:《宋代典藏保护技术考略》,《中原文化研究》2018 年第 4 期。
② 徐邦达:《宋金内府书画的装潢标题藏印合考》,《美术研究》1981 年第 1 期。

轴、立轴、册页三大装裱形式也逐渐发展成熟，并派生出多样的装裱形式，对古字画起到积极的保护作用，并对后世产生深远影响。

(四) 曝书

曝书又叫暴书，就是每年按时晾晒图书，所以又叫晒书。定期曝书，是古代保护图书的一项重要制度。这项制度延续了数千年，很多古籍能够完整保存至今，与此密切相关。宋代秘书省曝书活动的记载最多，南渡后秘书省曝书已为"年例"，时间从每年五月一日至七月一日，共两个月。由秘书省官员集中举行仪式，把所藏典籍清理晾晒，如遇雨则改期。为保证此举，朝廷每岁必拨付经费，曝书会还会赠来宾《太平广记》《春秋左氏传》各一部，秘阁、石渠碑二本。

由于古代藏书楼窗户少，不大通风，图书容易受潮生虫。通过曝书，逐页翻晒，可改变图书易霉、易生虫的环境。曝书的过程也是逐柜清点图书的过程，从而做到心中有数。就曝书时间而言，春、夏、秋三季都有，没有统一的规定。南宋秘书省可考的曝书时间是：九月份有2次，八月份有4次，七月份有10次，其中七月七日最多。宋代苏轼等民间藏书家曝书多在七月七日。就主办单位而言，官方曝书除了南宋临安府外，一般是秘书省、文渊阁、皇史宬等主管藏书的单位。宋代还设有主席，由秘书省监、丞等担任。就参与者而言，宋代比较复杂，约分两类：一类是馆阁人员，含监、丞、直阁、校理、检阅文字官等，检阅文字官是负责逐页翻晾图书者，还有曾任馆职和兼任馆职者；另一类是特邀嘉宾，含尚书、学士、侍郎、谏官等，这类人来自上级部门，并不负责曝书的具体工作，只是凭兴趣翻看而已。从这个意义上说，因为曝书时，图书、书画等物品多，参与人员多，所以又叫"曝书会"。宋代秘书省的曝书程序最为复杂：首先要请示尚书省，确定曝书时间和主席人选。当尚书省批示以后，才能开始曝书。宋代秘书省按照图书、书画、古器等几个大类将物品陈列在方桌上，按照书库、书柜的次序晾晒。参加者的饭食由秘书省提供，此外，还要举办曝书宴。

(五)建筑保护

建筑保护是我国古代典藏保护技术中重要的一环。我国古代典藏存放之所历来颇有讲究，藏书之所要求"宜高楼，宜宽敞之净室，宜高墙别院，与居宅相远"，藏书楼应兼顾防水、防潮及防火等功能。① 我国古建筑多为木结构房屋，书本媒介又多为竹简、丝帛和纸张等易燃材质。生虫、水迹、偷盗等还可挽救，然而火灾事故却是非常容易扩散，千万画册常会因一场火灾而毁于一旦，因此古时候藏书楼的建筑规划设计又以防火为第一位。

两宋国家藏书机构的规划设计及建筑布局颇能体现上述避险原则。宋太宗朝在崇文院内建三馆和秘阁，"凡四处藏书，然同在崇文院"。为降低风险将图书分别藏于秘阁与三馆中。东京开封左升龙门东北旧车辂院为崇文院旧址，其分布如下：

东廊	昭文书库	
西廊	四库 (史馆书库)	经
		史
		子
		集
南廊	集贤书库	

---

① 曹琳：《藏书楼的历史变迁》，《兰台世界》2010年第9期。

宋真宗大中祥符八年（1015），馆阁失火后迁至右腋门外，称崇文外院，宋仁宗天圣九年（1031）迁回旧址。宋神宗元丰改制后馆阁并入秘书省。南宋秘书省曾数度迁徙，直至宋高宗绍兴十四年（1144）迁至临安清河坊糯米仓巷西。南宋秘书省东西38步，南北200步。东廊有图书库1间，秘阁书库3间，子库、经库各5间；西廊有秘阁书库2间，印版书库3间，集库、史库各5间。

两宋国家藏书机构注重庭院绿化，如北宋崇文院"敞园苑，植花木，引沟水以溉之"，庭院种植花草树木，开凿水池，引金水河入院。宋代秘书省绿化覆盖率较高，除保存旧址上原先的花草树木外，馆阁负责人员亲自种植冬青、垂柳、松柏树等数十种植物，仅右文殿就种有花草树木数十株，门口鱼塘四周植有玉兰。庭院绿化不但可保护环境，调整温度湿度，对空气中的尘土、烟尘也有优良的过滤和吸收功效，有利于存放藏书。

两宋国家藏书机构的规划设计及建筑布局体现出较强的消防安全意识，南宋尤为重视防火设计。南宋秘书省院内设置了专门的消防机构——潜火司，配备各类消防工具，有潜火大桶20个，小桶38个，栲栳枹100柄，铁搭钩、麻索各2个，均排列在右文殿东西偏门外，为消防人员控制初期火势提供了极大的方便。南宋秘书省围墙外留有5步宽的空地作为防火隔离带，并充作巡道，"以预火灾"。防火安全隔离带可阻拦火情向四周扩散，但是宅院西北慢慢被民居所占，终在宋宁宗嘉泰二年（1202）酿成大祸，民居遗火延到院中，烧毁许多建筑房屋。火灾发生后，官府禁止空闲地区修建民居，并又填方墙体一重，开设辅屋，日夜巡查，专事火情。这些防火设计为消防灭火创造了较为便利的条件，可相应地降低损失。

第二节　辽夏金元时期图书的收集与保护方法

古代文书典籍的收藏文化稳步发展，到了宋代更是有了系统的理论，即郑樵在《通志·校雠略》中提出的"求书八法"，不仅对于辽、金、元的藏书事业有了理论性的指导，也使得更多藏书家掌握了藏书之要义。辽、金、西夏、元这几个由少数民族建立起的政权，虽然在很大程度上吸收和接纳了中原文化，但在图书的收集与保管方面还是不及前代。

一、图书收集的方法

图书的收集活动让藏书事业得以发展。在辽、金、夏、元四代，无论是官府机构还是个人，基本凭借继承与访求两种途径来收集图书。

(一)继承

辽代收取了后晋图书，《辽史·文学传序》所载："太宗入汴，取晋图书、礼器而北。"金代也在灭辽和北宋后，尽取官府藏书。金太祖曾明确训示部下："若克中京，所得礼乐仪仗图书文籍，并先次津发赴阙。"① 元代同样继承金、宋官府藏书机构所遗。至元十三年（1276），元军势如破竹，攻下临安城，南宋投降。之后元军受到诏谕："秘书省图书……宗正谱牒，天文地理图册，凡典故文字，并户口版籍，尽仰收拾。"②

很多私人藏书家更是世代累积图书，后代继承前代图书，代代相传，因此在这一历史时期也出现了很多藏书世家。

（二）访求

访求是收聚图书的重要方法，无论是中央官府，还是私人藏书家，对于图书的访求可以说是孜孜不倦。主要的访求途径有两种，即购买和抄录。

作为充实官府藏书的重要途径之一，辽、金、元三代统治者均曾多次下诏向民间广泛访求图书，或为官府机构充实藏书所求，或因编修国史所需。如金代曾在民间高价收购《崇文总目》记载的典籍所缺的书本，倘若书籍所有者不愿意将书本售卖，还会出书价一半的租金租借图书，抄写之后再奉还。正是通过此种途径的访求，《崇文总目》中记载的书籍日益齐全。元代时期，为了编修辽、金、宋三代的史书，顺帝特派遣司书到民间寻求私藏的汉文典籍，仅用四五年就收集了30多万卷图书。

西夏因缺乏史料依据，是否有过民间访求行为目前无法得知，但是西夏曾六次向宋朝求得《大藏经》。首次为宋仁宗天圣八年（1030），李德明派遣使臣向宋朝献马70匹求赐佛经一藏，宋朝应

---

① 脱脱等：《金史》，中华书局，1975年，第36页。
② 宋濂等：《元史》，中华书局，1976年，第179页。

允。① 第二次为景祐元年（1034）十二月，献马50匹，求得藏经。第三次为谅祚时期，谅祚幼年继位，其母没藏氏专权。没藏氏十分好佛，执政后花六年时间兴建承天寺，于福圣承道三年（宋至和二年，1055）落成。是年，"没藏氏因阿吡等还，感中国恩，遣使入贡。仁宗赐《大藏经》慰之"②。第四次为谅祚奲都二年（1058），西夏因为新建寺院所需，于是再次向宋朝求得经书。第五次在谅祚帝亲政后第二年，奲都六年，即宋嘉祐七年（1062），宋给西夏的诏书称："诏夏国主，省所奏请赎佛经《大藏》、签牌、经帙等，欲乞特降睿旨，印造灵文，以俟至时，幸垂给赐。所有旧例纸墨工直，马七十匹，续具进止以闻事具悉……喜观心于法境，愿绎理于秘文……其请赎经文，已指挥印经院印造，候嘉祐十一年（1066）正旦进奉人到阙给付。"③ 第六次求经书应是在惠宗秉常时期，宋熙宁五年（1072）十二月，秉常"遣使进马赎《大藏经》，诏赐之而还其马"④。

私人藏书家往往爱书如命。他们通常都秉承着不爱财帛、唯嗜善本的收书原则。但书籍中难免有一些珍贵版本，于是藏书家之间假借以抄，这也成了收集图书的重要途径。抄本不仅丰富了书籍规模，也多了不少善本，同时抄录书籍也是一个校勘的过程，物尽其善，学者们书写功底与上等纸墨的完美结合，使得抄本更加精善，这也是图书收集当中重要的成就之一。

---

① 李焘：《续资治通鉴长编》，中华书局，1985年，第2549页。
② 吴广成撰，龚世俊等校证：《西夏书事校证》，甘肃文化出版社，1995年，第225页。
③ 龚世俊、陈广恩、朱巧云校点：《西夏纪事本末》，甘肃文化出版社，1998年，第129页。
④ 脱脱等：《宋史》，中华书局，1977年，第14009页。

二、图书保护的方法

对书籍的妥善保管是图书得以流传和利用的基础,为避免辛苦收集的藏书流失或损毁,藏书家们更是费尽心思,多措并举,对藏书进行保管。图书的保管之术主要有以下几种。

(一)防虫

虫蛀对于书籍的破坏是不可逆的,因此藏书家们为了防止书籍被虫啃损,发明了很多方法,有用药剂特制的防虫纸张,也有采用驱虫、杀虫的中草药之法。

宋代以前,常用黄檗汁染纸,这在一定程度上是可以防虫的。随着印刷业的发展繁荣,出现了一种椒纸。椒纸主产于两宋刻书中心之一的福建建阳,先用胡椒、花椒、辣椒煮水取汁液,然后用来染纸张,经过这般工序调和的纸张中含有香茅醛、水芹萜等,有防虫、杀虫的作用,可以有效保护图书。[①] 在辽、西夏、金、元时期,刻书中心也多采用该法,防止蛀虫对书籍的损害。

古人书橱中也放有麝香或其他中草药以防虫蛀,类似于现在的防虫剂。这充分体现了古人在图书保管方面的智慧。麝香是一直延续的防虫之药,但是由于其成本较高,未被广泛使用。除此之外,古人也会将木瓜、芸等有驱虫功效的草药置于书库。贾思勰《齐民要术》中就有记载:"书橱中欲得安麝香、木瓜,令蠹虫不生。"宋代沈括的《梦溪笔谈》中记载:"古人藏书,避蠹用芸。芸,香草

---

① 李致忠:《中国古代书籍史话》,商务印书馆,1996年,第156页。

也，今人谓之七里香是也。叶类豌豆，作小丛生，其叶极芬香，秋后叶间微白如粉汁，避蠹殊验。"芸香避蠹有两种方法：一种是将芸香放置在书橱中，一种是点燃芸香以烟熏库，炝杀成虫幼卵。相传天一阁特信此物，至把芸香夹在书页中。①

（二）防潮

藏书多需束之高处，故建有众多藏书楼。放在高处可以尽量避免藏书受潮，防止纸张发生霉变。为了有效地收藏、保管图书，私人藏书家或者书院都专门造室筑堂放置图书，如辽代耶律倍的望海堂、元代陈孚的万卷楼等。很多藏书楼采用楼上贮书、楼下访谈教学的方式，不仅有效地保护了藏书，也充分利用藏书传播了文化。

通风是防止图书受潮的必要手段，书橱、书库皆要通风，可以避免图书生霉。通风不仅要常开窗门，藏书处所也要高大宽敞，书架之间要有一定的距离，书籍陈列也要相对松散。由于我国自古幅员辽阔，南北东西皆有气候差异，因此不同地理位置也会根据相应的时节采取对应的通风措施。

晾晒也是图书的防潮去湿之法，中国古代，一般在五月到七月间于通风且不见阳处晾晒图书。其原因主要是夏天易生蠹虫，舒展图书纸张去潮可以有效地防止生虫发霉，但是如果将图书置于烈日下暴晒，极有可能导致图书褪色或者装订散裂。自宋代起，藏书家更是把晒书发展成为一项定期的文人聚会，即"曝书会"。辽、西夏、金、元的官府、书院以及私人藏书家也沿袭了这一图书防潮之法。

---

① 李致忠：《中国古代书籍史话》，商务印书馆，1996年，第168—169页。

（三）防火

所藏图书一旦遭遇火灾往往难以保全，历史上，几乎每一朝都有学者的藏书因火灾毁于一旦，令人惋惜。为了防火，藏书家们采取多种办法，比如在修建藏书楼时，选择临近水源的地点，或者自行开凿水池，保证有充足的水源来应对突发的火灾。陈孚祖孙几代修筑成的"万卷楼"藏书楼，不仅建筑宏伟壮丽，而且四面山水环绕，下临广池，荷芰交茂。另一藏书家维扬陈季模于所居扬子江心的马驼沙筑藏书楼，置放其家旧藏与新购得的50000卷图书，楼前凿池储水，楼后万竹森立。

（四）防盗

宋代至元代，社会动荡不安，盗匪猖獗，所以防止书籍被盗也在图书保管必须重视的范畴内。为了防止图书毁于兵祸，这一时期的藏书家采取了多种方法，如藏书于佛像之中，或建造石室以藏书。

山西应县木塔重修时，在其佛像中发现了大量古代文物，后经专家考证为辽代遗物。经过整理统计，其中共有辽代印刷品61件，其中《契丹藏》和辽代的佛经47件，辽版书籍和杂刻8件，辽代雕刻彩佛画像6件。[①] 这些历史文物之所以能完整保存，得益于古人的藏书智慧。

到了元代，战乱更是频发，于是一些藏书家开辟石室以藏图书。如钱塘张雨（1283—1350），晚居三茅观，修玄史，历记道家

---

① 罗树宝：《中国古代印刷史》，印刷工业出版社，1993年，第191页。

高士,作黄蔑楼以藏古图书,又作水轩于浴鹄湾,在楼南数十步作藏书石室,集防火、防盗两用于一室,真可谓别出心裁,用心良苦。又有王应麟弟子胡三省(1230—1302),承父遗命为《资治通鉴》作疏证,几经反复,书成。宋末,饱尝元兵侵扰之苦,曾避兵乱于他乡,到元朝,退居鄞县。作为一代学者,其家中富于藏书,在兵荒马乱之时,曾筑窖藏书。至元二十六年(1289),胡三省所在的宁波发生兵乱,而他的藏书因为都藏在石室之中,全部得以幸免,未出现损毁。

(五)防损

若读者在阅读使用书籍过程中不爱惜书本,随意翻折、摆放、唾指浸染等,书本的破损就难以避免。所以在图书阅读过程中,更要注重保管图书,以免图书受损。

元代著名书画家赵孟頫曾特别提出:"聚书藏书,良非易事。善观书者,澄神端虑,静几焚香,勿卷脑,勿折角,勿以爪侵字,勿以唾揭幅,勿以作枕,勿以夹刺,随损随修,随开随掩。后之得吾书者,并奉赠此法。"[①]赵孟頫所言,正是阅读过程中保护图书的注意事项:一要全神贯注,心无杂念;二要揩净书案,焚香静心;三要勿卷书脊,防卷散裂;四要忌折书角,防其断损;五要禁抓挠书,莫伤纸张;六要莫脏书本,防书伤毁;七要禁书为枕,物尽其用;八要小心硬物,勿刺穿书;九要损坏即修,及时检查;十要随开随掩,保护图书。赵孟頫的读书之法,几乎全面概括了图书阅览过程中防止图书受损的注意事项。在藏书家中,爱书之人也多遵此道。

---

① 转引自范景中《书籍之为艺术——赵孟頫的藏书与〈汲黯传〉》,《新美术》2009年第4期。

第三节　宋代图书的分类与编目

图书目录是图书的清单，各个时代的图书目录编撰受多种因素制约，而起决定性作用的是图书的数量。随着雕版印刷技术的普及，宋代图书数量和图书目录的增多也是必然的，时代不同，环境不同，书目的数量自然也不相同，而图书分类也因时而异。出于管理和利用考虑，一般如果一个朝代的图书数量多，那么图书目录也多，反之则少。总览古代书目历史可以看出，南北朝可考书目有 42 种，宋朝有 104 种，清朝有 380 多种，这三个时期是古代书目编撰的高潮。

结合古代书目编撰的实践，可以从分类、著录和解题三个方面加以说明：

第一，有关书目分类。书目分类是完成图书有序化的主要方式。书目分类包含的内容有分类体系、类序、标记符号等。在编写书目时，最先考虑的便是分类的体系难题。综合型图书目录要留意类目的横向涵盖面，专科类目录则要留意类目的纵向深度。类目名称和学术分类要相一致，不能改弦更张、异想天开。类序的功效有二：一是阐述学术研究源流，二是表明种类。

第二，有关著录的问题。著录是书目编写的关键内容之一。著录应保证精确、标准。"精确"，便是应以原书为根据，准确说明其本来面目；而"标准"，便是要前后一致，执一而终。仔细制订凡例，是确保著录规范性的关键，著录内容一般包含书名、卷数、作者时期、作者名字、著作方法、版本号等内容。

第三，有关解题的人选。古代不少书目的编撰常常与古籍整理相结合，成为古籍整理的重要组成部分。编撰人员通过整理图书，洞悉图书内容，最后写出高水平的解题，编出高质量的书目。如果编撰人员对图书内容一知半解，甚至一无所知，只能编出错误百出的书目。历代参加编撰书目的人员多是各个学科的专家。

一、图书分类

一部图书分类史告诉我们：图书内容和品种总是不断变化的，书目分类体系也因时而异。历史上大凡好的书目，其分类体系总能体现时代特色，因书设类，绝不墨守成规、因循守旧。再者，书目著录因时而异。自汉至清，历代书目著录方法是有区别的。随着雕版印刷的初步繁荣，同书异本大量增加，宋代书目开始注意版本的著录，尤袤的《遂初堂书目》尤以著录版本著称。

高质量的书目，除了内容准确无误以外，编撰方法也十分讲究，如此才能做到内容和形式相统一。宏观来看，书目形式就是指书目的类型。书目类型的划分可以从编撰者和内容两方面来看：

表 3-1　书目类型划分

划分标准	书目类型
按编撰者	官修目录
	私修目录
按内容	综合目录
	专科目录

《通志·校雠略》是中国古代第一部目录学理论专著，其主要内容有：

第一，书目分类应当辨章学术，考镜源流。郑樵说："古人编书，必究本末，上有源流，下有沿袭。故学者亦易学，求者亦易求。"① 还说："类例既分，学术自明，以其先后本末具在。"② 这就是说，类例是"学术自明"的关键所在。

第二，书目分类不宜因袭前人，应当因时而变，重建书目分类体系。宋代之于汉代，时过境迁。《七略》"不可以明书"，必须另起炉灶，重新分类。

第三，关于书目编撰的具体方法亦多有论述：（一）类目设置宜细密而有条理，"若无条理，虽寡而纷"。③（二）内容相同的书应当分到同类，避免同书异类。郑樵说："一类之书当归集在一处，不可有所间也。"（三）图书分类应当"以人类书"，而不应当"以书类人"。这里也包含着著录标目的问题。"以人类书"即以书名为标目，著者归类应当根据内容的需要；"以书类人"即以著者为标目，图书分类应当根据著者姓名。比较而言，"以人类书"成为当时编撰书目的选择。（四）图书分类应当避免"见名不见书""看前不看后"的毛病。（五）应当著录亡书。著录亡书，可以使得今后少亡或不亡，可以使后人"本所记而求之"，从而使亡书失而复得。（六）注释有无，应当因书而异。"盖有应释者，有不应释者，不可执一概而论。"④ 郑樵在《通志·图谱略》中还谈到书目"只收书不

---

① 李昭恂：《郑樵〈通志·校雠略〉今译（一）》，《图书馆学研究》1984年第2期。
② 李昭恂：《郑樵〈通志·校雠略〉今译（一）》，《图书馆学研究》1984年第2期。
③ 朱新霞：《郑樵文献目录学创新浅析》，《科技情报开发与经济》2008年第11期。
④ 王国强、柯平：《论郑樵目录学思想》，《郑州大学学报》（哲学社会科学版）1996年第3期。

收图"的危害,"有书无图不可用也"。①

二、图书编目

宋代是图书编目的重要发展时期。据不完全统计,这个时期的可考书目有 100 多种。宋代可考书目有王尧臣、欧阳修等《崇文总目》、欧阳修《新唐书·艺文志》、陈骙《中兴馆阁书目》、李淑《邯郸图书志》、晁公武《郡斋读书志》、尤袤《遂初堂书目》、陈振孙《直斋书录解题》、郑樵《通志·艺文略》等。②

(一)王尧臣、欧阳修等与《崇文总目》

《崇文总目》是一部国家藏书目录,其编目方法是:

第一,分类体系由 4 部 45 类组成。其中,子部释氏类专收佛典著作。在此之前,《隋书·经籍志》将佛典入附录,《古今书录》将佛典入道家,该目为佛典著作单独立类,这在古籍编目史上还是第一次。

第二,每类总计部数和卷数,并有类序。欧阳修曾为易类、书类、诗类、礼类、乐类等 30 个类目写过类序,其实录类序云:"实录起于唐世,自高祖至于武宗。其后兵盗相交,史不暇录,而贾纬始作补录,十或得其一二。五代之际,尤多故矣,天下乖隔,号令并出,传记之士,讹谬尤多,幸而中国之君实录粗备,其盛衰善恶之迹,较然而著者,不可泯矣。"③

---

① 刘克明:《郑樵图学思想探述》,《自然辩证法研究》1992 年第 8 期。
② 曹之:《中国古代图书史》,武汉大学出版社,2015 年,第 431—432 页。
③ 段莹:《宋代书目著录探析》,《图书馆学刊》2011 年第 7 期。

第三，每书著录内容包括书名、卷数、著者、著作方式等，诸书排列以时代先后为序。

第四，每书均有解题，"每条之下，必有论说"。可惜该目的类序和解题，到南宋时已全部删去。

(二)欧阳修与《新唐书·艺文志》

《新唐书·艺文志》是古代第四部史志目录，其编目方法是：

第一，类目设置在《旧唐书·经籍志》的基础上作了局部调整，如甲部经录删去训诂类，乙部史录合霸史入伪史。

第二，著录内容分为"著录"和"不著录"两部分。"著录"部分是著录《旧唐书·经籍志》和《古今书录》已有的图书；"不著录"部分是著录新增的《古今书录》中没有著录的图书。和《旧唐书·经籍志》相比，《新唐书·艺文志》全面地反映了唐代著作，是增补史志目录的最早记载，对以后的编目工作产生了深远的影响。每书著录内容包括著者、书名、卷数等。但是每类之后的总计尚欠规范，"著录"部分有家、部、卷、失姓名者四项内容，而"不著录"部分只有家、卷两项内容。

第三，该目沿用了用甲、乙、丙、丁标识四部的方法，是古代最早采用标记符号的书目之一。

(三)陈骙与《中兴馆阁书目》

陈骙（1128—1203），宋高宗建炎二年（1128）生于台州临海。单名骙，字叔进，或作叔晋。"绍兴二十四年（1154），试春官第一，秦桧当国，以秦埙居其上。累官迁将作少监、守秘书少监兼太子谕德。"① 此后不久任知赣、秀二州。淳熙四年（1177）升秘书监兼崇政殿说书，淳熙五年（1178）迁中书舍人兼侍讲、同修国史。后又出知太平、袁二州，光宗受禅召为吏部侍郎。绍熙初年，曾上书三十条，陈时政得失，颇切中时病。绍熙末年，以参知政事摄行三省事。

靖康之变后，国家图籍被掳掠一空，散失严重。宋廷南渡以后，重新致力于书籍的收集，搜访图书日益增多，确有编制一部新的国家藏书目录，以备国史编修之需的必要。陈骙看到这种情况，以秘书少监的身份上奏朝廷："中兴以来，馆阁藏书，前后搜访，部帙渐广，循习之久，未曾类次书目，致有残缺重复，多所讹劫。乞依《崇文总目》，就令馆职编撰，更不置局。"② 淳熙五年（1178）三月新书目编成，即《中兴馆阁书目》。此书是有关宋代藏书的重要总结。此外，陈骙还同时编纂整理了《南宋馆阁录》，有李焘的序文为证，"乃淳熙四年秋，天台陈骙叔进与其僚所共编集"③，书中内容止于淳熙五年。陈氏本有文集行世，后世失传，只有所撰《南宋馆阁录》十卷及《文则》二卷传世。

（四）晁公武与《郡斋读书志》

晁公武（1105—1180），字子止，河南清丰（一说山东巨野）人，著名藏书家。《郡斋读书志》有衢本、袁本之别。其编目方法是：

第一，分类体系由4部45类（袁本43类）组成。每部有总

---

① 李静：《〈中兴馆阁书目〉成书与流传考》，《山东图书馆学刊》2011年第5期。
② 李静：《〈中兴馆阁书目〉成书与流传考》，《山东图书馆学刊》2011年第5期。
③ 张富祥：《〈南宋馆阁录〉及其〈续录〉》，《史学史研究》1987年第4期。

序，每类有小序。小序的位置不在每类之后，而附在每类第一种著作之后，易与解题混。类目名称亦前后不一，如史部称"目录"类，而正文却称"书目"类。

第二，以书名为标目，著录内容包括书名、卷数和著者。著录内容间有讹误，如《老学庵笔记》著者应为"陆游"，而误为"刘全美"。

第三，解题详细。它是我国古代流传至今最早的一部私人解题目录。解题内容或介绍作者生平，或分析学术源流，或考证真伪，或历述版本，有重要的学术价值。

(五)尤袤与《遂初堂书目》

尤袤（1127—1194），字延之，无锡人，著名藏书家。《遂初堂书目》的编目方法是：

第一，全目共分44类，类序按经、史、子、集的顺序排列，无四部之名却有四部之实。类目设置有两个特点：一是紧密结合学术发展，例如宋代史学发达，特设史学类，配乐演唱的宋词比较发达，特设乐曲类；二是紧密结合图书现状。宋代雕版印刷已经普及，史书大量出版，该目着眼于现实，增设国史、本朝杂史、本朝故事、本朝杂传四类，四类共著录史书285部，而正史、编年、杂史、杂传、故事等5类传统类目著录宋代以前的史书总共才有201部。

第二，"一书兼载数本"是其主要特点。如京本《毛诗》、江西本《九经》等均把版本放在书名之前。《遂初堂书目》所涉及的版本类别有：（一）以刻印时代区分，有旧监本、旧杭本、新杭本等；（二）以刻印地区分有高丽本、杭本、越本、吉州本、严州本、池州本、湖北本、江西本、京本等；（三）以刻印单位区别，有官刻本、监本、秘阁本、家刻本等；（四）以字体大小区分，有川大字本、川小字本等。

但是，该书目也有明显不足，每书著录版本仅止经籍、正史、杂史等类，大多数图书仅仅著录书名，甚至连卷数、著者都没有。或者认为，造成这种情况"疑传写者所删削，非其原书耳"。①

(六)陈振孙与《直斋书录解题》

陈振孙（1183—约1261），字伯玉，号直斋，浙江安吉人，著名藏书家。《直斋书录解题》的编目方法是：

第一，全目共分53类，类序以经、史、子、集四部排列，无四部之名却有四部之实。只有语孟、小学等9类前有小序，类序或说明归类的方法，或说明调整类目的原因。如小学类类序中说："盖其所论书法之工拙，正与射御同科，今并前之，而列于杂艺类，不入经录"，这就是说，凡书法之类的图书入杂艺类，不入小学类。②除了《花间集》《南唐二主词》《阳春录》《家宴集》为唐五代作品外，其余115种皆宋人词集。

第二，前此解题目录有解题之实而无解题之名。此目第一次以"解题"名书，是中国古代编目史上第一部以"解题"二字作为书名的目录。解题内容除了著者介绍、得书经过、品评得失之外，重视图书版本的介绍。据笔者统计，该目解题中涉及的地方刻本有：两浙路刻本13种、淮南路刻本2种、江南东路刻本2种、江南西路刻本9种、福建路刻本7种。蜀本最多，有数十种，这说明四川是宋代刻书中心之一。

---

① 马娴：《尤袤〈遂初堂书目〉目录学探析》，《兰台世界》2012年第3期。
② 张守卫：《论〈直斋书录解题〉分类思想》，《图书情报工作》2011年第21期。

（七）郑樵与《通志·艺文略》

郑樵（1104—1162），字渔仲，福建莆田人，著名学者、目录学家。《通志》中的《艺文略》《校雠略》《图谱略》《金石略》及《群书会记》《夹漈书目》等著作，充分体现了他在目录学理论和实践方面所作的重大贡献。《通志·艺文略》开创了史志目录的新体例，其编目方法是：

第一，分类体系包括12个一级类目、82个二级类目和430个三级类目，摆脱了四分法的束缚，将图书分为经、礼、乐、小学、史、诸子、星数、五行、艺术、医方、类书、文艺12个大类，其中礼、乐、小学三类与经类并列，天文、五行、医方、艺术与诸子并列，其思想之解放，于此可见一斑。类目级别由二级扩展到三级，把所有图书包括其中。

第二，著录范围同其他史志目录相比，"记百代之有无"，百代并载，有无兼录，充分体现其"会通"史观。

第三，著录内容包括书名、卷数和著者。个别书名（或类名）之下间有解题，或加"按"字，或不加"按"字，如礼类《周官》下云："按汉曰周官，江左曰周官礼，唐曰周礼，推本而言，周官则是。"[1] 解题之前加一"按"字，在古代编目史上尚属首次。

古代书目编撰者非常注意各种书目的类型和特点。官修目录具有编目人员多、收录图书广等特点。人手既多，要特别强调编例整齐划一，不是各行其是；收录既广，类目设置要全面周密，做到每一种书都有类可归，《四库全书总目》就是此类书目的典范。私修

---

[1] 转引自朱天俊《郑樵目录学思想初探》，《社会科学战线》1978年第3期。

目录则要在特色上做文章，《遂初堂书目》著录版本就是其特色。综合目录，尤其是大型综合目录，工作量大，旷日持久，而且需要一定的物质基础，要从长计议。专科目录内容范围较小，读者都是各方面的专家，要注意在版本和解题上下点功夫，《经义考》就是范例。

三、宋代图书分类编目的理论贡献

宋代，书籍迅速增多，这从客观上提出了必须对它进行加工整理的迫切要求。各官书目录、史志目录、私家目录也就应运而生，其数量和质量都大大超过前代。

古代不少书目的编撰常常与古籍整理相结合，成为古籍整理的重要组成部分。古代民间书目的编撰者也有不少著名学者，例如宋代《直斋书录解题》的编撰者陈振孙。书目的编撰不是容易的事，假设编撰人员对图书一无所知，抑或是对内容不甚了解，那么所编出的书目只会错误百出。历代参加编撰书目的人员多是各个学科的专家，并且是爱书懂书的读书人。编撰人员通过整理图书，洞悉图书内容，最后写出高水平的解题，编出高质量的书目。这样，编撰的书目就会真正达到"辨章学术，考镜源流"的目的。

由于书目的大量编制，在其丰富的实践基础上，目录学理论有了长足发展。我国历史上第一部目录学专著《通志·校雠略》的作者郑樵提出的一系列关于目录学的见解对后世产生了重大的影响，至今不乏其现实意义。在《通志·校雠略》中，他就类例、著录和提要这三个重要问题进行了系统阐释，议论透彻，说理精辟。在类例上，他鲜明地提出了"类例即分，学术自明"的论断，强调了类例的重要性；在著录上，他主张"通录"古今图书，不遗亡佚，全面记载并兼录图谱和金石，以达到"辨章学术，考镜源流"的目的；在提要上，他提出了"泛释无义"的著名见解，认为"书有应释和不应释者"，应区别对待。

从官修书目来讲，以《崇文总目》和《中兴馆阁书目》最为著名，它们在古代目录学史上有重大影响。《崇文总目》以经、史、子、集四部定法，详加著录。史部增有实录、氏族、岁时，子部有道书、释书，集部有文史，都单独立类。史部特充"目录"类，反映了在此以前的图书概况，以便后世查索存佚，具有很大价值，诚如《四库全书总目》卷八五所评论："百世而下，藉以验存佚，辨真赝，核同异，固不失为册府之骊渊，艺林之玉圃也。"[①] 除上述二目外，据《宋史·艺文志》载，官修书目还有《史馆书目》《四库阙书目》《秘书省续编到四库阙书目》等多种。

但宋时书目编制成就最显赫的乃是私家书目，以晁公武的《郡斋读书志》、陈振孙的《直斋书录解题》、尤袤的《遂初堂书目》最为知名。晁、陈二目的最大特点是开创了我国书目广泛运用解题的先例，提高了书目的学术价值。解题的内容涉及甚广，诸如品评人物、记撰述时间、记述选材、介绍书籍内容、评论图书价值、介绍作者学术观点等。因两目的突出成就，它们被后人誉为私家目录"双璧"。尤氏的《遂初堂书目》，则以记录版本为显著特征，开后世书目记录图书版本的先河。

---

① 转引自张民德《宋朝官、私藏书目略考》，《开封教育学院学报》2003年第4期。

第四节　辽夏金元时期的图书分类与编目

辽夏金元时期，由于文化相对落后、战乱频发等诸多因素，虽然统治阶层做了图书的收集工作，但是对于整理编目工作略显疏忽，没有像宋代那样详尽。民间私人编目也只有寥寥数家，不甚发达。所以这几朝罕见书目传世，史料也仅有零星关于元代藏书目录编制的记载。

一、官府藏书的分类编目

《秘书监志》是由著作郎王士点、著作佐郎商企翁于顺帝至正中期编成的元代官府藏书目录，其中主要记载了当时官府藏书机构秘书监的工作内容与流程，因而又叫《秘书志》《元秘书监志》。《秘书监志》全书共分为十一卷，其中记载多种类目及丰富的内容，对于后人研究元代文化具有重要参考价值，为后人考究元代天文、地理、历史、少数民族语言和中外交流等方面提供了珍贵的资料。《秘书监志》中引录了大量的官方公务文书，其中共收录圣旨80篇，令旨5篇，懿旨2篇，表37篇，笺11篇。[①]

[①] 王潇：《从〈秘书监志〉看元代的公文》，《文教资料》2014年第29期。

《秘书监志》有书目二卷，无书名卷数，只按在库书、先次送库书、后次发下书、继发下书等入库次序登录，各有若干部、若干册，在库书又分经、史、子、集、道书、方书、类书、小学、志书、阴阳书、农书、兵书、释书、法帖等类。可据以略知元秘书监图书分类之大概，而对于尚未入库的书，则仅记总册数。

二、史志目录的分类编目

（一）《文献通考·经籍考》

《文献通考》由马端临编纂，共 348 卷，《经籍考》是其中的一部分。《经籍考》共有 76 卷，主要依据晁公武的《郡斋读书志》和陈振孙的《直斋书录解题》二书，并博采公私目录及有关著述，分书辑存。《经籍考》前有总序，总序下列 57 类，各类之首皆有小序，每书也有解题，十分详尽，是辑录体书目的代表作。这种编目方式，十分有助于书籍的保存与检索，对后世章学诚等人的编目思想起到重要的借鉴作用。

（二）《宋史·艺文志》

脱脱等所撰《宋史·艺文志》是元政府主持编纂《宋史》中的一个部分，其序称："宋旧史，自太祖至宁宗，为书凡四。志艺文者，前后部帙，有亡增损，互有异同。今删其重复，合为一志。盖（益）以宁宗以后史之所未录者。"《宋史·艺文志》将两宋时期的官府藏书总结归纳，按照四部进行分类，共著录 9819 部，计 119972 卷，其中有经 10 类、史 17 类、子 17 类、集 4 类。在四类的基础上又大有增补,每一类都做了详细的补充,是我国历史上与正史同时成书的第五部史志目录,在我国目录学史上占有一席之位。

三、私人藏书目录的分类编目

(一)庄肃与《庄氏藏书目》

南宋时期庄肃官居六品,官至中枢院秘书。元军攻占临安城,俘虏宋帝,于是庄肃回到了青龙镇隐居,而后他开始筑建藏书楼,即著名的万卷轩。

万卷轩藏书楼有八万卷藏书,庄肃整理自编《庄氏藏书目》,以经、史、子、集分类,另外又设了山经、地志、医卜、方技、小说等目,用甲、乙、丙、丁、戊、己、庚、辛、壬、癸十个标注予以区别。远近的名流,凡是翻阅过庄肃写的《艺经》《画继余谱》的,都说庄肃位居江南三大藏书家之列是名副其实的。到了1346年,国子助教,官居六品的危素,为了编宋、辽、金三朝国史,曾到万卷轩查阅典籍。

(二)袁桷与《袁氏旧书目》《袁氏新书目》

见之于记载的元代私家目录还有袁桷的《袁氏旧书目》《袁氏新书目》,袁桷先为兵燹后幸存的家藏图书编《袁氏旧书目》,后又为自己新搜购之图书编《袁氏新书目》,皆记于《清容居士集》之中。

(三)贾辅万卷楼藏书

元代将领贾辅,在战乱中收图书万卷,后筑藏书楼专门负责保管这些书籍，郝经在为贾辅所撰的《万卷楼记》中对其图书的分类和放置方式有详细的记载。贾辅基本遵循了经、史、子、集四部分类法，又适当加以改变，分别类次、按类置放图书。可以说是部类分明、井然有序，利于图书保管，也更方便图书的使用。

(四)钟嗣成与《录鬼簿》

《录鬼簿》是元代时期开封作曲家钟嗣成私人所编戏曲书目，是元代戏曲文学史上绝无仅有的文献。《录鬼簿》初稿于至顺元年（1330）完成，如其自序："至顺元年，龙集庚午，廿有二日，古汴钟继先自序。"写成初稿后，依据最新的材料，钟嗣成对《录鬼簿》作了修订，共记载了158位元代散曲和杂剧作家，其中有80余位杂剧作家，含剧目47种。[1]《录鬼簿》是我国早期的戏曲文献资料，至今也有重要的研究价值，被相关学者高度重视。《录鬼簿》中每一位作家都有其对应作品，传其本末，吊以乐章，保存了元代当时戏曲的公演剧目。《录鬼簿》开我国通俗文学戏曲专题目录的先河，不仅奠定了戏曲目录的基础，而且丰富了我国目录学的内容。先后均有学者为其作序、撰跋，也不乏文人为其传抄、付梓。如明代《录鬼簿续编》，延伸《录鬼簿》收录更多作家与剧目；明朱权撰《太和正音谱》也受其影响。[2]因此《录鬼簿》在我国目录学史上拥有重要的地位。

除了以上编目之外，史料也有对于其他私人编目的记载，虽不见其内容详载，但也可以判定为书籍的编目。如危素《史馆购书目

---

[1] 叶文萱：《元代〈录鬼簿〉研究》，硕士学位论文，安徽师范大学，2018年，第1页。
[2] 申畅：《钟嗣成与〈录鬼簿〉在我国目录学史上的地位》，《四川图书馆学报》1983年第3期。

录》，其内容应该是危素为编修史料购求图书所列编目，此外还有毛文在的《上都分学书目》等。

四、书院藏书目录的分类编目

元代书院发展迅猛，已然正规化和制度化，其中《杜洲书院书板书籍目录》是文献所记载的元代杜洲书院的藏书目录，《西湖书院书目序》《共山书院藏书目录序》是两部书目序，以上是目前文献可考证的中国古代最早的书院藏书编目。杜洲书院至大二年（1309）创建于浙江慈溪，《四明续志》中载有该书院院藏书目，书目编排有序，书名、版本以及册数都有详细记录，四部之法隐然可见，由此可探中国书院藏书目录之风范。

五、佛教藏书目录的分类编目

元代编制佛录中，影响最大的是庆吉祥等人所撰刻的《至元法宝勘同总录》十卷。庆吉祥序称，在录者凡1440部，5586卷，自世祖至元二十二年（1285）始编，至二十四年（1287）完成，总录分四大部分：第一部分说明自东汉明帝永平十年（67）至至元二十二年分别译出经藏、律藏、论藏部帙数目；第二部分分记历代传译经藏数目；第三部分记历代佛录（经录）著录经律论部帙卷数；第四部分主要表彰大元译经的成就。参加编撰的都是当时的高僧，以汉文藏文两大藏经对勘，用功甚巨。每经题下加藏文译者，是此前所未有的。

第四章

宋辽夏金元时期的图书管理与流通利用

第一节 宋代图书保藏与管理

图书保藏与管理是继图书分类、编目之后的又一重要环节，图书在收藏过程中经常会遇到虫蛀、水渍、火灾、被盗及战乱等情况，难以预防的天灾人祸给图书的收藏和保护工作带来极大考验。汉魏时，朝廷就设有秘书监管理图书典籍事务，秘书监在此时地位十分显要，所任职的官员亦是待遇优厚。唐代时设立集贤院、弘文馆，并安排官员分别按馆、阁管理，此时秘书省退居次要地位。宋代时三馆和秘阁等处也都设有职位，北宋和南宋时的一些著名政治家、文学家和史学家都曾在此任职。宋代虽然承袭了唐代旧制，也有秘书省，但多数时候仅是徒有虚名。

一、社会环境及各类型藏书概述

（一）社会环境

宋代典藏保护技术取得飞跃式发展主要取决于当时的时代背景和社会条件。宋代以文治国，皇帝自身文化素养较高，朝野上下崇尚读书，文化相对普及，民众素质普遍提高，这是宋代典藏保护技术得以提高的社会基础，而宋人对雕版印刷工艺的改进则直接促进了典藏保护技术的进步。一个时期科学技术的进步与政府的导向和需求，以及社会经济及相关领域的发展等外部条件密不可分。具体到宋代典藏保护技术的发展原因，大致有以下几个方面。

1."右文"政策的推行

由于受到唐末五代以来武将专权的影响，宋代统治者重用文臣，制定"右文"政策。宋代典藏保护技术得到发展，不仅与"右文"政策的推行有关，也与宋代统治者致力于图籍的征集和整理、收藏不无关系，"国家用武开基，右文致治，自削平于僭伪，悉收籍其图书"。[①] 宋太宗推崇文史，喜好读书："朕（宋太宗）年长，他无所爱，但喜读书，多见古今成败，善者从之，不善者改之，斯已矣。"[②] 他认为可从书中汲取统治经验。

---

① 金雷磊：《下诏与上奏：宋代官府的图书访求活动》，《现代出版》2019 年第 6 期。
② 张福勋：《皇帝喜好：直接助推宋诗强势发展》，《南阳师范学院学报》（社会科学版）2011 年第 4 期。

宋代修裱技术之所以取得长足进步，也与历代皇帝的重视密不可分。宋徽宗时曾装裱过秘阁所藏书画，并发明了"宣和裱"。宋室南渡后，宫廷藏品遗失大半，宋高宗不惜花重金搜集，"当干戈俶扰之际，访求法书名画，不遗余力。清闲之燕，展玩摹拓不少怠。盖睿好之笃，不惮劳费，故四方争以奉上无虚日。后又于榷场购北方遗失之物，故绍兴内府所藏，不减宣政"。①

2. 雕版印刷工艺的发展

宋代典藏保护技术的发展与雕版印刷技术水平的提高有着直接的关系。宋代是雕版印刷技术逐渐成熟并获得广泛应用的时期，造纸、制墨、写版、刻板、印刷、装帧等诸项技术得以快速发展。雕版印刷对墨的质地要求较高，宋代制墨技艺极其高超，近世墨工多名手。宋代印刷业不仅在写版、刻板、印刷这三个环节上明确分工，其专业技术也具有极高的水准。随着书画装帧和修裱技艺的日渐提高，宋代的刻本不但在刊刻上十分精细，并且还易于保存，"宋人之书，纸坚刻软，字画如写"；"字画刻手古劲而雅，墨气香淡，纸色苍润，展卷便有惊人之处。所谓墨香润，香雅古劲，宋刻之妙尽之矣！"②刊刻精美、纸质坚润、装帧考究的宋刻本堪称古籍版本的上品，学术和印刷艺术价值极高。

3. 图书出版业的繁荣

雕版印刷技术的广泛使用极大地推动了宋代图书出版业的繁荣与发展。宋代刻书可分为官刻、家刻和坊刻三大系统。官刻始于宋太祖时期，至宋真宗朝已颇具规模。官刻机构众多，上至国子监，

---

① 段莹：《南宋榷场与书画回流》，《故宫博物院院刊》2016 年第 3 期。
② 黎世英：《宋代的图书印刷业》，《南昌大学学报》（人社版）2000 年第 3 期。

下至州、县、书院均有所刻,其中国子监刻本最为有名。刻本日渐增多,逐渐取代了写本,直接推动了文化教育事业的发展。南宋是图书出版业全面发展的时期,"南渡以后,临安为行都,胄监在焉,板书之所萃集"。①

在官刻的带动下,宋代家刻和坊刻也得到了一定程度的发展。宋代家刻多为文人士大夫或家境富裕者所为,在当时已然成为社会风尚,刊刻质量极高。坊刻店铺林立,图书种类更多。宋代无论官刻还是私刻,经营规模及手段都渐趋成熟,图书贸易活跃,销售渠道畅通,经营方式灵活。图书出版业的兴盛给宋代社会带来了图书生产上的革命,书籍复本量大为增加,纸质图书流通范围日渐扩大。而与以往的载体相比,纸质图书更易霉变腐烂,滋生细菌、蛀虫,对典藏保护技术的要求更高。

4. 官私藏书活动的活跃

宋代藏书业异常活跃。宋代官府藏书以三馆为主,秘阁为辅,"卷秩遂充于三馆。藏书之盛,视古为多",藏书量大大超过前朝。②宋室南渡后,宋高宗多次发布征集图籍的诏令,"献书赏格","重则进官,轻则赐帛",藏书量猛增。③

宋代私人藏书极为盛行,"承平滋久,四方之人益以典籍为重",民间藏书甚多,远胜前代。④私人藏书分布极其广泛,藏书数量大为增加,并出现了不少藏书世家。据《中国私家藏书史》统计,两宋藏书家700余人,是周至唐五代千年左右藏书家总和的近

---

① 徐吉军:《论南宋杭州的印刷业及其兴盛的原因》,《东南文化》1987年第2期。
② 王艳:《宋代典藏保护技术考略》,《中原文化研究》2018年第4期。
③ 金雷磊:《下诏与上奏:宋代官府的图书访求活动》,《现代出版》2019年第6期。
④ 赵学军:《略论南宋国家图书事业》,《四川图书馆学报》1994年第2期。

三倍,其中藏书万卷以上者有200余人。宋代官私藏书盛行一时,而如何有效地保存聚集而来的图书则成为社会普遍关注的问题。

5. 城市居住格局的变化与火灾的频发

处于社会转型期的宋代,社会经济飞速发展,开辟了近代城市的新格局,摒弃了坊市制度,居住空间由封闭式转向开放式,各行各业混杂居住。新的居住格局虽充满了生机与活力,却也带来更多火灾隐患,宋代遂成为中国历史上火灾频发的朝代,藏书机构和藏书楼因此常遭厄运。宋朝国家藏书机构在防火保护措施方面可谓用心良苦,但即便如此,在猛烈的火势面前,防火措施仍显无力,两宋馆阁均遭遇过火灾。宋真宗大中祥符八年(1015)荣王宫失火,火情延至崇文院、秘阁,损失惨重,图籍所存无几。

史载有宋代私人藏书楼多次遭遇火灾的记录。南宋藏书家叶梦得藏书总量逾十万卷,"建书楼以贮之,极为华焕"。[①] 宋高宗绍兴十七年(1147),叶梦得家中发生火灾,藏书楼连同住宅一起付之一炬,次年叶梦得郁郁离世。同一时期,藏书万卷的南宋名臣李光的居所也惨遭火灾。藏书大家尤袤筑有遂初堂藏书楼,匾额为宋光宗御书,藏书数万卷。尤袤离世30年后,遂初堂遭遇大火,藏书瞬时化为灰烬。

频发的火灾促使宋人的消防安全理念增强,而藏书机构和藏书楼的选址、规划设计及建筑格局均能反映出宋人对于火患的较强防范意识,如在选择藏书楼的具体位置时格外注意周边环境,与邻居甚至自家宅院保持一定距离等。

---

① 郁鹏:《宋代的藏书家(二)》,《读书》1980年第5期。

(二)各类型藏书概述

古代图书收藏可以分为官府藏书、私人藏书、书院藏书和寺观藏书。宋代实行"偃武修文"的基本国策，官府藏书也有较大发展，崇文院、秘阁、太清楼、龙图阁、天章阁、国子监等是官方藏书的主要场所，从北宋初到元丰改制，崇文院统管秘阁和三馆（昭文馆、史馆、集贤院），除了藏书之外，还有著书等功能。崇文院的大小官员称"馆职"。馆职的地位很高，很多政府要员都是馆职出身。

除了崇文院、秘书省之外，还有龙图阁、天章阁、宝文阁、显谟阁、徽猷阁、质慎库等。以上诸阁都是专藏御集的地方，宋仁宗曾两幸天章阁，观赏御集。质慎库藏书有百万卷之多，这些书历经元朝，一直保存到明初。另外，宋代各州县还建"敕书楼"。通过保藏，图书得以世代相传。

1. 官府藏书

宋朝初建时，中央官府藏书凋零，适时推行积极的"右文"政策，通过征集、刊刻等方式，迅速积累藏书。宫廷内的皇室藏书主要供皇帝使用，宋代为皇帝所设的皇家藏书机构主要有皇宫后院的太清楼、内侍省系统的翰林院书院以及龙图阁等殿阁，而府、州、县长官的办公衙署以及地方官办学校则供地方官府藏书使用。

2. 私人藏书

私人藏书在宋代一直保持着较快的发展，由于北宋末年以来的战乱及宋室南渡，私人藏书中心发生转移。两宋时期的士大夫阶层具有足够的经济实力，也有收集图书的眼光，日积月累，所藏书籍数量益增。藏书家中，有人积极校勘正误，有人为藏书分类编目，有人著述刻书出版发行。宋代的私人藏书家不仅收藏丰富，而且注重对藏书经验的总结，在我国藏书史上写下了辉煌的一页，在保存文化、促进文化的传播与交流乃至推动社会进步等方面起到了举足轻重的作用。

3. 书院藏书

书院是我国封建社会重要的教育场所，在延续千年的古代教育史中留有深深的印记，是中国封建时期教育和学术的代表，其中尤以宋代书院著名，这一时期的书院数量远超前代。前章我们对白鹿洞书院、嵩阳书院、岳麓书院进行了叙述，此外，南京应天府书院、衡州石鼓书院等都为北宋培养了大批的文人学士，南宋时书院的发展更是得到有力的推动。

4. 寺观藏书

晚唐印刷术发明以来，最先得到应用的领域就是宗教印书。至宋代以后，伴随着印刷技术的进步，刊本逐渐增多。再加上统治阶级的大力提倡，宗教事业发展迅速。北宋建隆元年（960），宋太祖就下诏对后周世宗时所废而未毁或已毁寺院内的佛像加以保存。太宗时在五台山、峨眉山等地兴建佛寺，为寺院藏书提供了良好的条件。太宗时期收集了道教经典七千余卷，将道教典籍进行收集并整理，然后分赐给各地的宫观，由各地宫观抄录，成为道教藏书的主要来源。

二、藏书管理思想

（一）三馆秘阁——北宋中期以前的国家藏书机构

北宋馆阁的日常工作，是围绕图书的收集、典藏、整理、校勘以及编目等展开的。馆阁之中，以史馆藏书最多、最全，史馆藏书分置于经、史、子、集四个书库。秘阁藏书包括三个部分：一是原三馆中收藏的真本书籍，真本是指经过校定的"定本"书籍；二是书画真迹，凡搜访得到的书画墨迹都藏于秘阁；三是有关天文、占卜之书，统治者担心有人利用这些书蛊惑人心，危及自身统治，故将这些书籍视为禁书，禁止百姓私下收藏。除此之外，秘阁还收藏御制、御集等。

宋代馆阁在藏书建设、流通、阅览、编制书目、出版图书、古籍校勘等方面的作用巨大，作为国家的藏书中心，对宋代的藏书事业产生了积极影响。

两宋之交，由于靖康之变，图籍散失严重，南宋馆阁吸取教训，严格控制所有书籍的出借，当时规定有：（1）每月由秘书省官员上阁检阅，这主要考虑阁内收藏有大量重要典册，必须经常检查；（2）每月由秘书省官员入阁检视书籍；（3）借出书籍，"许从监少置簿，有欲关文籍为检阅校正等用，即先批簿，以凭请取，俟书本库，随与点收。或借出已久，亦须检举，以察隐遗"（《南宋馆阁录续录·储藏》）；（4）有"供校御前书簿""诸库关书簿"等把书籍流通之情况记录在案，以备查阅。如绍兴元年（1131），朝廷规定秘阁书除供禁中外，不许本省官及诸处开借，"虽奉特旨，亦不许开借"。① 绍兴二十七年（1157），秘阁之书仍不准外借。但是，秘书省之书和秘阁之书在利用上有所区别，秘书省之书允许本省官吏就省阅读。

对于皇室藏书，如太清楼藏书的主要来源是抄录三馆所藏之

---

① 韩李敏：《宋代秘阁档案管理考》，《浙江档案》2003年第3期。

书,至景德四年(1007),太清楼藏太宗御制934卷(轴),四部群书33725卷。由于三馆增加一本藏书都会另抄录一本置于太清楼中,故太清楼的藏书几乎与三馆相当。龙图阁藏有各类图书、书画总数达29510卷(轴),不但数量多,而且校勘精良。由于皇帝要求龙图阁的藏书无一不全,所以龙图阁的藏书包括了各种奇书秘籍。就规模、藏书数量及质量而言,龙图阁在北宋皇室藏书机构中占有重要的地位,与太清楼规模相当。天章阁是宋代皇室各藏书阁中仅次于龙图阁的藏书处所。景德四年,真宗收藏的图书、屡次校定的经史书籍有8000多卷。

(二)宋代馆阁制度与秘书监职能的变迁

这一过程经历了北宋至元丰改制,再到北宋末、南宋三个阶段:元丰改制后,秘书监依然在朝廷中存在,由于崇文院和秘阁陆续建成,并设有专门官员负责,秘阁官员代替秘书监职能,秘书监职能被削弱。"淳化元年,诏秘阁次三馆,秘书省仍隶京百司。时秘书虽有监、少监、丞、郎、校书郎、正字、著作郎、佐,皆以为寄禄官,常带出入。郎官至秘书监,有特令供职者,有以他官兼领者,有以判秘阁官兼判者。凡邦国经籍图书悉归秘阁,而秘书所掌,常祭祀祝版而已。"元丰改制至北宋末,秘书监职能被恢复,宋廷改崇文院为秘书省,罢馆职,由秘书省统一领导三馆职事,设立秘书监、秘书少监、正字等官,专管图书典籍之事。

南宋时期,仍设立秘书监、少监和其他官员,管理图书典籍事宜。南宋用了70年的时间重建秘书省,秘书省的工作内容就包括典籍管理。藏书校勘是官府藏书中最重要的一项工作,也是经常性的工作,这是由于秘书省作为朝廷藏书的中心机构,不仅需要校勘本省所藏典籍，还要给其他藏书机构提供所需典籍。南宋秘书省对于校勘，还有一套严格的工作程序。如吏部选定校勘人员，以保证人员的水平和工作稳定。派遣官吏评定正本，按《校雠式》的要求进行。每官点完书籍，分别署名，并及时上报等。这样就保证了所校书籍的质量。

第二节 辽夏金元时期的图书保藏与管理

一、官府藏书

秘书监是我国古代封建社会时期中央政府设置的专掌国家图书庋藏的机构，也是我国古代职官制度构成的一部分，在我国古代官府藏书的收集、整理、保藏、管理、编目和利用中发挥了极其重要的作用。秘书监始置于东汉时期，"秘书"之本意即掌管禁中图书秘记之意，其设置是因为古代图书典籍源于官府的档案、文书、法令、秘记等，这些典籍大多作为机密典藏于皇室秘宫。秘书监作为藏书机构在我国历史上共延续一千五百多年，在辽、西夏、金、元时期，也掌管图书保藏与管理等相关事宜。

秘书监既可以作为藏书机构名称，也可以是官职名称。辽代的秘书监，以太监为长官，少监为次官，设监丞、主簿、秘书郎、正字等属官，并统著作局，掌经籍图书，天文历数悉归司天监。西夏为秘书监长官，不列司品。金朝设监一员为长官，少监一员为次官，下设丞一员，秘书郎二员，通事经籍图书，校书郎一员，专掌校勘在监文籍。统著作局、笔砚局、书画局、司天台等。① 元朝秩正三品，"掌历代图籍并阴阳禁书"②。世祖至元九年（1272）置，以卿为长官，员四人。以太监为副长官，员二人。下设少监二员，监丞二员，典簿一员，令史三员，知印、奏差各二员，译史、通事各一员，典书二员，典吏一员。属官有著作郎二员，著作佐郎二员，秘书郎二员，校书郎二员，辨验书画直长一员。

史料中少见辽、西夏、金三代秘书监管理图书详载。秘书监发展至元代具有较大规模，已然成为中央政府建制完备的图书机构。从元代王士点、商企翁编著的《秘书监志》，我们可以了解元代的图书保藏与管理制度。

元代最早建立的图籍庋藏机构是太宗八年（1236）在山西平阳设置的经籍所。至元四年（1267），经籍所迁往中都与编修所合并，更名宏文院。至元九年（1272），中都更名大都，设秘书监"掌历代图籍，并阴阳禁书"③，定阶从三品。秘书监设立之初只有秘书监和秘书少监两个官职，下置吏属仅令史、典书、奏差各二人。④ 至元十四年（1277）后，秘书监开始扩充官职，增设官吏。元秘书监负责图书保藏与管理的主要职事人员见下表：

---

① 中国历史大辞典编纂委员会编：《中国历史大辞典》，上海辞书出版社，2000年，第2467—2468页。
② 宋濂等：《元史》，中华书局，1976年，第2296页。
③ 钱大昕撰，田汉云点校：《嘉定钱大昕全集》（第五册），江苏古籍出版社，1997年，第1页。
④ 高荣盛点校：《秘书监志》，浙江古籍出版社，1992年，第19—20页。

表 4-1　元代秘书监负责图籍皮藏管理的主要职事人员①

初设时间	官职	职务
至元十四年（1277）	秘书郎	初为"管秘书监文书"，后掌管秘书库贮放典籍书画等物的厨匣钥匙，负责柜匣开封、统计图籍和上呈图籍供御览②
至元十六年（1279）	秘书监丞	管理秘书监所藏图籍文书
至元十六年（1279）	管勾	掌秘书库
至元十七年（1280）	提控案牍（先后更名为知事、典簿）	掌皮藏物品登记、编号、整理
至元二十五年（1288）	辨验书画直长	掌书画辨验

秘书监的管理制度也是十分森严，主要体现在移交、入库、提调、编号四个方面。

文书典籍移交到秘书监收藏之时，类型主要包括旨、呈状、札付、关文和申等。入库同样要遵循严格的六个步骤：清检、分拣、编号、登记、封题和入架。这些事宜均由秘书监所设官职各司其职，协作完成。

秘书监对库藏物品的提调亦有严格规定："本监见收书画，非奉圣旨及上位不得出监。"③ 通过此规定可以看出当时秘书监所藏文

---

① 李万康：《典志梳析与图像补证：元代秘书监图籍皮藏制度研究》，《中国美术研究》2019 年第 2 期。
② 高荣盛点校：《秘书监志》，浙江古籍出版社，1992 年，第 27—49 页。
③ 高荣盛点校：《秘书监志》，浙江古籍出版社，1992 年，第 109 页。

籍的借阅需要最高领导者批准。架阁库排架置柜以千字文编号，图籍档案与之对应，也以千字文编排收储，谓之"千文架阁法"。该法由北宋仁宗朝江西转运使周湛创立，北宋末年朝廷颁诸路为法，以后历朝沿用，元代也不例外。《秘书监志·秘书库》载："列圣之宸翰纂述之纪，志天下坟籍、古今载记，所以供万机之暇者，靡不备具。"① 说明秘书监所藏之书既涵盖天下各类的书目文籍，又有前代和今世所记载的各类历史，还指出了秘书监所藏之书供给治理万机的人阅读，数量之多，全部都能够具备。《秘书监志·秘书库》中详细记载了所藏书目："经一百二十一部，一千二十三册；史七十九部，一千七百二十四册；集五十七部，一千七百二十四册……手卷三百七十一卷，内府取出三十卷，今在库二百三十七卷。"② 透过这些精准的藏书数目，不难感受秘书监管理之严格。

作为中央官府藏书机构，秘书监对于图书的保藏也体现在文书修复和书籍档案的管理上，《秘书监志·秘书库二》载："至元十四年正月二十二日……奉圣旨：秘书监里有损坏了底文书书画，都撇掠底好者。钦此。"③ 对于修复书籍文稿的过程和方法有详细记录，这个举措既保证了文献的完整度，也为后世研究提供了保障。《秘书监志·印章》中的《廨宇》《分监》《守兵》三篇都分别介绍了对于书籍档案这类机密文件是如何保藏的以及人员的分工详情。"至元十四年，呈中书省，送兵刑部，拟添处军一名，与元拨处军二名一同着守。呈奉都堂钧旨：准呈了当。在监处军三名着守。"④ 机密

---

① 高荣盛点校：《秘书监志》，浙江古籍出版社，1992年，第92页。
② 高荣盛点校：《秘书监志》，浙江古籍出版社，1992年，第110—113页。
③ 高荣盛点校：《秘书监志》，浙江古籍出版社，1992年，第104页。
④ 高荣盛点校：《秘书监志》，浙江古籍出版社，1992年，第66页。

文件的保藏，首先要上报中书省和兵刑部，然后统治者特派官兵把守秘书监，加强了对书本、文书、档案收藏的安全性保障。

二、书院藏书

书院的发展兴衰是文化兴衰的表现之一，从辽到元，书院建设均一定程度上得到了统治阶级的重视，基本继承了唐宋以来的传统，发展至元代愈加正规化。

书院图书的保藏处所是书院的藏书楼。藏书楼多建于高层，这样可以更妥善地保管图书，选址多为静谧的风景胜地，自然风光与人文景观相映成趣，凸显文人雅致，也为学者提供了良好的学习氛围。在图书的保藏与管理上书院也有一套较为完善的制度，如分类编目、管理人员、借阅制度等。

元代有《杜洲书院书板书籍目录》《共山书院藏书目录》《西湖书院书目》等书院藏书书目。这些编目是古代书院最早的编目，从书院编目的编纂可以看出书院的图书管理已经向系统化和规范化趋势发展。

书院除设山长一职以外，还设有专人来掌管有关于藏书的事宜。元代的杭州西湖书院将藏书楼命名为尊经阁，将宋代遗书整理，并设有司书一职来专门掌管图书。西湖书院山长陈袤泰定元年（1324）所作《西湖书院重整书目记》中记载："西湖精舍因故宋国监为之，凡经史子集无虑二十余万，皆存焉……是用纪其实绩，并见存书目，勒诸坚珉，以传不朽，非独为来者劝，抑亦斯文之幸也欤?"① 由此可以窥见，元代西湖书院司书一职，除了保藏管理书籍之外，也负责图书的校勘、编目、刻印等工作。

元代时期的书院管理中也出现了比较完备的借阅制度，如登记读者姓名、借阅书籍名、预还书日期、损毁条约等。书院学生甚至其他外部学者均可以借阅图书来阅读。可见当时的借阅制度已经具备现代图书馆之雏形。借阅制度的出现有利于图书的利用，促进了学术交流和文化传播，也便于管理书院藏书。许昌冯梦周出资捐书创建的颖昌书院，有着明确的借阅制度，即无论师生但凡借书者皆需登记其姓名和所借书目以及归还时间。许有壬《冯氏书堂记》中对其书院的借阅制度有详细的记载："许下冯梦周士可，买书千卷，构堂蓄之，以待里之不能有书者。为之约曰，凡假者恣所取，记其名若书目，读竟则归，而销其籍。损者不责偿，不归者遂与之以激其后，缺者随补之。"②

第三节　宋代图书的流通与利用

研究图书在古代的传播，就要研究历代书市的发展。作为图书传播的主要媒介，我国拥有古代最早的书市。当然图书能成为联系

---

① 徐雁、王燕均主编：《中国历史藏书论著读本》，四川大学出版社，1990年，第46页。
② 许有壬：《至正集》，上海古籍出版社，1987年，第273页。

古今中外的桥梁，与众多的书商和藏书家不无关系。研究图书的传播除了要研究图书的借阅活动，还需要注意历代禁书的传播，禁书在中国图书传播史上产生过重大的影响，具有十分重要的意义。除此之外，图书的传播也受到火灾的影响。

一、图书的生产与流通

宋代教育和印刷事业发达，与之相应的图书贸易也开始繁荣，形成了一个专事刻印出售图书的新行业和从事这一行业的新书商群体。① 北宋时东京、南宋时临安等地，书肆林立，形成了规模较大的书市。②

宋代的书业中心有汴梁、临安、建阳、成都等地。宋杨杰曾说："（汴梁）当万国之要，会升平日久，比屋富庶，四海内外宝货丛聚……有阛阓之喧所不及处，已不可多得。"② 汴梁作为五代梁、晋、汉、周四朝的都城，地处中原、北临黄河、南接江淮，汴河、蔡河、金水河、五丈河贯城而过，交通十分便利。临安作为南宋的行都，是当时世界上最大的城市之一，有 24 万人，而临安的商业中心是百货齐聚的御街，这条街纵贯南北，店铺林立，"殿后资圣门前，皆书籍玩好图画，及诸路散任官员土物香药之类"。③ 文学家都穆曾在此设摊卖书，赵明诚、李清照夫妇新婚时也常在此购买碑文、图书等。建阳余氏作为刻书世家，始于南宋，世代刻书长达 500 年历史，叶德辉《书林清话》卷二云："夫宋刻书之盛，首推

---

① 鲁丽：《浅议宋代的图书贸易》，《才智》2017 年第 20 期。
② 傅璇琮、谢灼华主编：《中国藏书通史》，宁波出版社，2001 年，第 295 页。
③ 孟元老撰，邓之诚注：《东京梦华录注》，中华书局，1982 年，第 89 页。

闽中,而闽中尤以建安为最,建安尤以余氏为最。"国子监、崇文院、秘书省、印经院等官办刻书单位,以及众多民办的刻坊,它们与藏书家一起为图书传播开辟广阔的市场提供了条件。

图书的传播以图书的生产为前提,宋代雕版印刷的兴盛让图书数量呈几何级数增长,不仅促进了图书的生产,也促进了图书的传播。[①] 图书作为一种商品,大约在秦汉时期就已经进入流通渠道,李瑞良先生在谈到三国两晋南北朝时期图书的生产和流通特点时指出:"在纸写本时期,书籍的社会流通总量和流通速度,取决于复本的多少。复本越多,流通量也越大,流通速度也越快。反过来也一样。一本书的流通范围之广,意味着这本书的复本之多。"[②] 宋代版印书也是这样,复本的多少决定其流通和传播的深度、广度和速度。

由于受到传统世俗观念的影响,当时的图书发行家并不受人推崇,人们用"书贾""坊贾""书贩子"等名号谓之,在既往的出版史著作中,也很少看到有关他们的记载,或者仅有寥寥数语。图书的出版者和受众是图书传播整体的两方,由书市作为传播媒介与两者构成图书市场,图书传播的源头包括官刻、家刻、坊刻等,若没有这个源头,就没有图书市场;受众包括读者和藏书者等,藏书者又分为官藏和私藏等,没有受众,同样没有图书市场。

宋代是一个注重文教的朝代,同时它对文学论说的管控也十分严格。宋时的禁书内容主要关于以下几个方面:涉及国家军政机要等文书;违反儒家思想;散布宗教迷信;天文类图书以及野史。图

[①] 于兆军:《宋代版印与图书传媒革命》,《郑州航空工业管理学院学报》(社会科学版)2015年第4期。

[②] 李瑞良:《中国古代图书流通史》,上海人民出版社,2000年,第143页。

书传播超过被允许的范围，触犯了当权者或上位者的利益，就会成为禁止传播的图书，即禁书。一部禁书史就是一部图书传播史，它从另一个方向反映出一个时代图书传播的盛行，流传至今的许多古籍几乎都带有历史的血泪印记。

从古至今，火灾都是对图书传播有着强烈威胁的存在，多少藏书家一生的积攒因火灾毁于一旦，火灾对图书的传播事业造成的损失是无法挽回的。宋代官方藏书被火毁者至少有两例：一是北宋真宗时荣王宫火，据李焘《续资治通鉴长编》卷八十四载，大中祥符八年（1015）四月，荣王元俨宫火，自三鼓至翌日亭午乃止，延烧内藏左藏库、朝元门、崇文院、秘阁；二是南宋理宗绍定四年（1231）火，据马端临《文献通考》卷一百七十四载："高宗渡江，书籍散佚，献书有赏，或以官，故家藏者或命就录，鬻者悉市之……盖自绍兴至嘉定，承平百载，遗书十出八九，著书立言之士又益众，往往多充秘府。绍定辛卯火灾，书多阙。"①

北宋历任皇帝以及南宋开国前两位皇帝均非常重视图书文化事业的发展，体现在图书管理中的一个重要政治发展决策，即建立超越前朝的大规模国家图书馆，进而发展国家文化事业。教育作为文化的重要组成部分，是其内涵的核心体现。宋代成为我国历史上文化发展最繁荣、教育普及程度最高的历史朝代，与统治者的治国方针有着密切联系。最著名的白鹿洞书院、岳麓书院、嵩阳书院，藏书颇丰，书院的繁荣自然会带动雕版印刷技术的发展和应用，进而推动宋代图书事业全面发展。

---

① 马端临著，上海师范大学古籍研究所、华东师范大学古籍研究所点校：《文献通考》，中华书局，2011年，第5209页。

二、藏书的利用

对宋代馆阁藏书的利用主要包括四个方面：

第一，为官方出版提供模本。馆阁中的藏书会有专人定期进行校书活动，因此在官方出版图书时，为了减少书籍内容的错误，就会选择以馆阁藏书为模本来刻印发行。

第二，宋代的公藏典籍除用于一般借阅外，还为公私著述提供资料。司马光在编纂《资治通鉴》时得到英宗的允许，于崇文院设馆，他利用这个机会参考查阅了龙图阁、天章阁和三馆、秘阁的大量典籍；沈括和欧阳修等人也曾利用馆阁藏书从事科学、史学研究；宋太宗和宋真宗两朝同样利用崇文院的藏书编纂了著名的《太平御览》《太平广记》《文苑英华》《册府元龟》四部类书。

第三，公开借阅流通。昭文馆、史馆、集贤院典籍在整理时不但可以作为参考互相校勘，还能公开借阅，有时还允许抄录。著名藏书家苏颂，大部分藏书均是在秘阁抄录的。各馆专设有外借书库，外借书库以外的书不允许借阅。由于借阅典籍的人员较多，馆阁藏书散失严重，于是，真宗就令有关人员"严行约束，杜绝因循"，并督促借书人员还书入库。北宋后期，损失情况更为严重，因此规定只有集贤院所藏书籍可以外借。①

第四，编制朝廷藏书目录。如景祐至庆历间组织编撰的《崇文总目》，政和年间纂修的《秘书总目》等。这些朝廷藏书总目由馆阁组织编纂，是集合三馆、秘阁等书籍统一编成的，以供读者在借

---

① 张学军：《宋代馆阁藏书漫谈》，《古籍整理研究学刊》2008年第1期。

阅时参考，也可作为皇朝文治盛事的记录。

宋朝许多学者型藏书家，其藏书除供自身阅读为学以外，还主张传阅和抄录图书以达到流通的目的，乃至有些藏书家将一生珍藏图书免费赠予他人，以充分运用家藏图书的功能和使用价值。宋朝学者型藏书家中重视图书流通的首推宋绶、宋敏求父子，因为他们校雠精准，引得同僚与四方民众争相借阅其家藏书籍。如欧阳修就曾写信向宋敏求借书："欲告借少书籍，承不为难。今先欲借《九国史》，或逐时得三两国亦善，庶不久滞也。"① 由于宋敏求所藏书籍中唐人诗集特别完备，王安石在借阅其家藏唐人诗集后，编选成《唐百家诗选》。宋朱弁《风月堂诗话》卷下记载："王介甫在馆阁时僦居春明坊，与宋次道宅相邻次，道父祖以来藏书最多，介甫借唐人诗集，日阅之，过眼有会于心者必手录之，岁久殆录遍，或取其本镂行于世，谓之《百家诗选》……"② 《宋史·刘恕传》云："宋次道知亳州，家多书，恕枉道借览。次道日具馔为主人礼。恕曰：'此非吾所为来也，殊废吾事。'悉去之。独闭阁，昼夜口诵手抄，留旬日，尽其书而去，目为之翳。著《五代十国纪年》以拟《十六国春秋》，又采太古以来至周威烈王时事，《史记》《左氏传》所不载者，为《通鉴外纪》。"③ 仁宗时，宋敏求在汴京春明坊居住，为方便借阅与讨教，许多喜爱读书的士大夫们纷纷在其附近租房暂居，还使得春明坊这一带的房租高出其他地方近一倍多。

---

① 钱素芳、庆振轩：《欧阳修藏书考论》，《兰州大学学报》（社会科学版）2011年第4期。
② 转引自查屏球《名家选本的初始化效应——王安石〈唐百家诗选〉在宋代的流传与接受》，《安徽大学学报》（哲学社会科学版）2012年第1期。
③ 王东峰：《宋代学者型藏书家对图书馆事业的贡献》，《图书馆杂志》2013年第7期。

第四节 辽夏金元时期的图书流通与利用

辽、金、西夏是与两宋同时期的由少数民族建立起来的政权，虽然它们在历史的进程中发明创造了自己的语言文字，但是对于汉文典籍文化的传播依然作出了不小的贡献。这些少数民族政权积极学习中原文化，倡导佛教，重视教育，注重藏书的流传与利用。元代是历经南征北战之后建立的大一统封建王朝，融合了各个民族，虽然元代统治者并不提倡传统文化兼收并蓄，而是主张蒙古至上，但是仍有一些儒士极力地推崇汉族文化，收藏文书典籍，从而让图书在当时复杂的历史背景下有流通的渠道。

一、图书的生产与流通

图书的生产与流通使得我国悠久的文化得以传承，促进了各民族之间的文化互通、交流互鉴。古代图书的流传方式主要有以下三种。

（一）传抄摹写

"在雕版印刷出现之前，图书都是写本，抄写是图书的生产方式，传抄是图书的流通手段。雕版印刷推广以后，印本书逐渐成为图书的主要载体。"

1. 写本

古人编纂图书之初皆为写本。宋元时期文化氛围空前浓厚，更是涌现出了一批皓首穷经、自撰图书的学士。由于印刷技术与个人财力等条件的限制，不是所有写本都能被刻印，因此在这一时期有一定数量的写本流传于世。据记载，山西应县佛宫寺木塔中发现的辽代佛教经文历史遗物中，就有30件手抄本经书。此外在20世纪初，俄国的科兹洛夫和英国的斯坦因曾先后从黑水城等地盗掠大批西夏文物，其中也有大量的写本。

2. 抄本

抄本也是图书流传的重要途径之一。一方面印本书价较高，很多布衣百姓无力承受，就以抄写的方式读书治学；另一方面，宋亡以后，废除科举的几年中，很多前朝儒士书生选择归隐，并通过丰富的藏书来充实自己的精神世界，以抄书为乐，对偶藏的珍本和善本更是爱不释手，通过亲自抄写来品味读书之乐。

除此之外，官府藏书与民间藏书的流传也是通过传抄的方式进行的。金章宗于明昌五年（1194）下诏搜求《崇文总目》所缺的书籍，以高价向民间购求，如不愿出卖，则以书价之半租借，组织人力抄写后，再将原书奉还。私人之间也常相互借阅书籍，用抄写的方式复制珍贵藏书。据《中州集》载："仲显字伯达，冀州人……国初赋学家有类书名《节事》者，新出，价数十金，大家凡有得之者，辄私藏之。"[①] 数年之后，伯达之母为其购得此书，但伯达并不

---

① 阎凤梧主编：《全辽金文》（下），山西古籍出版社，2002年，第3395页。

各啬于外借，很多学徒通过借阅传抄得以获知其书中知识。[①] 通过此事可以看出，对于学者来说，传抄不仅可以使珍贵的书籍物尽其用，也为贫寒学子减轻了经济负担，更促进了图书的流传与利用。

(二)刊刻印刷

1. 印刷业的发展

促使辽夏金印刷技术快速发展的原因主要有以下几点：一是由于统治者不断向中原地区扩展势力，为其吸收中原先进文化创造了条件；二是几个少数民族的统治阶级都十分注重吸收中原文化，提倡佛教，提倡学习儒家著作，积极组织各种书籍的印刷，使中原发达的印刷技术很快在这些地区被应用；三是随着统治地区的不断南移，这些政权都掌握了印刷技术，并在此基础上不断发展。[②] 而元代一统各大疆域以后，更是利用了历代的原始积累，在继承的基础上，有了相应的发展。

辽是契丹族建立的政权，随着政权建立，其政治中心南移到燕京，国土与宋国相交，边界贸易也日渐兴盛，大量宋版图书流入辽国。辽太祖称帝后，更是提倡儒家思想，对汉文典籍的需求也就随之增大。与此同时，统治阶级信奉佛教，当时辽代佛寺林立，佛经的流传和翻印也成了社会刚需。这些政治文化背景都为辽代印刷事业的发展创造了条件。

西夏与宋朝往来密切，西夏文化带有许多中原色彩。立国初期，西夏所需书籍主要是从北宋购求而得的。在南宋时期，西夏与

---

① 姚奠中主编，李正民增订：《元好问全集》（增订本），山西古籍出版社，2004年，第910页。
② 罗树宝：《中国古代印刷史》，印刷工业出版社，1993年，第186页。

当时的刻印中心山西平阳临近，这为宋刻书籍传入西夏创造了便利条件，故所刊印书籍不少传入西夏。西夏统治者仿宋制，以科举制度选拔人才，设立太学等机构学习汉文，尤其是儒家经典文化，这大大增加了其对汉文典籍的需求量，于是印刷业逐渐发展起来。

金同辽、西夏一样，很多典章制度仿照宋朝，推行科举制的同时也提倡学习儒家经典，大量印刷汉文书籍，并任用汉族知识分子。这些政策的推行促进了女真族对汉文化的吸收，也推动了经济与文化的发展，印刷业也有了一定的成就。

"元代在印刷技术方面的最大成就，是王祯创制的木活字及转轮排字盘，这在印刷史上占有重要的地位。在雕版印书方面的改进，主要是使用了朱墨套印的方法。这些印刷技术上的改进，对后来印刷技术的发展，都产生了巨大的影响。"① 元代同时吸纳西亚文化与中华文化，增加了中国与西方文化的交流互通，使得中国印刷术在世界范围产生了一定影响。

2.官府印书

从印刷术被创造起，官府就承担起组织刊印书籍等诸多事宜。辽夏金元皆设有官府印刷机构。析津府是辽代政治经济文化重镇，又称燕京（今北京西），燕京设有印经院，在此处刊刻了著名的《辽藏》。

西夏仁宗时期颁发的《天盛律令》中，就载有纸工院、刻印司等专门从事造纸、刻版印刷的机构。

金代的官府藏书多数从辽和北宋两朝继承而来，其中有不少刻板，因此金代官府印刷工作有了得天独厚的基础。金代官府印刷活

---

① 罗树宝：《中国古代印刷史》，印刷工业出版社，1993年，第218页。

动主要在当时的中都（今北京）和南京（今开封）两地展开，在中都由秘书监、国子监两个机构专门掌管图书的印刷工作，主要是对从北宋得来的儒家经典二十九部印版的印刷。此外，北宋人编写的史书，如司马光的《资治通鉴》，也是在金朝印刷的。

元代，元廷在都城设立了编修所，又在平阳继续沿用宋代时期的经籍所，来负责图书的刊印工作。至元十二年（1275）派人到江南各地收集南宋的印版。至元十五年（1278），又派遣使者取杭州等处的书籍刻板运送至京师。至元二十四年（1287）以后，兴文署、广成局、国子监等中央刻书机构也陆续建立起来，并且任命专职人员负责书籍刻印的整个流程。

3.民间印书

民间印刷业的繁荣与发展在一定程度上促进了书籍的流传。辽代的民间印刷事业主要集中在以范阳（今涿州）和山西北部为中心的中原人士较多的地区。最早关于辽代印刷书籍活动的记载为统和八年（990）燕京仰山寺前杨家印造的《上生经疏科文》一卷。统和十五年（997）民间印刷作坊还刻印了燕京僧行均编的字书《龙龛手镜》。①

金代的民间印刷相较辽代有了进一步发展，分布范围也更为广泛，中都、南京、平阳（今山西临汾）、宁晋（今河北宁晋）等地都是民间印刷发展较为繁荣的地区。金代印刷业最兴盛的地区，是山西南部的平阳府。金朝政府也在平阳设立了经籍所，主管民间的出版印刷行业。平阳除了出版印刷行业，也有造纸和制墨作坊。

元代的民间印刷依然集中在平阳一带，蒙军占领平阳后继续在

---

① 罗树宝：《中国古代印刷史》，印刷工业出版社，1993年，第188页。

这里设经籍所。有了金代民间印刷文化的基础，元代的民间印刷发展得更为兴盛，很多自金代就有的老字号保留了下来。根据史料记载，元代（包括元朝建立前的蒙古国时期）平阳刻印书坊共有九家，分别是：平阳晦明轩张宅（即张存惠堂）、平阳府梁宅、平水中和轩王宅、平水许宅、平水曹氏进德斋、平水高昂霄尊贤堂、平阳段子成、平永刘敏仲、平阳司家颐真堂。①

元代，杭州、建宁两地也延续了前朝的印刷事业。这两地当时有很多民间作坊存有刻板、雕版等印刷工具，虽不及宋时繁荣，但同样刊印了大量图书为官府、书院等地使用。元代印刷业最发达的，仍是长江中下游一带，除了杭州、建宁这两处印刷业较集中的地区，在今天的江苏、浙江、福建、江西、湖北、湖南等地，都广泛地分布着一定数量的民间印刷业。②

4. 翻译与刻印

据记载，辽代契丹文译本有《贞观政要》《五代史》《通历》《白氏讽谏集》《方脉书》等，遗憾的是均未流传后世，即使印刷量很大的《契丹藏》，也未见流传。③ 这主要是因为连年战争的社会环境。

西夏虽然创建了本民族文字，但依旧重视汉文典籍的翻印，骨勒茂才在《番汉合时掌中珠》一书的序文中说："不学番语，则岂和番人之众。不会汉语，则岂入汉人之情。番有智者，汉人不敬；汉有贤士，番人不崇；若此者，由语言不通故也。"④ 西夏的统治

---

① 罗树宝：《中国古代印刷史》，印刷工业出版社，1993年，第233页。
② 罗树宝：《中国古代印刷史》，印刷工业出版社，1993年，第243页。
③ 罗树宝：《中国古代印刷史》，印刷工业出版社，1993年，第190—191页。
④ 罗树宝：《中国古代印刷史》，印刷工业出版社，1993年，第198页。

者，特别重视儒家文化的学习，建国初期就设立了蕃汉二字院，专门翻译文书典籍，李元昊也曾下令翻译《尔雅》《四言杂字》等著名的儒学经典。在黑水城出土的古书中，有《孝经》《论语》《左传》《周书》《毛诗》的引文辑录。现存西夏译本的历史政治兵书有《孙子兵法》《六韬》《孙子传》《三国志》《十二国略史》《贞观要文》等。西方科考队在西夏黑水城遗址也发现了大量的刻印文本，现在公布于世的有西夏刻本《广韵》《平水韵》，还有《礼记》《汉书》《新唐书》《孙真人千金方》等文献的残卷。由此可窥见西夏印刷业也是相对繁荣的。

金代女真文字发明于建国之后，传播与普及时期比较晚，传播和普及度也相对较低，所以金代流传的大多数图书还是以汉文为主。后依据汉字、契丹字改制而成契丹文，于是有了契丹文翻印的汉本。为了促进图书流通与文化传播，金代统治者制定了相应的政策予以支持。首先，形成了自上而下的儒学经典传播模式，金政府通过国子监刻印《五经》《十七史》颁发给各级官学；其次，设立译经所，金世宗时期，大力倡导汉文经史的女真文译本，大量儒家经典得以刻印出版，在金代民间，以本民族文字传播汉文化。大定二十三年（1183）译经所先后译出《易》《书》《论语》《孟子》《老子》等经史书籍15种。还特"以女直字《孝经》千部付点检司分赐护卫亲军"[1]，上谓宰臣曰："朕所以令译《五经》者，正欲女直人知仁义道德所在耳。"[2] 除儒家经典外，金朝也刊行了《女真字三字经》《女真字百家姓》《女真字姜太公书》等一系列女真字童蒙书籍。金朝的统治者，除了倡武以外，也提倡文治，推行儒学，推行

---

[1] 脱脱等：《金史》，中华书局，1975年，第184页。
[2] 脱脱等：《金史》，中华书局，1975年，第184—185页。

汉文化，并且吸收了宋朝的很多典章制度，这不但使女真族由一个氏族部落很快进入封建社会关系中来，在客观上也促进了金朝出版印刷业的繁荣和发展。

刻木记事的蒙古族本没有自己的民族文字，成吉思汗时，以畏兀字书写蒙古语（畏兀字即维吾尔族使用的古回鹘字）。据史料记载，元统治者曾用这种文字书写诏令文书，并将汉文经典史书翻译成蒙文刻印，如《孝经》《资治通鉴》《贞观政要》等书。到了元世祖时期，忽必烈命国师创造蒙古字，蒙古文字于至元六年（1269）正式颁行，被称为蒙古新字或蒙古国字。此后，元代官方文字一直使用蒙古文字。元代官府设艺文监为翻译刻印机构，艺文监主要掌管将经典儒学著作翻刻为蒙古文书籍工作，其刻印了大量书籍，据史料记载有《尚书札记》《孝经》《忠经》《大学衍义》《帝范》《贞观政要》《百家姓》《千字文》《烈女传》《皇图大训》等。同样，因为特殊的历史环境、战争导致的社会动荡，这些刻本罕见流传，但从史料中也可以看出元代统治者对书籍的翻译和刻印很重视，书籍的流传也有基础。

5. 佛教的传播和发展

佛教的传播和发展加速了刻印佛经的活动，佛经的抄写刻印成了佛经流传的主要途径。这主要体现在佛经的汉译以及少数民族语言之间的互译。不同语言的佛经不仅丰富了寺院藏书，也满足了不同文化背景的信徒的学经诵读需求。

辽代曾依宋刻版《大藏经》历时多年翻刻了著名的《契丹藏》，刻成后送给多个著名寺院收藏。1974年重修山西应县佛宫寺木塔时，在木塔第四层的主佛像腹中发现了辽代文物，其中就包含了《契丹藏》以及辽代佛经共计47件。

西夏时期，因几代统治者都信奉佛教，十分重视寺院的建设和佛经的印刻，佛教文化盛行。西夏所藏的佛经除了求于宋、金两朝外，其余的多为自己所印。

金代的印经活动也与统治阶层密不可分，女真贵族同样多信奉佛教，建立政权之前也曾求购经书于宋朝，建国之后更是下诏推行佛教，兴建寺院，大倡印经。

元代佛经的印刻更是发展迅猛，各地寺院不仅印刻汉文佛经，还翻印了其他少数民族文字的佛经，有蒙古文、西夏文、藏文，在元武宗至大年间（1308—1311），曾根据藏文《大藏经》翻译并刻印了著名的蒙古文《大藏经》。元代刻印经卷无数，其中在历史上最著名的就是出自刻印中心杭州路的《普宁藏》以及平江府的《碛砂藏》。

（三）贸易往来

宋元时期，各国比邻，贸易往来也相对频繁，当时在宋辽金元的边境设榷场，作为各国互市的市场。书籍自然是榷场交易中的重要物品之一，中原书籍通过榷场流传至辽、金等国。这些书籍作为文化传播的媒介潜移默化地转变了少数民族原有的思想及思维方式，不仅开阔了他们的视野，也促进了各民族文化的交流。苏轼在《论高丽买书利害札子》中所言："臣闻河北榷场，禁出文书，其法甚严，徒以契丹故也。"① 由此可以看出，榷场的交易也是有严格法令限制的，涉及国家国策、军政私密的文件或者对政权统治有威胁的文书是禁止流通的，也因此出现了图书走私的行为。因为售卖违禁书籍利润很大，所以很多边境商贾通过走私的方式输出图书。来

---

① 曾枣庄、刘琳主编：《全宋文》（第〇八七册），上海辞书出版社、安徽教育出版社，2006年，第138页。

往于各国之间的使臣和移民也在图书的流传之中扮演了重要角色。

二、藏书的利用

古今中外,保藏管理以及传播图书,除了因为图书典籍本身具有收藏价值以外,更多的是为了保障图书得以利用。

(一)读书治学

藏书的首要目的是满足个人读书治学的迫切需求,辽、金、元三代都涌现了热爱汉族文化的少数民族藏书家,他们利用藏书渐通儒学,博古通今。对于汉族知识分子来说,读书治学是入仕之路,也是丰富学识的基础。元代废除科举时期,"九儒十丐",知识分子社会地位低下,文人学士更是把读书治学作为精神的支撑和慰藉,儒士之间也常以书为媒,互相交游。

(二)聚书兴学

藏书是办学的基础,聚书兴学也是利用图书的一种方式。各代官学无论中央还是地方都有十分丰富的藏书,书院、县学、府学等地方教学机构的图书很多为私人藏书家所提供。如元代名臣廉希宪,在至元七年(1270)罢相后,"撤官屋以复竹林书院,予书万四千卷"[①]。还有著名的藏书家冯梦周,捐赠了大量私藏图书并捐资创建颍昌书院。

家塾、私塾作为私家教学与家族教学的主要形式,更是富有藏

---

① 匡裕彻:《元代维吾尔政治家廉希宪》,载元史研究会编《元史论丛》(第二辑),中华书局,1983年,第241、250页。

书。很多学者或私人藏书家，在利用家中藏书延师教育子孙的基础上，将家塾、私塾就学的子弟范围扩大到同姓本族子弟，甚至地方异姓子弟。如开化刘文瑞，中年弃仕途后，筑书塾，蓄书万余卷，延名师以教子孙及乡里子弟。郑原善、程琚、张宗元、鲁贞皆读书其中。① 济南人张炤致仕后，购书八万卷，以万卷送济南府学以资教育。②

藏书与办学的结合，不仅为各阶级子弟读书求学提供了良好的基础，也促进了藏书的利用。

(三)著述编纂

丰厚的藏书是著述编纂图书的基础，无论官私藏书都是能够被利用的有效文献资源。中央官府机构的藏书为少数民族政权译刻汉文典籍提供了便捷的条件，也是传统文化源远流长的重要保障。与此同时，私人典藏也为文人学士提供了良好的素材，得以启迪思想，流传经典。如吴县张雯，"家临市衢，构楼蓄书，自经传子史，下逮稗官百家无不备，日翻阅研究"，著有《继潜录》《书画补遗》《墨记》。③

(四)借阅分享

文人之间相互借阅彼此珍贵藏书的做法在宋元时期也较为多见，上文所提冯梦周不仅毫不吝惜将其藏书外借，而且制定出了一

---

① 方建新、金达胜：《元代私家藏书考析》，《文献》1996年第4期。
② 宋濂等：《元史》，中华书局，1976年，第3997—3998页。
③ 杨立诚、金步瀛合编，俞运之校补：《中国藏书家考略》，上海古籍出版社，1987年，第190页。

套非常完备的图书借阅制度，有效地使藏书得以利用起来。"凡假者恣所取，记其名若书目，读竟则归，而销其籍。损者不债偿，不归者遂与之，以激其后，缺者随补之。"① 冯梦周家多蓄书，尝买书千卷，构堂贮之，以待乡里贫而无力购书者读用。

(五)遗书教子

图书的利用还有另一方面的重要表现就是遗书教子。私人藏书家有很多世代藏书的代表，也有的是世代累积图书。传统儒家思想是期冀子孙好学上进，所以家中多有藏书，他们深信"遗子孙黄金满籯，不如一经"的说法。② 如王天铎曾抄书数千卷，以遗子孙，希冀子孙能够读书向学，终有所成。"为卿相，为牧守，为善人，为君子，上以致君泽民，下以立身行道，道其在于是矣。"③ 王天铎之子王恽，好读书且善写作，累官至翰林学士，与其父一样，藏书无数，以教子孙。再如著名学者张文谦，平生最大的嗜好就是藏书，曾对人言："吾家素清白，有书数柜，传之子孙，万金不薄也。"④ 而对于少数民族政权来说，重视藏书，除了学习汉族先进文化、巩固政权统治以外，也同样希望后世统治者学习儒法，汲取中原人先进的治国经验。

---

① 许有壬：《冯氏书堂记》，载李修生主编《全元文》（第38册），凤凰出版社，2004年，第211页。
② 周少川：《文化情结：中国古代私家藏书心态探微》，《图书馆学研究》2002年第6期。
③ 王恽：《秋涧集》，载《景印文渊阁四库全书》（第1200册），台湾商务印书馆，1983—1986年，第527页。
④ 范凤书：《中国私家藏书史》，大象出版社，2001年，第148页。

第五章

宋辽夏金元时期图书馆学人及其著作（上）

第一节 郑樵与《通志·艺文略》

一、生平概述

郑樵（1104—1162），今福建莆田人，字渔仲，世称夹漈先生，宋代著名的史学家、目录学家。郑樵出身书香门第，素有鸿鹄之志。因朝局动荡，仕途不明，他不愿应试科举，因而致力于为南宋朝廷著通史。著书之路的坎坷非常人可以想象。58岁时，郑樵才终于完成这部划时代的史学巨著《通志》，可又因为这部《通志》，郑樵遭人嫉恨，惨遭诬陷弹劾，忍愤不过，加之积劳成疾，最终蒙冤而逝，年仅59岁。

郑樵一生读书、著述、讲学，为中国历史文化事业的发展作出了巨大的贡献。他的著作颇丰，据不完全统计，其撰写的史学著作累计达八九十种之多，虽留存甚少，但仅凭一部完整保存下来的《通志》，就足以确立郑樵在史学史上的不朽地位。另外，郑樵学术研究范围广泛，涉猎经、礼、乐、语言、文献、史学、自然科学等诸多方面，且都取得了突破性的成就。

郑樵是中国历史上具有较大影响的史学家，但史书中关于他的记载，却少之又少。因而，人们要想真正了解郑樵，实在不易。《宋史·儒林传》里寥寥三百余字，描述得不仅过于浅显，还有大量冤词。《宋元学案》里则只有三十余字。清康熙时修的《莆田县志》里有关郑樵的传文，也只有五六百字。值得庆幸的是，拂开历史厚重的灰尘，世人终究注意到了郑樵。清代，在郑樵故宅遗址建立书院；郑樵、郑厚兄弟读书的南峰寺已重修辟为郑樵纪念馆。史学家顾颉刚更是向世人宣告："社会用冷酷的面目对待郑樵，但在艰苦的环境中，他已经尽可能发展了自己的才能，现在我们看着他，只觉得他精神饱满，精神不朽！"

二、《通志·艺文略》的主要内容和学术价值

郑樵的《通志·艺文略》是其《通志》二十略之一，客观地反映了郑樵的"会通"思想和"类例"原则，位于《通志》的第六十三卷至第七十卷。要想真正了解《通志·艺文略》，首先就要考察

其成书渊源。关于《艺文略》的成书情况，主要以探求其与《群书会记》的直接关系为出发点。这曾经也是学术界存在争议的问题，现在已经达成共识：郑樵《通志·艺文略》是在《群书会记》的基础上完善形成的。郑氏以自己撰写的《群书会记》三十六卷为蓝本，删除小序并加注释进行说明。与此同时，他又结合《汉书·艺文志》《隋书·经籍志》《旧唐书·经籍志》《新唐书·艺文志》等各种可以代表官方历史数据的资料，以及当时私人藏书的发展现状，将《通志·艺文略》打造成宋代古籍中记载典籍最多、分类最鲜明且最具史学研究特色的书目之一。综上所述，我们基本可以认为《群书会记》是《艺文略》的研究基础，《艺文略》是《群书会记》的完善和升华。

(一)创新分类体系

郑樵基于当时的社会环境，从文献学科发展现状出发，按照学科的定位和性质，通过传统学术分类的方式，将获得的近十一万卷文献列于一篇，编写成颇具特色的《通志·艺文略》。《艺文略》最大的创新之处在于郑樵凭借其丰富的实践经验，既没有沿袭刘氏父子的"七分法"，也没有受当时占据国家主导地位的"四分法"的束缚，而是将文献分为十二类、一百家、四百二十二种，创立了全新的分类体系即"十二分法"。"十二分法"遵循"记百代之有无"和"广古今而无遗"的原则，强调记录历朝历代所有的典藏，做到古往今来的图书都不遗漏，表现了郑氏各类别划分都有其基本理论依据的目录学思想，是我国古代分类目录在史学上的一次深刻变革,并泽被后世,代代相传。①

郑樵"十二分法"的创新点主要体现在两方面:一是将"四分法"中的小类提升到和某些大类平行的地位,即将"经"类中的"礼""乐""小学"与"经"类并列;二是将"天文""医方"等类也独立为一级类目。因为在宋代,自然科学技术迅猛发展,天文学领域涌现了一大批像沈括、秦九韶、杨辉等这样优秀的自然科学家,他们撰写相关著作,强调应把一些自然科学部类单独列出。郑樵顺应时代发展,开创性地提出了比以往任何分类体系都详细的独立分类方法。其后,清人孙星衍撰《孙氏祠堂书目》也首列十二类,并将天文、医学等单独列出,这足见郑樵对于后世的巨大影响。

两方面的创新,突出的一个亮点在医学。在数量上,《艺文略》共著录医籍662部、7382卷,《旧唐书·经籍志》的136部很难与之相提并论,《宋史·艺文志》的509部也被远远超过。而宋以前的目录中,医学古籍普遍被忽视,分类也较为笼统,已不再适合《艺文略》的编辑。于是郑樵进行了目录学史上史无前例的创新:一改《汉书·艺文志》和《旧唐书·经籍志》的四类、七类划分法,而将医学古籍划分为两大类二十六个小类,打破了原有分类体系对医籍著录不够重视的局面,并在吸取《艺文志》精华的基础上,建立了较之前有明显进步的、更加清晰明确的医学目录分类体系。但遗憾的是,在时代大背景的束缚下,郑樵心有余而力不足,他并没有改变医学古籍在目录著录中仍处于次要地位的局面,后人也没有继续将他的理念发扬光大,这实在是医学界和目录学界的重

---

① 张建会:《郑樵〈通志·艺文略〉收书丰富的原因及启示》,《清远职业技术学院学报》2013年第1期。

大损失。

(二)通史目录体制

宋代以前史志目录形成的主要途径是套录国家藏书目录，反映的是某一时期藏书的繁荣。比较有代表性的是前人所著的"艺文志""经籍志"，它们以官家目录为底本，大都记载了一代或一个时期的藏书，涉及领域较窄。而郑氏的《艺文略》是在充分借鉴前人史志目录、官私书目的基础上，再收集各种史料，并依据古今所有藏书（无论存亡）和其他与图书有关的资料撰写而成的，旨在记录自古至今所有的图书，在形成一个完整的综合性系统书目的同时还可以编入其他相关内容。这就与前人所著的单一形式的史志目录形成了鲜明对比。《艺文略》进一步拓宽了我国史志目录的研究领域，这也是郑樵对目录学史和史学史作出的重要贡献。

后世目录学者对《艺文略》的这一创新给予了高度肯定和赞扬。中国近代目录学家王重民曾提出这样的观点：随着时代的进步，南宋时期提出了编纂通史的要求，它萌芽于《通典》，发端于《通志》，集成于《文献通考》，最终形成综合性系统目录这一流派。①《通志·艺文略》开创通史目录体制的做法是我国目录编纂学史上的一个重大创新，它使得史志目录的发展领域得到拓宽，史学发展有了长久的追求目标，并且能够在中国目录学史上独领风骚，屹立不倒。

(三)丰富民间藏书

《通志·艺文略》是一本"通录古今藏书"的目录学专著，这

---

① 王重民：《中国目录学史论丛》，中华书局，1984年，第138页。

就要求它不仅要收录古代、现代图书,还包括保存完好的或已消失不见的图书,甚至还收藏能记录信息的任何载体形式(如:金石、图谱)。郑樵采用多种途径收集整理,使《艺文略》超越宋以前的所有官私目录,成为当时著录图书最多的史志目录。

首先,郑樵重视对金石、图谱等艺术类文献资料的收集和整理,使得《艺文略》在收书范围方面有了很大的扩展。他认为金石文献以石头、青铜器等为载体,更加坚固持久,有利于保存文献原貌;此外,金石能充分表现出当时社会篆刻水平;而图谱可以更加生动地表明文献内容且易于理解。因此,他专门撰写了《金石略》和《图谱略》向读者阐释自己的观点和想法。总的来说,郑樵注重收藏金石、图谱的做法极大地丰富了民间藏书的文化内涵,可以说是《艺文略》的一大创举。

其次,郑樵强调官修与私家相结合,丰富藏书内容。《通志·艺文略》既吸收借鉴了五部史志、官修目录(《汉书·艺文志》《隋书·经籍志》《新唐书·艺文志》《崇文总目》《四库书目》),又充分结合了十三部宋代私家目录。其中,《艺文略》著录十五部,五十三卷"家藏书目":《西斋书目》一卷,唐吴兢撰;《新集书目》一卷,唐蒋彧撰;《东斋集籍》二十卷,唐杜信撰;《都氏书目》一卷。①用这种求书方法,郑氏保存大量民间书籍,为后世学者辨章学术、考镜源流提供了很多有用信息。此外,郑樵为了对民间图书进行准确的搜求,曾不远万里,拜访各地一些民间藏书家,收集了许多民间作品。在此基础上他还提出了惠及后世的"求书八法"——"即类以求""旁类以求""因地以求""因家以求""求之

---

① 郑樵:《通志》,中华书局,1987年,第85页。

公""求之私""因人以求""因代以求"。① 这些方法丰富了私人藏书的内容，也为民间书籍的流传奠定了理论指导与实践基础，值得后人借鉴。

(四)发展"会通"思想

"会通"的治学传统源自孔子，发展于司马迁，是郑樵目录学理论的指导思想。其中，"会"有融汇之意，是对各种史料的综合；"通"是贯通，是从时间贯穿方面考察史料。"会通"要求从"横向"与"纵向"两个方面贯穿历史全貌，全面汇总各种历史材料，从而探寻历史学术发展的脉络与轨迹。而《通志·艺文略》作为郑樵目录学的典型代表作，自然而然地将这一思想贯穿于著作之中。从前文可以看出，《通志·艺文略》的分类体系非常精细：先分十二大类，大类下再分小类，小类中再分种。这源于它的内容涉及非常广泛，不同之处自然要细加区分。同为经类，下又分《易》《书》《诗》《春秋》《春秋外传国语》《孝经》《论语》《尔雅》《经解》九小类。其他各类亦然。同时，《通志·艺文略》收录古代、宋代图书，包括保存完好的或已消失不见的图书，甚至收藏能记录信息的任何载体形式。郑樵的《通志·艺文略》著录了自汉代至宋代图书1万余部、11万余卷，真正做到了"记百代之有无""广古今而无遗"。②

《通志·艺文略》在著录内容上遵循"记百代之有无"和"广古今而无遗"的原则，也就是说，要做到记录历朝历代所有的典

---

① 侯赛华、布仁图：《郑樵及其〈通志·艺文略〉浅识》，《山西广播电视大学学报》2017年第1期。
② 张建会：《郑樵〈通志·艺文略〉收书丰富的原因及启示》，《清远职业技术学院学报》2013年第1期。

藏，做到古往今来的图书都不遗漏。基于这一点，《艺文略》著录图书数量达到当时新高，涉及学科范围也非常广泛，它极大地丰富了古典目录学宝库，对后世有着积极的影响。

(五)泛释无义原则

郑樵在研究如何揭示图书内容方面提出了"泛释无义论"，他说："书有应释者，有不应释者，不可执一概之论。"[①] 因此他对过于极端的两本著作进行了批判：《新唐书·艺文志》过于简单而忽略了注释，《崇文总目》过于累赘而忽视了筛选。郑氏提出了如下观点：如果对书目的注释能够明确到使人一目了然的程度，就不必再编写注释进一步表达文意；且注释应详略得当，从实际出发，做到具体问题具体分析。在注释的实际应用过程中，有应该加以解释说明的，也有不该解释的。对于应释者，如不加以注释，就会使人捉摸不透，甚至无法衔接通读理解全文；对于不应释者，如加以注释，又会使文章显得烦琐累赘。因此，郑氏强调注释需满足简明扼要、通俗易懂的基本要求。他不单单是主张，而是真正地应用到了实践中：用短小精练的语句准确指出作者时代、取材来源、内容特点、学术源流以及存亡情况。

郑樵凭借自己丰富的阅历和对图书内容的理解，利用简明准确的注释，生动地表明了该书的特点，而且详略分明，独具特色。"泛释无义论"的提出，具有承上启下的作用。它既吸收借鉴了宋代及其以前目录编制的经验，又为后世的著作提供了理论依据，具有深刻而长久的时代意义。

---

① 张琰：《略述郑樵目录学思想》，《甘肃广播电视大学学报》2003年第3期。

(六)辨伪学思想

郑樵一生著述丰富，这与他搜集了大量的文献资料密不可分。在对这些文献资料进行整理的过程中，郑樵也对文献进行了考辨。虽然《通志·艺文略》中对郑樵辨伪成就的记载并不多，但仍可见其考辨功底。如对《连山易》《归藏易》的考辨，郑樵指出从文章质量方面判断，这两篇文章不伪，不能因为二书缺乏文采就疑而弃之。此外，其对典籍《三坟》的真实性也深信不疑。虽然学界认为郑樵这些考证有不当甚至错误之处，但其中所体现的辨伪精神很值得后人学习。

宋代是中外交流的大发展阶段，社会的大发展、时代的大变革为史学理论的发展注入了新鲜血液。在这一基础上郑樵及其《通志·艺文略》充分结合时代潮流，将其目录学研究与时代发展相结合，《通志·艺文略》对医学古籍的著录即可论证此点。医学古籍虽在目录学兴起之时就已被著录其中，但一向不被重视，在目录分类体系中也一直处于从属地位，如我国最早的分类目录——《七略》，虽已亡佚，但从《汉书·艺文志》中可看出，其将医学古籍分属于"方技略"，在四部分类法中医学古籍则属于子部中的一个小类。而郑樵《通志·艺文略》一改前人著法，将"医方"单独列出，提为十二大类之一，使医学古籍在目录学史上第一次以独立形式呈现于世人面前。《通志·艺文略》将其所著录的医学书籍分为上、下两大类，26个小类，创立了医学古籍较为完善的分类体系，共著录医学典籍662部、7382卷。这是郑樵顺应宋代医学空前大发展的形势所为，将中国传统医学文化地位提升，对中医学的发展具有重要意义。①

第二节 晁公武与《郡斋读书志》

一、生平概述

晁公武（约1105—1180），字子止，南宋目录学家、藏书家，钜野（今山东巨野）人，世人称之"昭德先生"。

晁氏是北宋时期一个根基深厚的望族，晁补之、晁说之等都是当时名声赫赫的文学大家。而论起对版本目录学的研究，晁说之、晁贯之两兄弟更是造诣深湛。晁氏家族藏书风气延续至今，已逾1000年。他们的著述成就名冠当世，为世人赞誉。晁公武从小就喜爱读书，时常与当时的一些文人志士接触，接受文学的熏陶，深受启迪。

北宋靖康二年（1127），为了躲避金人祸乱，晁公武随家人南迁入蜀，定居乐山。后来晁氏家中积聚六世的家藏珍籍一夕毁于兵火，难得的是，晁公武此时虽已无书可读，却没有自暴自弃，仍志存高远。此时有一个人对晁公武产生了很大的影响，那就是他的上

---

① 李莹等：《〈通志·艺文略〉对医籍著录的贡献》，《山东中医药大学学报》2001年第4期。

司——井度。井度，人称"南阳公"，是南宋时期的一位藏书家，他学富五车，因喜爱书籍，多年来家里堆满了藏书。绍兴二年（1132）晁公武考中进士，成为井度的下属。由于晁公武与井度有着相同的嗜好，二人又都对典籍有着十足的阅历，因而成为莫逆之交，相见恨晚。晁公武时常辅佐井度完成一些文籍的编撰、校雠、清算等工作。也正是在这个过程中，晁公武本人获得了历练，对古代典籍有了越发深刻的认知与独到的见解。井度在其临终时，立下遗嘱，将其平生所藏包括他甚为爱惜的五十箧书全部赠予晁公武，公武感激涕零。这时，连同公武原有家藏，其藏书竟已有二万四千五百多卷。相较于藏书家这个名号，晁公武声名更著的是他在目录学与版本学上显露的学识。晁公武将家族的藏书事业朝专精与深隽继续推进了一大步。宋代时期对藏书理论有研究的学者为数不多，晁公武在与井度二人积攒的全部私家藏书的基础上，对所有书籍作了一个系统的分类，析毫剖厘，写出了这部惊世之作——《郡斋读书志》。[①]

井度是那时的藏书大家，也十分爱惜人才，文人志士间总不免惺惺相惜，倘若没有井度慷慨赠予的那五十箧书，可以说《郡斋读书志》几乎就成了无源之水、无本之木，更遑论成书传世。古代封建社会时期私有观念在人们心中根深蒂固，文人们将书籍看作珍宝，将其作为宝贵的财产留给子孙后代传承，这样的观念就使得他们认为自己的图书是私有财产，讳莫如深，使得文化流通形成了一个闭环，无法实现文化的广泛交融。由此可知，在那样的大背景下，井度临终时赠书的举动有多难能可贵，这对于前半生坎坷的晁

---

① 金光洙：《井度、赵希弁对〈郡斋读书志〉的贡献》，《河南图书馆学刊》2011年第4期。

公武来说，是一剂强心剂，也成全了后来晁公武在藏书理论上的伟大成就。晁公武还在众多不同领域留下了诸如《易诂训传》《尚书诂训传》《毛诗诂训传》《老子通述》《中庸大传》等优秀的作品，不过遗憾的是，经过漫长岁月，如今他的作品中只有《郡斋读书志》被完好地留存下来，可谓吉光片羽，弥足珍贵，成了今日我们研究晁公武目录学思想的主要理论凭据。

二、《郡斋读书志》的主要内容和学术价值

晁公武编撰的《郡斋读书志》是我国现存最早的解题式私家藏书目录，对我国目录学史的影响颇深，它大体上遵循了隋唐史志目录和官修《崇文总目》的体例。自汉代刘歆以来形成了我国目录学的两种分类法：四分法、七分法。由于南宋时的史书与文集相对于以往大幅增加，如果选择七分法，势必使得内容分配不均。在反复对比分析后，晁公武采用四分法撰写《郡斋读书志》，并根据实际情况做出改动，对一些类目进行调整，使得《郡斋读书志》较为全面地反映出了宋朝时期的图书情况。

（一）分类

《郡斋读书志》共收图书 1492 部、24500 余卷，并且著录了 500 多种已亡佚的书籍。《郡斋读书志》中有晁公武的自序，开头有总序，每部有大序，每类又多含小序，以说明分类的依据、考究学术渊源。最让人惊喜的是，《郡斋读书志》为每一本书都撰写了解题，晁公武用自己半生所学考证作者、评说得失、分析来龙去脉、考辨真伪，而对于书中内容的优劣，也有公正的评论。在学术

源流的考证中，有许多精辟理论，是后人古籍整理、存佚考辨的重要理论依据，真正体现了"辨章学术、考镜源流"的目录学思想。在类目设置上，经部分为10个类别，史部分为13个类别，子部分为18个类别，集部分为4个类别，整本书由4个部分45个类别组成。在这45个类别中，不得不提的是其中史部类目的史评设置和集部类目的文说设置。晁公武改变了前人的分类方法，把史评著作纳入史评范畴，为今后目录学的发展点亮了指路明灯，最有代表性的便是清朝《四库全书总目》在修订时也认可并沿用这一方法。而集部的文说类，是晁公武新设立的一个类别，同史评著作一样，自此，文学评论著作也终于找到了其正确位置，《四库全书总目》的诗文评类，相当程度上也受到了它的启发。

（二）解题

《郡斋读书志》继承了刘向以来的优秀目录学传统，繁简适中，内容翔实。解题不拘泥于前规旧例，而是根据不同书籍的不同情况，少则十余字，多则百余字，但仅仅凭这十余字或百余字，晁公武就以其简明扼要的笔触为我们描绘出了古籍图书的真实面目。解题的内容或介绍文中作者生平，或论述书籍价值，或考证图书版本与真伪，而书之内容优劣得失，亦有公正之评语。《郡斋读书志》的著录范围十分全面，它基本上囊括了南宋以前全部的中国古代典籍，透过《郡斋读书志》的解题，我们有机会了解到这些珍贵典籍的内容及其背后许多不为人知的故事。它创设的解题体例深为后世各代目录学者所遵循，南宋陈振孙的《直斋书录解题》、元代马端临的《经籍考》、乾隆年间纂修的《四库全书总目》无不受其影响。

《郡斋读书志》提要体例完整，是全书的精髓。晁公武参照

《崇文总目》的形式，同时也受其他可靠史籍的启发，编写了此书的提要。鉴于他基本上都是根据私家藏书撰写提要，半生以来对私藏已经有深入的研究，很多内容熟稔于心，所以《郡斋读书志》中最有价值的地方是提要中对所涉及书籍情况的介绍。书中对于书籍作者朝代及其生平事迹的叙述，详略得当，使得许多人物虽然未被载入正史，但也不至于被后人遗忘，湮没于历史的长河中。书中评述内容言简意赅，不限于形式，方便后人考证，由此可见晁公武编撰此书时高瞻远瞩以及《郡斋读书志》的前瞻性。作者对于书名、写作缘由、篇章和结构的解释，注重考察宋以前历代著作的渊源和影响，在当代相关的古籍典故体系中，主要引用唐宋史籍及其他相关典籍，详细考究，并评论其优劣及价值，这也是其他重抄旧录的书目较之逊色之处。长期以来，众多史籍残缺流失，此书中所载提要内容便具有很高的史学价值，为我们了解南宋初年及其以前的著作提供了便利。

由于《郡斋读书志》中所录各书皆为晁氏实际收藏，且晁公武治学严谨，亲自过目并校对每一本书，力求真实可靠，所以解题中叙述的书籍名称、篇章数目、轶闻及真伪等全部真实可靠，可信度高，具有很高的史料价值，其他摘抄旧录的书目自然无法与之相较。他对作者生平、成书缘由及有关典籍制度、逸闻的介绍说明，都是从唐宋时期的实录、宋朝国史及专门的史传目录中引用的，并进行了详细的考据研究，而这些材料现在很多已经丢失了，因此晁氏所撰提要内容就显得弥足珍贵。

第三节　陈振孙与《直斋书录解题》

一、生平概述

陈振孙（1183—约1261），曾名瑗，字伯玉，号直斋，浙江安吉县梅溪镇人，南宋藏书家、目录学家。他出生于"书香人家"，家中学术气氛浓厚，经济也很宽裕，在社会读书风气的熏陶与家庭氛围的耳濡目染下，他自幼喜读书，早年做官时喜藏书，藏书甚富。三十岁左右时陈振孙就任江西南城县县令，四十岁左右时他任福建兴化军通判，六十岁左右他又升任国子监司业，六十多岁致仕居家。当时的江西、福建等地都是图书业发展较好的地区，为官的三十多年，他刚好在这些地区任职，他所担任的职务也为他提供了便利之处，优越的社会地位让他有机会接触到官方秘藏，这些都为他访书、求书、购书、抄书等创造了有利条件，提供了有力保障，因而这个阶段是他大力收藏图书的时期。每到一处，他便向当地学者、藏书家求教，不仅购买了大量刻本书，还借读、借抄了大量古籍，丰富了自己的收藏。可以说他在搜寻古籍、传录文献的路上从未止步，四十余年的藏书生涯，他累积藏书五万余卷，成为当时赫赫有名的大藏书家。陈振孙为图书事业付出了大量心血，他耗时二十年，整理自己的藏书，参照晁公武《郡斋读书志》，撰写了私家藏书目录《直斋书录解题》。全书内容极其精详、收录范围广泛、体例清晰完备，对后世考证古籍存佚、辨识古籍真伪和校勘古籍异同等方面均有十分积极的影响，是宋代著名的提要书目。晚年，陈振孙还在家继续补充、修订本书，可以说他是以毕生精力从事图书目录工作的人，他的努力使得许多当时已经鲜少流传、濒于消失的古籍得以保存和继续传承。

二、《直斋书录解题》的主要内容和学术价值

（一）创新分类体系

《直斋书录解题》根据图书的内容性质按类进行编制，为适应时代需要，在官修书目的基础上调整了部分门类，全书共分为53类。卷一至卷三属经录共10类，卷四至卷七属史录共16类，卷八至卷十四属子录共20类，卷十五至卷二十二属集录共7类。四库馆臣认为："虽不标经史子集之目，而核其所列，经之类凡十，史之类凡十六，子之类凡二十，集之类凡七，实仍不外乎四部之说也。"[①] 在分类体系上虽未注明经、史、子、集之名，但实际也是继承了四部分类法，充分融合传统，可谓大胆创新、开创先河。

书目没有总序和大序，关于小序的类目，学者们仁者见仁、智者见智，有学者认为该书有七篇小序，也有学者认为该书有九篇小序，笔者认为该书小序实为十篇，分别为"语孟类"小序、"小学类"小序、"起居注类"小序、"时令类"小序、"农家类"小序、

---

① 永瑢等撰：《四库全书总目》，中华书局，1965年，第730页。

"阴阳家类"小序、"音乐类"小序、"诗集类"小序、"章奏类"小序和"谶纬类"小序。这十篇小序用以说明类目设置上的增创和内容的变化，体现了陈振孙对目录分类传统的推陈出新。其中，最后一篇"谶纬类"小序争议最大，它著录在《乾坤凿度》的解题内，一直未被人重视，因为它没有像其他小序那样，放在各类之前单列。由于"谶纬类"图书的减少，自《崇文总目》以后，官私书目都不设此类，陈振孙却将其恢复，不知道缘由的人纷纷指责陈振孙的思路有所退步，但陈振孙是有着自己的考量与坚持的。根据他撰写的内容，陈振孙之所以违背时代潮流恢复"谶纬类"，是因为他对谶纬之学抱有"姑存之以备凡目云尔"的想法。而未将本篇小序单列在各类之前，是为了避免头重脚轻，同时又与其他九篇小序的作用进行区分，用其他九篇衬托出对本篇，即对"谶纬类"学说的不齿态度。在分类思想方面，陈振孙的大胆创新和勇于探索得到了后世学者的普遍肯定。

（二）解题精详

解题言虽简，但涉及的内容却十分广泛全面，这是全书的特色之一，也是最有价值的地方。解题又称叙录、书录或提要，这是刘向所著《别录》开创的体例。叙录体，就是对图书和其作者给出综合性的评价。《直斋书录解题》著录较完备，基本做到对每本书都撰写一篇叙录。解题内容言简意赅，常用二三十字至百字左右便能概括，主要介绍图书内容、图书卷数、作者及学术源流等。陈振孙在关注每本书自身内容的同时，不忘记录其版本的流传状况，这为后世的"辨章学术，考镜源流"提供了强大助力。

陈振孙是第一个在目录名称中使用"解题"的学者，尽管他不是解题目录编写方法的首创者，但他把"解题"运用到书目中，这一做法为后世学者开阔了思路。此后的很多藏书家、目录学家都承袭了陈振孙这一解题思路，不断地编纂解题目录著作，由此形成了目录学的一个重要流派。

（三）著录全面

周密在《齐东野语》中记载道："近年惟直斋陈氏书最多，盖尝仕于莆，传录夹漈郑氏、方氏、林氏、吴氏旧书至五万一千一百八十余卷……"① 周密本人在《齐东野语》中著录其他藏书家时多沿袭旧说，而叙述陈振孙的藏书时却列举了具体的统计数字，而这也仅仅是陈振孙在莆田的藏书活动。由此可见，陈振孙的藏书数量可以与宋代的官府藏书数量相比，据统计甚至超过宋代以前的私人藏书数量。《直斋书录解题》所著录的图书数量也十分出众，可谓私家书目著录量之最。胡应麟对陈振孙更是有"宋世藏书第一家"的评价。在内容宏富的基础上，《直斋书录解题》的质量更是可观，著录图书均为"今书"，即当时实有的图书，甚至一些鲜为人知的文献资料，或是编者亲自手抄笔录之书，为后代学者学术研究提供了珍贵素材。

（四）考辨伪书

古籍在流传的过程中，往往会出现真伪混杂的情况。全书皆伪是极少数，大部分图书会真伪掺杂，使人难以分辨，这样会影响历朝历代研究工作的真实性、科学性和可靠性。到了宋代，雕版印刷

---

① 周密撰，张茂鹏点校：《齐东野语》，中华书局，1983年，第217页。

日益普及，贪图利益者有了可乘之机，伪书开始出现，因而辨伪事业应运而生，也得到了空前的发展，一批辨伪方面的专家涌现出来。陈振孙受到这一风气影响，亦颇重辨伪，他总结了一套辨伪方法，科学且全面，成果丰硕。陈振孙虽不是辨伪名家，在辨伪领域也未受到重视，但我们不能否定他在辨伪学史上的贡献，应给予其恰如其分的评价，他的辨伪成就值得后人参考学习。陈振孙在辨伪方面的最大特点之一就是他敢于质疑，面对一切可怀疑的因素，他都会通过考证，辨别真伪，有些实在难以辨别的，他也会提出自己的观点。《直斋书录解题》中，陈振孙辨伪近百次，范围之广、数量之多，令人叹为观止。

辨伪主要有两个方向，著者辨伪和著录信息辨伪。通过著者相关信息辨伪，例如著者姓名、才识及其生活的时代，判断其与书中记载是否相符。著录信息辨伪，可以从五个方面来看：第一，根据文辞、文体等进行辨伪，各个时代文体、文法不同，措辞亦异，后人假托前人，难免有疏漏，据此可判定书之真伪；第二，参考史实也可以成为辨别真伪的方式之一，若书中出现了不是当时时代发生的事件或当时时代之后发生的事件内容，便可以断定这本书是伪书；第三，通过历朝历代目录学著作是否著录此书，著录情况如何，采用文献互征的方法来进行推断；第四，可从书的来历及流传情况辨伪，不管一本书是否有旧本，如果现在这本来历不明，从未有人见过这本书，就可以怀疑或者判定它是伪书；第五，可以从书的篇卷变化情况判断。

综上，《直斋书录解题》所采用的辨伪方法，具体而全面，完全可与一些辨伪学家所总结的辨伪方法相媲美。陈振孙对历史上分类、定位不当或存疑的图书，通过考校全书，给予纠正。虽然他不是被普遍认可的严格意义上的辨伪名家，但我们不能忽视他在辨伪学领域的成就，应该对他在辨伪学史上的贡献给出客观的评价。

(五)版本学贡献

陈振孙在揭示图书版本时，善于记录得到善本书的经过，对无法取得原本的古书，他也记录下复制的时间和地点，可谓十分用心。陈振孙对版本的研究情况主要包括以下几个方面：第一，著录版本，包括刻版人、刻版时间、刻版地点、刻版藏所、刻版经过、源流等；第二，比较版本异同，包括比较书名、篇卷数量、编次、序跋等；第三，鉴定版本，考订版本源流，指明版本来源及演变，此本与他本的关系；第四，评价版本优劣，包括对版本内容详略的评价、对版本文义得失的评价、对误本的评价、对善本的评价。受宋代收藏鉴赏善本的影响，陈振孙也大讲善本，并加以鉴赏。陈振孙不仅是一位有杰出贡献的版本目录学者，而且在对善本的鉴赏上同样具有极深的造诣，他的善本观可以说是超越了前人和同时代人，他也著录了许多连国家书目都没有的珍本和善本书。

《直斋书录解题》不仅介绍内容、考订作品学派，而且加入了包含陈振孙自己想法却又不失公正的品评。这也为后世研究宋代的文学评论发展给予了莫大帮助。通过详细考校每一本书，陈振孙对过去学术性质定位不明、分类不当的图书作出了纠正。对有关学术渊源、文学流变存疑的图书，陈振孙也进行了明确。《直斋书录解题》以完善的体例、精核的考辨和丰富的著录，奠定了其在古典目录学中的地位，成为私家目录之翘楚，是查检宋代及其以前古书内容的重要工具书，得到了人们的重视。在目录学研究的历史上，这本书可以说是私人藏书目录在数量和质量方面同时超越官修目录的转折点,在这之后的官修目录纷纷效仿此书。它将版本学、典藏学与目录学有机融合在一起,对我国目录学和版本学的发展都起着积极的作用。《四库全书总目提要》也评价该书目为藏书家著录之准绳,这样的高度评价充分体现了它的价值。

第四节　尤袤与《遂初堂书目》

一、生平概述

尤袤(1127—1194),字延之,本姓沈,因避王审知讳而改"尤"姓,号遂初居士。性嗜藏书,为宋代著名藏书家、诗人、文学家,于宋高宗绍兴十八年(1148)中进士,官泰兴县令,任职礼部尚书,后兼任国史编修官,是清正爱民的官吏。身为藏书家,他设遂初堂专供藏书,"遂初堂"是他晚年所设藏书楼,建于九龙山(今无锡惠山),得名于东晋孙绰《遂初赋》。身为诗人,他与杨万里、范成大、陆游并称"南宋四大诗人",在诗歌创作上独树一帜;身为文献学家,《遂初堂书目》是其经典之作,在古代目录学史上占据一席之地。《宋史》本传对他赞誉极佳,主要集中在以下三个方面:(1)福农桑;(2)恪礼仪;(3)扬道学。他深受当时封建统治者宋孝宗的赏识,宋孝宗曾亲口赞誉他才华横溢,近世罕有。对尤袤本人和其作品以及思想的研究，对于探究古代目录学发展有着重要意义。

二、《遂初堂书目》的主要内容和学术价值

（一）分类体系

《遂初堂书目》共著录图书 3161 种，共计三万余卷。按经、史、子、集四部分类，共有 44 小类，但却未标四大类名称，而是将四大类的体系做了相应调整，既继承了前人的传统，也彰显了尤袤的创新，而且更能突出当时存在的本朝作品和新作。如经分九类：分类方法沿袭了《崇文总目》，同时在其经部有两处变动，即将孝经类取消，并入论语类，增设经总类。将经总类重设并收录《九经》《六经图》等书，凸显了图书分类的原则，即由总到分，这也是历史之必然；史分十八类：史部变动较大，一是将岁时类取消，入农家类，二是创建五目，即国史、本朝杂史、故事、本朝杂传、史学，这体现了创新精神，三是设立故事类，但名同实异，这一类目中主要著录与典章制度有关的图书而非逸闻旧事；子分十二类：首先，尤袤将法家、名家、墨家、纵横家并入杂家，《四库全书总目》也沿袭了这一分类法，除了法家之外，也将其余诸家入杂家类目，其次，尤目将《崇文总目》设置的道书类取消，创立了谱录类，收文房四宝、玉玺刀剑等谱录，《四库全书总目》沿袭此法；集分五类：尤袤继承了《崇文总目》的分类方法，未设楚辞类，而置文史类，但他同时又创置了乐曲、章奏两类目，其中章奏类收奏议、谏疏类别的书目，陈振孙在《直斋书录解题》中将此类目改为

奏议，原入集部，但是《四库全书总目》中将诏令列为奏议类，改入史部。①

(二)收录范围

1.注意收录善本：对于当时校刻较差又相对普遍的建本图书，《遂初堂书目》没有著录，尤袤标出版本的图书大部分均为当时善本，收录较多的刻本为公史库本，大多是精校过的善本。尤袤藏有诸多珍本，如高丽本之中的《尚书》、秘阁本之中的《山海经》、朱墨本之中的《神宗实录》等。

2.重视史书，特别是当朝史书：《遂初堂书目》史部著录书籍978部，居全书之冠。较《崇文总目》《郡斋读书志》多出许多(《崇》目收史书655部，《郡》目收史书283部)。所收许多著名史籍都有多种版本，《史记》有川本、严州本两种，《前汉书》有川本、吉州本、越州本、湖北本四种，《后汉书》有川本、越本两种，《唐书》有旧杭本、川小字本、川大字本三种，《战国策》有旧杭本、姚氏本两种。尤袤对当朝史书尤为重视，《遂初堂书目》史部有国史、本朝杂史、本朝杂传、本朝故事四类，并广收本朝史书82部，而正史、编年、杂史、杂传、故事五类才收书201部；实录类收书23部，其中本朝实录足有14部；刑法类收书30部，本朝刑统、条例足有25部。尤袤身处要职，又深得宋廷信任，为他收书提供了便利条件，所以在尤氏的藏书书目中，国史、日历、实录、会要、诏旨等搜集得比较多。

3.书法作品较多：尤袤喜欢收藏书法作品并加以研究，陈振孙

---

① 崔国光：《〈遂初堂书目〉的目录学价值》，《山东图书馆季刊》2001年第3期。

说他"藏书至多，法书尤富"。他曾与沈虞卿、杨万里辨识王顺伯所藏欧阳修《集古录序》真迹，至夜不倦。《梁溪遗稿》尚存尤袤《跋兰亭》八篇有余。尤袤书目共录有三十多部书录、画录。①

(三)目录学思想

尤袤所撰《遂初堂书目》倾注了他与家人的心血。他别开一格，创建了版本目录学，也被后世所效仿。其无论是在版本史还是文献史上，均有重要的推动作用，在目录学思想领域也颇具影响。

1.特别注重目录与版本的有效结合：雕版印刷在宋代进入了发展高峰时期，同一本书出现的版本增多，而尤目最大的特点就是率先把不同版本在目录中标记体现，所以被称为古代第一部著录版本的私家书目。叶德辉在《书林清话·古今藏书家纪板本》中说："自镂板兴，于是兼言板本，其例创于宋尤袤《遂初堂书目》。"② 尤袤开创了这种版本思想，引领了后世目录学思想，明清之后的藏书家也按此法著录版本。

2.书名之前标注作者、作者朝代或者著作方式：如在经部大类下的周易类中，《易传》就有《张弼易传》《张弼解卜子夏易传》《卜子夏易传》等多个版本。看到这样的书目，读者对于作者和著作概况一目了然。

3.注重广罗异本，尤其重视善本：尤袤极为嗜书，对于善本的珍视也就不言而喻，可惜他的藏书阁毁于大火，其藏书以及作品流传甚少。

4.注重对当朝史学文献的收集和整理：北宋的灭亡到南宋的建

---

① 黄燕生：《宋代藏书家尤袤》，《图书馆杂志》1984年第2期。
② 叶德辉：《书林清话》，中华书局，1957年，第5页。

立,这期间大量书籍被毁,善本所存极少,所以南宋的藏书家们开始致力于收藏与整理文献。尤袤所著录的书目以史书居多,大多由他和他的家人、弟子以及仆人从馆阁中抄出,这为后世了解和研究宋代历史创造了条件。尤袤重视史学,不仅与他当时的身份息息相关,更是那个时代学术思潮渗透其目录学思想的深度体现。①

刻版盛行于宋,《郡斋读书志》偶记版本,至《遂初堂书目》省略小序与提要。《遂初堂书目》的最大贡献不在图书分类,而在其版本著录。该书目常一书而兼记数本。专记版本,可以说开版本目录之先。尤袤著录版本有科学的划分标准。按时代划分:有旧监本(北宋国子监刻本)与新监本〔南宋的国子监直到绍兴九年(1139)才重新印行经史,称为新监本〕,旧监本与新监本之别,即反映了刻书的不同时代;按刻书地域分:宋代地方刻书十分流行,监司、府、州、郡、县均刻书,监司刻本有江西本、湖北本等,府州刻本有吉州、池州、越州、川本等,在一定程度上反映了不同地区刻书的盛况;按刻书机构分:宋代刻书存在官刻、坊刻、私刻的区分,国子监本属于官刻本,尤袤所收《尚书》《礼记》《毛诗》《论语》《孟子》《前汉书》《后汉书》等属于官刻本,私刻本由私人刻印,后世多视为善本,姚氏本《战国策》属于私刻本;按版刻行款分:有川大字本、川小字本等;按国别分:有宋本、高丽本等之别。姚名达在《中国目录学史·体质篇》中说:"如有数种版本,则兼载之。此例一开,遂成后世最习用之体质,现存明清二代之藏书目录,十分之八皆此类也。"②

在古代目录学史上,该书目首先将一种书的不同版本明显地著

---

① 刘跃进、王玮:《尤袤的文献学思想与实践》,《求索》2016年第5期。
② 转引自崔国光《〈遂初堂书目〉的目录学价值》,《山东图书馆季刊》2001年第3期。

录于书目中，对后世版本目录学的发展影响很大。虽然与诸家小有出入，但有其独到之处，不仅记录了许多失传的古书书名，而且开目录一书兼载各种版本之例，如周易类内，有《晁氏古周易》《吕氏古周易》《吴氏古周易》的区分。因而历史上称《遂初堂书目》为古代版本目录之首或版本目录的最早著作。然现通行本，尚缺卷数、撰者、刻者、版刻地点和年代，显得过于简略，对于考证古代图书，未免有所缺略。但《四库全书总目》指出，"疑传写者所删削，非其原书耳。其《子都》别立《谱录》一门，以收香谱、石谱、蟹录之无类可附者，为例最善"。① 尤袤曾刊印古籍，经其刊印的《文选》一书，颇有影响。他在序中谈及刊书的情况时说："袤因以俸余锓木，会池阳袁史君助其费，郡文学周之纲督其役，逾年乃克成。"② 足见其于此用心良苦。

---

① 马娴：《尤袤〈遂初堂书目〉目录学探析》，《兰台世界》2012 年第 3 期。
② 魏晓帅：《尤袤卒年及〈遂初堂书目〉成书小考》，《古籍整理研究学刊》2017 年第 2 期。

第五节　马端临与《文献通考·经籍考》

一、生平概述

马端临（约1254—1323），宋元期间的史学家。他出生于官宦家庭，他的父亲马廷鸾在淳祐七年（1247）考中进士以后，便于馆阁担任秘书少监一职，后来又在咸淳年间升迁，任职南宋朝廷的丞相，"咸淳元年（1265），进端明殿学士、签书枢密院事兼同提举编修《经武要略》。丁母忧。三年（1267），同知枢密院事兼同提举编修《经武要略》"，"五年（1269），进参知政事兼同知枢密院事，进右丞相兼枢密使。八年（1272），九疏乞罢政。九年（1273），依旧观文殿大学士、知绍兴府、浙东安抚大使。上疏辞免，依旧职提举临安府洞霄宫"。①马廷鸾曾深入地钻研过历史文献，主要体现在历史文献的搜集以及整理归纳方面。

马端临小时候拜朱熹学派的曹泾为师，并被曹泾的学术思想和治学之道所影响，20岁时，他在漕试中取得第一，在南宋朝廷担任了承侍郎一职。由此可见，马端临天资聪颖。后来，马廷鸾认为宋朝奸臣当道，不愿同流合污，再加上在朝廷中受到了压迫排挤，

---

① 脱脱等：《宋史》，中华书局，1977年，第12438页。

所以离职回乡。马端临便跟随父亲一起回到家乡，侍奉在父亲左右。1279 年，南宋被元所灭，宋朝结束，马端临以隐居不再踏入仕途的行为来对元廷进行消极的抵抗。后来，马廷鸾逝世，马端临在元廷的多次施压下，重新出仕，担任了两大书院的山长。1322 年，马端临又担任台州的儒学教授。但是，他在三个月后毅然辞去职务返回家乡，不久后，因病离世，享年 70 岁。

马端临家里有大量的藏书，他自小便博览群书，对古籍文献有一定的见解。再加上他的父亲一直以严谨治学的态度来教导他，为他以后的治学之路打下了坚实的基础。马端临在早期就有编撰图书的志向，他准备完成一部历史性的杰作，但是因为对文献资料真实性的担心和顾虑，在初期他并未开始编撰著录的工作，"顾百忧薰心，三余少暇，吹筝已涩，汲绠不修"①。因此，他在日常生活中特别重视知识的累积，也会专门搜集一些重要的史料文献，并且他认为这些行为是非常有用的学习方法。他对唐朝时期杜佑的《通典》一书和南宋时期郑樵的《通志》一书是极其赞赏的，因为他推崇"会通因仍之道"，所以对一些写断代史而并未融会贯通各代典制的史学家们（如班固），则是一直秉持着反对批评的态度。从封建统治阶级的角度来看，他认为回顾历史、研究历史是为了弄清楚历代王朝或兴盛或衰败的原因，以及为后代的王朝提供过去的经验和教训。如果要实现这样的目标，则需要仔细研究每个朝代的规章制度。因此，马端临决定重新编撰一本以《通典》为基础的书，从至元二十二年（1285）至大德十一年（1307），他付出了 20 多年的努力，终于完成了《文献通考》，并于同年付梓。

---

① 马端临著，上海师范大学古籍研究所、华东师范大学古籍研究所点校：《文献通考》（第一册），中华书局，2011 年，"自序"第 2 页。

二、《文献通考·经籍考》的主要内容和学术价值

《文献通考》共有 348 卷，在内容上分为选举、田赋、职官等 24 门。这部史书在《通典》的基础上收集了大量的历史文献资料，对所收集的资料进行检查分析，剔除虚构部分，且按照时间顺序对资料进行整理分类，在每篇文章的末尾留下了文章作者以及前人的评论，并详细地阐述了自己的观点。他的按语生动地把现在和古代联系起来，以客观的历史事实为依据，结合积极的理解与判断，得出客观审慎的结论。马端临认识到南宋王朝被颠覆的主要原因是其衰败不堪的政治制度，所以他对南宋的规章制度又进行了详细的调查与记录，揭露了南宋黑暗的政治体制。该书的文献资料价值远超同一时期的同类作品。

《文献通考·经籍考》是《文献通考》中的第十九考，辑录了留存于世并可以进行考证的古籍文献近 5000 种，共计七十六卷，分 4 部 55 子目。这一部分以经、史、子、集四部为主体大类进行编撰著录，每个部分以及每一小类的开篇，都会有大小序。该书的每一类别都编撰著录了四部国史艺文志的内容，尽可能详细地介绍了这四部艺文志中所记录的古籍典藏。本书的每个条目都会有自己的辑录体提要，专门辑录了前人对这一图书的评价和理解，这些前人的评价及相关资料的来源除了《汉书·艺文志》《隋志》以及宋四部国史艺文志等史目外，还有《崇文总目》《郡斋读书志》《直斋书录解题》等官私目录，由于马端临编写得极为详尽，所以这部书在后世被很多人推崇。

(一)提要体例——辑录体

提到辑录体的产生与发展,我们大体可以追溯到三部书:《出三藏记集》《文献通考·经籍考》《中国目录学史论丛》。《出三藏记集》是典藏著录我国魏晋南北朝时期的佛教经典的目录,它的作者僧祐生活于齐、梁时期,这部书是根据定林寺收集的各种经文,以道安《综理众经目录》一书为基础所编撰的,是目前已知的最古老的佛经目录。《出三藏记集》中的总经序和述列传两大部分,收集了大多数佛教经文的书序,即使读者没有阅读过书籍原文,也可以通过阅读其序言来了解该书的写作目的和内容大要。后来,马端临创立了一种新的著录图书提要的编撰体例——辑录体,这是他发展了僧祐的"总经序"的编撰方法得出的成果。辑录体成为一种具有极高参考价值的目录提要体例,并深受后代史学家、目录学家的推崇。《郡斋读书志》和《直斋书录解题》这两部书的提要都被著录在《文献通考·经籍考》中。后世的余嘉锡在这一方面对马端临作出了极高的评价:"古者目录家之书,论学术之源流者,自撰叙录而已,未尝移录他人之序跋也……至宋马端临《文献通考·经籍考》始全采前人之书,自为之说者甚少。"[1] "辑录体目录"最终形成并得以流传于世,是王重民先生在他所著的《中国目录学史论丛》一书中给予命定的,他将"不由自己编写,而去钞辑序跋、史传、笔记和有关的目录资料以起提要的作用"[2] 这样的编撰文献的方式称为辑录体,并且他也对辑录体给出了相当高的评价,他认为辑录体是可以与叙录体、传录体并提的,这也使得辑录体在后世得

---

[1] 余嘉锡:《目录学发微》,中华书局,2007年,第85页。
[2] 王重民:《中国目录学史论丛》,中华书局,1984年,第80页。

以流传。到目前为止，辑录体目录被赋予的定义用最简洁的话来说就是"广泛辑录与一书相关的资料来揭示图书内容和进行评论的一种解题目录"①。这种提要体例的作用有以下几点。

第一，可以保存书目，并尽可能使保留下来的旧书内容接近原貌。例如李焘的《文简集》并没有留存于世，但是由于《文献通考·经籍考》收录这部古籍多达33篇序言，因此就可以借助它来了解这部文献。另外，这些古籍经过很多人传写，被传刻乃至改编和缩写，因此同一本书的文字和内容都有所不同，这使读者感到茫然。而序、跋两个板块常常用来叙述作者的生平、时代背景、学术思考、写作过程以及全书的宗旨，这样的辑录方式可以在最大程度上保留古籍文献内容的原始样貌。除了收集唐宋时期的选集和注释外，马端临还从这些书中抄出了序言和手稿。对于书籍已经不在但是序言还保存着的文献，也尽量完整地录入。只不过《文献通考·经籍考》中没有标明卷数，所以我们只能通过该书中的序跋来了解后世没有留存下来的古籍的概貌。《文献通考·经籍考》以引用文献为主要编撰辑录方式，是一部内容翔实、客观准确的目录书，奠定了马端临在中国目录学史上的地位。

第二，集众家之说，指导阅读研究。通过辑录体的方式，《文献通考·经籍考》集中且有序地罗列出古籍文献的相关资料，这样就算同一部古籍文献历经多人之手，读者通常只需阅读一篇解题，就可以理解各家对于该著作的看法与观点，拓宽研究视野，加深研究深度。文化因时而变，因势而变，辑录体能够为读者展现不同时代、不同角度所产生的学术思想，它集众家之长，让读者从多个方

---

① 王重民：《中国目录学史论丛》，中华书局，1984年，第80页。

面对这一文献产生更为深刻清晰的理解。姚名达曾对此表达过他的看法："凡各种学术之渊源，各书内容之梗概，览此一篇而各说俱备。虽多引成文，无甚新解；然征文考献者，利莫大焉。较诸郑樵之仅列书目者，有用多矣。"①

辑录体的特点是将一部文献相关的所有资料全部汇集到一起，再对此进行详细的说明阐述，其中还包括其所著录的古籍在作者编写时的前后始末、图书的内容特点以及该书的流传形式等。这一举动为后世的读者在研究某一领域的专题或参考某一书籍的相关文献时，提供了非常便捷的途径。《文献通考·经籍考》卷192，史部中著录的《新唐书》的内容里，谈到了《新唐书》编撰著录的始末，这里为了利于读者的研究与理解，便通过引用晁公武、陈振孙、宋祁、高似孙和周氏的话，使得读者在浏览时能够清晰明了。《文献通考·经籍考》因为能够很好地保存原始的文献资料，被赋予了很高的实用价值，这都源于辑录体解题这种独特的编撰体例。

第三，汇集史料，利于文献的保存、辑佚与流传。《文献通考·经籍考》作为《文献通考》一书的组成部分，著录的时间比正史要晚，而其所引用的材料又大部分来源于正史以外，旁征博引，同时在著录图书的内容方面更多地记录事实，很少加以粉饰，所以文献来源的可靠性大大提升，这足以弥补正史在编撰与流传过程中的谣传与错误。尤其是脱脱等所编撰的《宋史》，存在很多历史遗漏的问题，是正史中较为粗糙、杂乱的一部，因此《元史》的《艺文志》部分的差错自然也不会少。马端临所辑录的史书中记载最为详细的部分就是宋制，因此保留了很多在《宋史》中没有被记载的

---

① 姚名达：《中国目录学史》，上海书店，1984年，第211页。

史实。

《文献通考·经籍考》中引用的文献大多数来自《崇文总目》一书以及晁公武和陈振孙两位大家所编书目，同时附录中带有文集、序跋、杂家的笔记，很少有自己的看法与见解。他们所引用的原始文献要么是由于传播受阻，要么是因为后世的朝代更替、战乱损毁，大多数都被分散销毁了，然而这些文献都因为马端临的引用著录而被保存下来，所以《文献通考·经籍考》在保存书籍原始资料方面具有很高的价值。马端临所引用的文献大部分是宋人所写的，版本都是较为早期且没有损坏的，所以在一定程度上保留了书籍的原貌，以至于我们后世还可以从他引用著录的这一部分找到已散佚的文献材料。例如《崇文总目》中著录的一些文献资料在元初时就已经缺失，但是其类序与解题恰好有很多被马端临的《文献通考·经籍考》所辑录，这样的情况还有很多。

(二)分类体系——四分法

《文献通考·经籍考》的分类方法属于封建正统的"四分法"。经、史、子、集四大基本部类之下，再区分出若干个二级类目，其中经部十四类：易、书、诗、礼、春秋、论语、孟子、孝经、经解、乐、仪注、谥法、谶纬、小学；史部十四类：正史、编年、起居注、杂史、传记、伪史霸史、史评史钞、故事、职官、刑法、地理、时令、谱系、目录；子部二十二类：儒家、道家、法家、名家、墨家、纵横家、杂家、小说家、农家、阴阳家、天文、历算、五行、占卜、刑法、兵家、医家、房中、释氏、神仙、类书、杂艺术；集部六类：赋诗、别集、诗集、歌词、章奏、总集。总凡五十七门类。①

《文献通考·经籍考》的分类是通过参考过去官方和私人的书目并对其进行改编，然后对其进行调整综合而形成的，这也是对宋元时期的学术分类以及图书分类进行研究的成果，大体上较为符合当时的实际情况。尽管从总体趋势上看，《文献通考·经籍考》的分类体系是仿照晁志、陈录和诸家旧目所形成的，但并不是他们的复制品。《文献通考·经籍考》没有盲目复制和简单模仿以前的古籍书目，而是对它们的优点、缺陷以及异同进行了更加透彻的钻研，根据需要弃取存留，并尝试收集众家之长。与旧目相比，《文献通考·经籍考》的分类体系不仅在某种程度上学习和继承了旧目，而且有所创新和发展。

《文献通考·经籍考》的著录来源主要是《汉书·艺文志》《崇文总目》《新唐志》《直斋书录解题》《郡斋读书志》等，马端临对《文献通考·经籍考》的分类调整也是基于这些书目分类体系的。"除了资料上的限制导致难以一一考证，只好'姑仍其旧'之外，也因为《经籍考》作为史志目录，是以对前代书目的汇编为主，不像明代焦竑的《国史经籍志》那样专门致力于考订前代书目的谬误。""《文献通考》自序中说明了《经籍考》的分类项目数量，即经部13类、史部14类、子部22类、集部6类，与实际的正文内容相比较有些出入。"②《文献通考·经籍考》采用了自《隋志》以来已经很普遍的四部分类法，因为四部分类法是吸收前辈成就的最实用的分类方法。另一方面，马端临从传播的角度对上一代参考书

---

① 刘石玉：《〈文献通考·经籍考〉分类探析》，《四川图书馆学报》1987年第2期。
② 连凡：《〈文献通考·经籍考〉的分类调整及其学术意义——兼论马端临的思想立场》，《图书馆研究与工作》2017年第9期。

目的分类要素进行了全面调整,这就导致了他的分类体系几乎涵盖了以前书目中所出现的所有分类。

(三)学术价值与影响

《文献通考》充分体现了马端临的会通之道,是一部古代典籍通史的学术杰作。它不仅传承了古人已有的学术思想,还基于前辈的学术研究对古籍文献的编撰进行了创新。从《文献通考》的内容来看,马端临从更为宏大的学术思想的角度继承并充分发展了唐代杜佑和宋代郑樵的精神。他说:

> 窃尝以为理乱兴衰,不相因者也,晋之得国异乎汉,隋之丧邦殊乎唐,代各有史,自足以该一代之始终,无以参稽互察为也。典章经制,实相因者也。殷因夏,周因殷,继周者之损益,百世可知,圣人盖已预言之矣。爰自秦汉以至唐宋,礼乐兵刑之制,赋敛选举之规,以至官名之更张,地理之沿革,虽其终不能以尽同,而其初亦不能以遽异。如汉之朝仪、官制,本秦规也;唐之府卫、租庸,本周制也。其变通张驰之故,非融会错综,原始要终而推寻之……①

马端临非常重视历朝历代的相互检查、相互融合,而且认真研究了造成这种变化的主要原因。可以说,《文献通考》理论是在《通典》和《通志》的基础上形成和发展的。

史学界将宋代马端临的《文献通考》与杜佑的《通典》、郑樵的《通志》合称为"三通"。清朝《钦定四库全书》充分肯定了其

---

① 马端临著,上海师范大学古籍研究所、华东师范大学古籍研究所点校:《文献通考》(第一册),中华书局,2011年,"自序"第1页。

重要文献价值：

  臣等谨案《文献通考》三百四十八卷，宋马端临继杜佑《通典》而作。《通典》于历代因革之故粲然详备，端临病其节目去取犹有未尽，因上本经史参之历代会要、百家传记以及臣僚奏疏，诸儒评论，名流之燕谈，稗官之记录，门分类别，或续或补，可谓广博矣，端临为宰相廷鸾子，隐居著书，宋、元史皆不为立传，他著述亦无闻，而是书特足千古。①

《文献通考·经籍考》在我国古代目录学史上占据着一席之地，对后世目录学的发展有着深远影响。明清时期流传的三部较为重要的目录学研究著作就包含《文献通考·经籍考》一书，另外两部分别是宋代郑樵编撰的《通志·艺文略》以及王应麟著作的《玉海·艺文》。《文献通考·经籍考》代表着马端临对我国古代书籍目录研究的新发现，其问世也意味着我国古代目录的形式尤其是提要体例发生巨大的改变，深深地影响了我国古籍目录的发展。

---

① 马端临：《文献通考》，中华书局，1999年，第52页。

第六节　脱脱、阿鲁图与《宋史·艺文志》

一、生平概述

脱脱（1314—1356），也称脱脱帖木儿、托克托，字大用，是蒙古族蔑儿乞人。元统二年（1334），脱脱任职同知宣政院事，后来迁至中书右丞相。到至元元年（1335），脱脱被任命为相，至元三年（1337）时，被任命为都总裁官，负责《辽史》《金史》《宋史》的主编工作，此时为至元三年四月。至元四年（1338）三月，《辽史》修撰完成，同一时期，脱脱由史馆到宣文阁，命掾史仪礼鼓吹导从，《金史》《宋史》相继于至元四年十一月和至元五年（1339）十月完成撰修，三史共用两年半的时间完成。就在《金史》完成之时，即元至元四年，脱脱因病辞去职务，而后继位中书右丞相的是阿尔拉·阿鲁图，他继续负责辽、金、宋三史的纂修工作，尤其是其中的《宋史》部分。

阿尔拉·阿鲁图，蒙古族阿儿剌部人。他虽然是主持编纂《宋史》的都总裁，但是却不认识汉字，所以他只是在史料支持、财政、管理方面起到了作用，给予了一定支持，并没有实际参与《宋史》的编纂。

二、《宋史·艺文志》的主要内容和学术价值

(一)分类

《宋史·艺文志》采用的是四部二级分类法,史志目录自《隋书·经籍志》以后都是用这种方法,《宋史·艺文志》也不例外。其划分为四大类,分别是经、史、子、集,而这四类又进一步细分为若干小类,总共合计四十四类。以上指出的是该志书在结构上对前代的承袭,除此之外,该志的类别设置也更加合理和精致。《宋史·艺文志》在类目的设置上进一步完善,取消"起居注",将其内容附入"编年","杂史"分为新设的"别史""史钞"两个类目,原来的"杂传"和"伪史"也分别改成了"传记"和"霸史"。此外,《宋史·艺文志》首次设立的"史钞",而后也被《明史·艺文志》延续使用,在《四库全书总目提要》中开始被解析为"史评""史钞"。[①]《宋史·艺文志》一共有四十四类,包括经部十类,史部十三类,子部十七类,集部四类。《宋史·艺文志》以四部宋代国史为蓝本,全书体例井然有序,在书名下标注作者的姓名及关于这本书的具体的介绍,为后代进行研究提供了极大的便利和借鉴。

(二)著录

《宋史》作为有宋一代的正史,卷册数量近五百,这在历代的正史中可以说是非常少有的,而它的《艺文志》的篇幅也已经达到

---

① 刘子明:《略论脱脱与〈宋史·艺文志〉》,《山东图书馆季刊》1985年第2期。

八卷,共著录书籍9819部,共有119972卷,其数量几乎是《隋书·经籍志》的两倍,相比于《汉书·艺文志》,《宋史·艺文志》的卷数也是远远超过的。就算拿唐代书目与之相比,在开元藏书最盛时期,《宋史·艺文志》所录书籍数目也略胜一筹。《宋史·艺文志》除了总体的著录数量庞大以外,宋代的学术水平也可以明显地由其类书、别集的著录情况反映出来。类书作为一种工具资料,不仅起到了汇总文献、博采群书的作用,而且集聚各种文献的精华为一体。它的编撰,可以在一定程度上真实反映出一个时代的学术水平。《宋史·艺文志》总共著录类书11393卷,远远超过了《旧唐书·经籍志》和《新唐书·艺文志》的卷数。而且,值得一提的是,一些具有极高学术价值的著作,其篇幅更为浩大,同样也在宋代修成,而且被著录在《宋史·艺文志》中,如《太平御览》,其编修者为李昉等人,还有《册府元龟》,其编修者是王钦若等人。①

由此可知,宋代具有丰富的文献典籍,而且其创作规模与水平也不断提升,两者都朝向更高的层次迈进。和前代的史志目录相比较,《宋史·艺文志》的"别集类"著录书籍的数量也非常大,共有书籍1824部,这也在一定程度上反映出宋代创作成果的丰硕,凸显了宋代学术氛围之浓郁。

(三)讹舛

《宋史》最先是由脱脱进行主持编纂的,而后脱脱辞职,变为由阿鲁图主持编纂,而且在编纂的过程中也有停顿,致使其缺少应有的连贯性。成书过程仓促,造成了《宋史·艺文志》的讹舛。

―――――――――

① 周翔宇:《从〈宋史·艺文志〉看宋代学术特点》,《乐山师范学院学报》2010年第6期。

《宋史·艺文志》的编例存在纰漏，较为混乱。如有些人物的朝代先后顺序是不正确的，武则天在唐太宗前面，宋徽宗排在晋代阮籍之前；书名存在问题，已经存在《李煜集》，而后又有《南唐李后主集》；类别无序混乱，不同类别的书不应混为一谈，而同类的书自然也要放在一起，否则会出现很多重复，在二级类目中，出现了混异为同的现象，而且，在总集中可以看到别集，和尚集中却有女道士的内容；卷数不正确，《后魏书纪》中有注释为"本七卷"，但是经过考证，其实正确的应该是"本一百七卷"；[①] 部分内容丢失，《宋史·艺文志》中并没有记载《西汉会要》七十卷和《东汉会要》的相关内容，《宋史·艺文志》承袭了《旧唐书·经籍志》的做法，在编纂时删掉了四部宋代国史艺文志的小序部分，在一定程度上加大了我们考究唐以后的学术源流的难度。

(四)价值

《宋史》作为两宋时期的正史，其史志目录——《宋史·艺文志》的文本内容对于宋代学术的研究以及宋代的社会特点、文献的参考价值都具有非常大的意义。《宋史·艺文志》的总序部分介绍了宋代在图书整理、目录编订上的情况，统计得出的数据在一定程度上反映了宋代在著书、藏书、校书上的庞大规模；其分类的方法和原则也体现出了宋代学术的地位，以及在历史发展中的传承与融合。在标注释义内容这一方面，可以根据作者信息、书籍的真伪以及其流传程度等进行研究，为后代考究宋代文学提供了丰富的值得借鉴的资料。

[①] 邱健群：《记〈宋史艺文志〉的讹舛》，《赣图通讯》1985年第1期。

《宋史·艺文志》的价值体现在以下几个方面：第一，它包含了非常丰富的宋代学术信息，后辈研究者可以通过它对宋代的学术水平、层次进行考究；第二，后代学者可通过历代官私目录的对比情况更加明晰地掌握宋代学术的特点与发展进程中不同学术的前进与倒退情况，进一步体会学术的不断发展与延续的过程；第三，采用"未著录"的方法，《宋史·艺文志》在脱脱主持编纂时期，可依赖的书目资源并不宏富，主要是因为在宋宁宗之后，既不存在国史，也不存在政府官藏目录，因此脱脱采用的是"未著录"的方法，也就是欧阳修编纂《新唐书·艺文志》时首次使用的方法，进一步通过补录的形式将宋宁宗之后的图书流传情况进行汇总，同时，也会注释出补录的部分。由此可以看出，新书补录的部分汇聚了史馆存有的一些新书，在一定程度上，也可以将之作为一条分界线，用来划分艺文志与补录的新书，这也是一种学术上特殊价值的体现。而且，《宋史·艺文志》留存了比较丰富的四部宋代国史艺文志的内容，有助于我们根据其编纂方法进一步考究四部宋代国史艺文志的情况，也能够凸显宋宁宗之后的宋代学术文化发展水平。

目前留存的三部宋代的私家书目（晁公武的《郡斋读书志》、陈振孙的《直斋书录解题》以及尤袤的《遂初堂书目》），加上官修目录《崇文总目》的留存部分，仍然远不及《宋史·艺文志》著录的书籍数量。它在分类设计上，也有很多进步和可取之处。作为《宋史》的史志目录，《宋史·艺文志》有着很大的学术价值，我们可以透过它，了解到宋朝多个方面的风貌。《四库全书总目》虽曾讽《宋史·艺文志》是所有史志目录里最"丛脞"的，但又有"考两宋之事,终以原书为据,迄今竟不可废焉"① 的评价,这既是对《宋史》的肯定,也是对其《艺文志》目录学价值的承认。

第七节　王尧臣、欧阳修与《崇文总目》

一、生平概述

(一) 王尧臣

王尧臣(1003—1058),字伯庸,应天府虞城县(今河南虞城)人,北宋大臣、文学家、书法家。宋仁宗天圣五年(1027),王尧臣状元及第,累擢知制诰、翰林学士。宋夏战争时,王尧臣历任陕西体量安抚使、泾原路安抚使,于边防部署、将帅任用方面多有建白,后任权三司使,奏止增收民房租及虢州盐井岁课。

王尧臣中状元后,授将作监丞、通判湖州,后被召试回京,改任秘书省著作郎、直集贤院,因其叔父王冲犯法而受牵连,出知光州。光州饥荒,百姓群起为盗,朝廷欲从重处罚,王尧臣上疏以为此乃灾荒时政务所应抚恤,不可苛责,被宋仁宗嘉纳。父亲病逝

---

① 纪昀、陆锡熊、孙士毅等著,四库全书研究所整理:《钦定四库全书总目》(整理本),中华书局,1997年,第637页。

后，王尧臣离职为其服丧，服丧期满后，担任三司度支判官，再升为右司谏。郭皇后突然去世后，王尧臣奏请仁宗调查左、右侍医者，并请停上元灯节，以示哀悼。景祐四年（1037），王尧臣擢知制诰，入翰林为学士，知审官院。宋夏战争时，王尧臣为体量安抚使，临行前，请仁宗免关中租赋二年，以安民心，同心御敌，获准。回京后，王尧臣上疏分析局势与对策，仁宗用其意告诫边关守将。庆历元年（1041），宋军兵败好水川，仁宗震惊，罢韩琦、范仲淹。王尧臣谏言二人皆当世英才，忠义智勇，不应如此安置，又力荐种世衡、狄青有将帅之才。后仁宗重新任韩琦、范仲淹为招讨使，置府泾州，加兵三万，再遣王尧臣为泾原路安抚使。王尧臣回朝后，就边防建设两次上疏，皆被朝廷采纳。母亲病故，服丧期满，王尧臣转右谏议大夫。皇祐三年（1051），王尧臣以本官升拜枢密副使。王尧臣请奏定制，裁抑侥幸，深得朝廷嘉许信任。即使有人把一封匿名信散布在京城举告他，仁宗也置而不问，仍对他信任有加。嘉祐元年（1056）三月，王尧臣拜户部侍郎、参知政事（副相），位列执政。嘉祐三年（1058），仁宗想要升授王尧臣为枢密使，但当草制的学士胡宿却坚决予以抑制，仁宗于是改拜他为吏部侍郎。八月二十一日，王尧臣在任上病故，享年五十六岁。仁宗闻讣讯，为其辍朝一日，追赠尚书左仆射，谥号"文安"。元丰三年（1080），王尧臣之子王同老进献王尧臣请求立宋英宗的遗稿来为父请功，宋神宗向另一当事人文彦博求证后，得知此事本末，于是加赠他为太师、中书令，改谥"文忠"。

王尧臣工诗词，擅书，以文学名，典内外制十余年，文辞温丽。又精于目录学，有《崇文总目》传世。

（二）欧阳修

欧阳修，北宋景德四年六月二十一日（1007年8月1日）寅时，出生于绵州（今四川绵阳），当时他父亲任绵州军事推官，已经56岁了。三年后（大中祥符三年，即1010），其父去世，欧阳修是家里的独子，与母亲郑氏相依为命，孤儿寡母只得到湖北随州去投奔欧阳修的叔叔。叔叔家不是很富裕，好在母亲郑氏是受过教育的大家闺秀，用荻秆在沙地上教欧阳修读书写字。欧阳修的叔叔也不时关怀，总算没有让童年的欧阳修失去基本的教育。

欧阳修自幼喜爱读书，常从城南李家借书抄读。他天资聪颖，又刻苦勤奋，往往书不待抄完，已能成诵；少年习作诗赋文章，文笔老练，有如成人，其叔由此看到了家族振兴的希望，曾对欧阳修的母亲说，嫂子不必担忧家贫子幼，你的孩子有奇才！不仅可以创业光宗耀祖，他日必然闻名天下。十岁时，欧阳修从李家得唐《昌黎先生文集》六卷，甚爱其文，手不释卷，这为日后北宋诗文革新运动播下了种子。

二、《崇文总目》的主要内容和学术价值

王尧臣精于目录学。宋仁宗景祐元年（1034），当时昭文馆、史馆、集贤院及秘阁的藏书谬乱不全，仁宗便让王尧臣和史馆检讨王洙、馆阁勘校欧阳修等人对三馆秘阁藏书进行校正编订，撮其条目，讨论撰次，又仿唐《开元四部录》体例，编列书目，于庆历元年（1041）撰成，共66卷，十二月奏请题名为《崇文总目》。

《崇文总目》的分类采用四部法，共收编书30669卷。所收到

的书，每类皆有小序，每书附有解题，这些小序和解题提高了该书的学术价值，其中的分类法则及著录方法也为后世图书的分类著录提供了借鉴，有极大的裨益。[①] 其成就不仅体现为王尧臣、欧阳修等人总结、继承前人成果，分类著录当时馆阁所藏典籍，更重要的是，分类描述了各学术研究流派的发展趋势，反映了当时的学术研究状况和文化水平，展示了目录著作在"辨章学术，考镜源流"上的关键作用。

清嘉庆四年（1799），钱侗等人从《欧阳文忠公集》《玉海》《文献通考》等书目中，辑成《崇文总目辑录》5卷。《崇文总目》在分类和在类下作序的目录学方法，对后世的官私目录影响甚大。当代目录学家汪国垣论"陈、晁诸人，因尝取法于此。故书虽亡失，后学览其目录，尚可推见全书本末"。[②] 该书目为北宋重要的官修目录。

（一）版本源流

《崇文总目》现在通行的版本有三：一是天一阁宋版明抄《崇文总目》一卷，即"绍兴改定"本；二是清乾隆间四库馆臣辑本，十二卷，《四库全书》所收即此本，另有武英殿聚珍本通行（《四库全书》修好之后，只刊行了《武英殿聚珍版书》，收书一百三十八种，多数是从《永乐大典》中辑佚出来的宋元著作）；三是嘉庆间东垣辑本，五卷，自秦鉴、伍崇曜、鲍廷爵等人刊印之后，《崇文总目》便在社会上流行开来，《丛书集成初编》亦将它收录其中，

---

① 邱进友：《对宋代〈崇文总目〉的探讨》，《图书馆学研究》1997年第4期。
② 汪辟疆：《目录学研究》，华东师范大学出版社，2000年，第32页。

成为现在通行的版本,也是最接近《崇文总目》原貌的版本。①

《崇文总目》的小序采用相对简练的文字来叙述学术源流,通过介绍图书的分类、类目的性质、内容、发展流变和社会意义等,为读者梳理出一个学派、一门学科由形成到发展及对后世的影响等一系列待解答问题的脉络。《崇文总目》的小序是从宏观、大局上进行鸟瞰式的通览,从而对学术的全貌和发展源流作出综合性的评价论述,这也是《崇文总目》对前人编目经验的总结与升华,实质上体现了目录学与发展环境紧密相连的时代精神。

目录著作中各种书籍的学术研究流源、发展趋势派系和设定此类的目的和实际意义,一般皆有结论。若不是在前人研究的基础上有新发现,或者是对类目的增、删、并、改作出表述和阐明,后人目录著作的小序通常因不肯反复前人旧说,而偏重简化。纵览《隋书·经籍志》之后发现,至《四库全书总目》时,以前目录著作中的小序莫不这般。《崇文总目》的小序尽管由于过度简化而被减弱,但欧阳修以其博学多识、独到的看法和深厚的目录学基本功,对各种小序的发展趋势概况所作的简约而不失重点的概述,仍是小序发展史上一块重要的里程碑。

(二)分类影响②

《崇文总目》作为宋朝第一部官修目录,弘扬了自《别录》《七略》至今将目录编写与学术思想史融合起来的优良作风,不但系统地著录、展示并评价了宋仁宗之前尚存的关键文化艺术著作,真正

---

① 李彩霞:《〈崇文总目〉版本源流考及小序辨》,《河南图书馆学刊》2004年第5期。
② 李彩霞:《〈崇文总目〉的分类在目录学史上的成就和影响》,《江西图书馆学刊》2007年第1期。

地体现出那时候的学术思想体系和派系,还对之后数百年中国图书目录工作和学术思想的发展,产生了积极主动的影响。

与《旧唐书·经籍志》相比,《崇文总目》删去了谶纬、经解和诂训,将经部分为易、书、诗、礼、乐、春秋、论语、孝经、小学九类。谶纬是混合神学附会儒家经义的书,它包含了一些天文、历法和地理知识,也保存了不少古代神话传说,但主要是荒诞的神学迷信。西汉末年,谶纬之学逐渐流行,至东汉时更加兴盛,《隋书·经籍志》《群书四部录》《古今书录》《旧唐书·经籍志》皆在经部中将谶纬设为独立一类。然自隋炀帝下令禁毁纬书之后,谶纬之书的数量一直呈递减趋势。《隋书·经籍志》中有谶纬书十三部,《旧唐书·经籍志》有九部,到了宋初,除《易纬》一书独存外,其余皆不见记载。《崇文总目》遂将仅存的《易纬》归入易类,并删去谶纬类。谶纬之书的锐减,客观上反映了文献的流失情况,但主观上也显示出当时学术正统的偏向。

经解和诂训由《群书四部录》首立,此后又被《古今书录》和《旧唐书·经籍志》沿用。经解类主要收解释、阐发六经经义的书,诂训类则收以今语解释古语或方言的注释类图书。《崇文总目》删去了这两类,并将有关书籍按其性质散入各类,如将《旧唐书·经籍志》经解类中的《五经钩深》和《匡谬正俗》(《崇文总目》分别作《五经钩沈》和《刊谬正俗》)入论语类,将《经典释文》入小学类,《谥法》和《谥例》入礼类,又将原属诂训类中的《尔雅》、《别国方言》(《崇文总目》作《方言》)和《释名》等书归于小学类。诂训和小学两类学科性质接近,而且有诸多交叉、共通之处,将它们合二为一既省去了读者区分、辨析的功夫,又进一步简化了类目界限。

"实录"是齐梁以后由史官以起居注等史料为根据纂修的资料长编，是当朝人所撰的当时历史资料编年，修撰者都是专职史官，他们既有严格的专业素质，又能接触最原始的档案记录，因此所引资料往往十分翔实可靠。而且实录所记内容非常广泛，除帝王政治活动外，凡有关军国大事、社会动态、政策措施等，都有极详细的记载。在宋初馆阁所藏的记录君王日常活动的三十三本书籍中，有二十九部以"实录"二字命名，如《唐高祖实录》《正观实录》《唐则天实录》《唐中宗实录》等，另外四本亦以"某某录"（《唐年补录》《后唐懿祖纪年录》《后唐献祖纪年录》《后唐太祖纪年录》）名书，《崇文总目》将类名由起居注改为实录，能够令读者很快地由类名联想到书名，既方便又快捷。

《崇文总目》又改杂传类为传记类。在以往二级类目"杂传"下，既有先贤耆旧、孝友忠节之士这些传统上所认为的典范，也有良吏、高僧这些受人尊敬的智者，他们的传记怎能与无类可归之人的传记一样被统称为"杂传"呢？《崇文总目》将其二级类目改名为"传记"，使它更加客观、更加全面地反映类目下所包含的全部内容。自《崇文总目》改名之后，《郡斋读书志》《直斋书录解题》《文献通考·经籍考》《宋史·艺文志》《四库全书总目》一直采用"传记"这一称呼。唯独欧阳修在编撰《新唐书·艺文志》时，大概因与《崇文总目》的编者系同时代人，不愿授人以步他人后尘的笑柄，遂取了一个中庸的说法：杂传记。但这一类名的使用，亦显系受《崇文总目》影响而成。

《崇文总目》正式采用"伪史"一名，着重著录五代十国时期的历史书籍，如《前蜀王氏纪事》《后蜀孟氏后主实录》《吴将左录》《高皇帝过江事实》《烈祖开基录》等。欧阳修在伪史类小序中说:"历考前世僭窃之邦,虽因时苟偷,自强一方,然卒归于祸败。故录于篇,以为贼乱之戒云。"① 在一定程度上是带有政治色彩的,但"伪史"一名自此在《新唐书·艺文志》《郡斋读书志》《直斋书录解题》《文献通考·经籍考》中被相继采用,是由《崇文总目》开端的。

北宋初期,国家和社会对农业的重视则体现在《崇文总目》史部中新增"岁时"类图书,这一类在收录图书上顺应新的时代要求,在理论上体现出对这一时期农业发展的认识水平。史部岁时类建立后,《直斋书录解题》《文献通考·经籍考》《四库全书总目》都继承了它的做法,在类名上略作改动,称为时令类,将有关农业生产、时令节气的书单独列为一类。

在《旧唐书·经籍志》的基础上,《崇文总目》将道书和释书列为独立的两类。《崇文总目》虽不能像《四库全书总目》那样成熟、合理地安置二类(将释书列为子部独立一类,道书则附于子部道家类之下),但它将二者独立于子部的做法,得到了晁公武《郡斋读书志》和陈振孙《直斋书录解题》的赞同(此二家私撰目录亦将二类独立于子部,只不过在类名上略有小异,前者称神仙类、释书类,后者称神仙类、释氏类),并为将来《四库全书总目》兼采它与《旧唐书·经籍志》之长,为二类做出妥善安置打下了基础。《崇文总目》道书类分九节,各节皆有一定之主题,或叙调息服气,或谈保真辨伪,或论金液大丹,或述神仙秘诀,最后一节则专列修道之人的传记。分则各自独立,合则环环相扣,所以道书类图书虽多,却自成体系,极有条理,难怪郑樵称赞它"古人不及,后来无

---

① 转引自李彩霞《〈崇文总目〉的分类在目录学史上的成就和影响》,《江西图书馆学刊》2007年第1期。

以复加也"。

《崇文总目》又将《旧唐书·经籍志》类事类改为类书类。随着类书数量和种类不断增多，其所涉及的范围也从简易到繁复逐渐扩展，新增诗文、辞藻、人物、典故、天文、地理、典章制度等各个领域，还加入了编者的辨释、考证和校勘，"几乎无所不包，内容范围相当广泛"。[①] 继续称为"类事"，则不能再适应类书日益庞杂的内容。《崇文总目》顺应这一历史潮流，首次使用了"类书"一名，而且该名经《新唐书·艺文志》《直斋书录解题》《文献通考·经籍考》《四库全书总目》等沿用后，便作为专业的学术用语使用了。

《崇文总目》将文学评论和文艺理论之书从总集中分离出来，作为文史类首次单独列出。唐宋时期，文学创作十分活跃，大量作家作品涌现，再加上宋代理学观念的启蒙、文学作品评议之风的影响和自魏晋南北朝以后数百年批判性文学之书的积累，使文学理论和文学评论的水准在宋代有了明显的提高。假如继续将该类书附于总集中，不但在总数上有失协调，也不符学术研究本身发展的实际要求，因此，《崇文总目》在集部中独立列举文史类一类，毫无疑问地获得了后世目录著作者的一致赞同。

《崇文总目》既消化吸收前代目录著作的优秀成果，又大胆寻求创新，进一步对分类结构进行优化提升，调节书籍类属，使四分法在类目设定和图书分类上更为科学规范，更加合乎目录著作为储存和使用书籍的客观规律。总而言之，《崇文总目》在书目分类上的个人见解和非凡成就，对后人目录著作所产生的影响是极为深远

---

① 李彩霞：《〈崇文总目〉的分类在目录学史上的成就和影响》，《江西图书馆学刊》2007年第1期。

的，这一宝藏还有待后世的进一步探索与发掘。

第八节　欧阳修与《新唐书·艺文志》

一、生平概述

欧阳修的童年经历，前文已述。现主要介绍其学术成就。欧阳修（1007—1072），字永叔，号醉翁、六一居士，汉族，吉州永丰（今江西省吉安市永丰县）人，北宋政治家、文学家，且在政治上负有盛名。因家乡吉州原属庐陵郡，故其以"庐陵欧阳修"自居，官至翰林学士、枢密副使、参知政事，谥号"文忠"，世称欧阳文忠公。后人将其与韩愈、柳宗元和苏轼合称"千古文章四大家"与韩愈、柳宗元、苏轼、苏洵、苏辙、王安石、曾巩并称"唐宋散文八大家"。作为宋代文坛领袖，欧阳修可以说是开创一代文风之人。韩愈的古文理论在他这里得到继承和发扬，北宋诗文革新运动也由他发起倡导。在进行文风变革的同时，他也对诗风词风进行了革新。说到一代文风的开创，则离不开其正确的古文理论和高度成熟的文学创作。在史学等其他领域，他也取得了较高的成就。

欧阳修是杰出的应用文写作家，《欧阳修全集》收录文章2651篇，应用文2619篇，可见他的文章写作主要是应用文写作；另撰

《新五代史》74卷,《新唐书》75卷。他不仅在应用文领域颇有建树,而且对应用文理论方面的贡献也很大,比如对应用文的概念的确立。大部分研究者会认为应用文一词最早见于南宋张侃的《跋陈后山再任校官谢启》:"骈四俪六,特应用文耳。"(《拙轩集·卷五》)此处张侃只涉及应用文取"四六"的语言形式,严格意义上来说还不能说是对应用文概念的明确。直到北宋时,欧阳修在《辞副枢密与两府书》中云,嘉祐五年(1060)十一月奉制命授枢密副使,"学为应用之文"。这里的应用文是指公文文体。他在同一年的《免进五代史状》中自述为得功名事无用之时文,得功名后,"不忍忘其素习,时有妄作,皆应用文字"。"文字"即文章,这里的应用文指实用文章。欧阳修将应用文作为独立的文章体裁,从文体形式和实用性质这两方面对应用文概念进行明确,构筑应用文理论的大体框架。他提出应用文的性质应该是从实用出发的。他赞扬苏洵的应用文章"实有用之言"(《荐布衣苏洵状》),黄校书策论"中于时病而不为空言"(《与黄校书论文章书》)。欧阳修关于应用文的实用性质是很明确的,他认为应用文的特点有三。

一是真实。欧阳修认为写史要"立传纪实"(《进新修唐书表》)。所谓"纪实",就是应像《春秋》一样褒贬善恶,"传其实而使后世信之"(《魏梁解》),"求情而责实,别是非,明善恶"(《春秋论中》),"书事能不没其实"(《唐于复神道碑》)。他还认为诏令"必须合于物议,下悦民情"(《论慎出诏令札子》),用当今的语言来表述,就是要与实际相符。欧阳修主张应用文真实,一是为了应用,二是为了传于后世。

二是简洁质朴。"典、诰、誓、命之文,纯深简质"(《崇文总目叙释·正史类》),赞扬孔宙碑文简质(《后汉泰山都尉孔君碑》），朝廷诏书应"复古朴之美，不必雕刻之华"（《论李淑奸邪札子》），铭应"言简而著"（《内殿崇班薛君墓表》），"师鲁之《志》，用意特深而语简"（《论〈尹师鲁墓志〉》），"文书甚简"（《乞洪州第七状》），简洁质朴是欧阳修文章批评的标准之一。

三是得体。他赞扬刘敞追封皇子公主九人的公文典雅，"各得其体"（《集贤院学士刘公墓志铭》），"体"指内容而言，欧阳修谓之"大体"。"公于制诰，尤得其体"（《尚书兵部员外郎知制诰谢公墓志铭》），他赞扬谢希深的制诰尤得西汉制诰之体，"体"指文体。"考其典、诰、誓、命之文，纯深简质，丁宁委曲，为体不同"（《崇文总目叙释·正史类》），"体"指语体。欧阳修主张应用文应合大体、文体、语体，其理论已相当精深。①

二、《新唐书·艺文志》的主要内容和学术价值

欧阳修《新唐书·艺文志》是对《旧唐书·经籍志》的补充和修订，存在三种文献来源，合《旧唐志》本身，《新唐志》实际由四部分组成：一是《隋志》，即贞观见存书；二是《旧唐志》，即开元见存书；三是《崇文总目》等，即以馆阁藏书为主的北宋见存唐人书；四是史传文献所载唐时所当有书。其中第一和第二部分共同构成了《新唐志》的"著录"部分，而第三和第四部分共同构成了《新唐志》的"不著录"部分，并对"著录"部分进行了修订。②

---

① 郁士宽：《欧阳修应用文体创作成就及价值探析》，《六盘水师范学院学报》2014年第4期。
② 马楠：《〈新唐书·艺文志〉增补修订〈旧唐书·经籍志〉的三种文献来源》，《中国典籍与文化》2018年第1期。

《新唐志》力图反映唐时藏书、著述之盛，综合了贞观、开元可以考知的官府藏书，补入了北宋尚存的唐人著述，更据史传文献推求了唐时应当有的著述。

（一）增补

《新唐志》"著录"部分的书籍许多为《旧唐志》所无，是《新唐志》据《隋志》补入的。也就是说，《隋志》（贞观见存）与《旧唐志》（开元见存）共同组成了《新唐志》的"著录"部分。这种情况集中体现在史部、子部和集部中。

王重民先生认为《新唐志》增补的"不著录"部分依据了北宋时见存的唐人著述，特别以欧阳修十多年前参与编纂、总记崇文院三馆秘阁书的《崇文总目》为最重要的参考书目。其实《崇文总目》之外，庆历至嘉祐年间馆阁陆续搜访到的唐人著述也被补入《新唐志》的"不著录"部分。

《崇文总目》中史部职官类，"《唐六典》三十卷"至"《唐循资格》一卷"凡十六种仪注类，"《大唐郊祀录》十卷"至"《中礼仪注》八卷"凡十九种全部补入《新唐志》"不著录"部分，呈现出明显的修纂过程。

明确庆历时《崇文总目》著录崇文院见存唐人书，于嘉祐时补入《新唐志》"不著录"部分，还有一个特殊作用：《崇文总目》解题多佚，正可用补入《新唐志》"不著录"书籍的小注来钩辑佚文，试以史部编年类为例：

表 5-1　史部编年类六种

《崇文总目》编年类	《新唐志》编年类
唐朝年代纪十卷　焦璐撰	焦璐唐朝年代记十卷（徐州从事，庞勋乱遇害）
古今通要四卷　苗台符撰	苗台符古今通要四卷（宣、懿时人）
古今年代历一卷　贾钦文撰	贾钦文古今年代历一卷（大中时人）
帝王历数歌一卷　刘轲撰	刘轲帝王历数歌一卷（字希仁，元和末进士第，洺州刺史）
嘉号录一卷　韦美撰	韦美嘉号录一卷（中和中进士）
西汉至唐年纪一卷　李匡乂撰	李匡乂西汉至唐年纪一卷（昭宗时宗正少卿）

焦书当从《宋志》作《圣朝年代记》；苗书、贾书既称"古今"，当止于宣宗、懿宗大中时。以上六种皆可据《新唐志》小注推知《崇文总目》解题。①

(二)修订

1.据《隋志》

题名：《新唐志》不仅据《隋志》补充了"著录"部分，还据《隋志》修订了《旧唐志》的题名、卷帙、撰人等著录项。如《旧唐志》著录：商子五卷，商鞅撰；《隋志》著录：商君书五卷，秦相卫鞅撰。《新唐志》据此著录为：商君书五卷，商鞅或作商子。

卷数：《新唐志》据《隋志》修订"著录"部分，更普遍体现在卷数的著录上，在史部尤其明显。经部、子部、集部也时有此类

---

① 马楠：《〈新唐书·艺文志〉增补修订〈旧唐书·经籍志〉的三种文献来源》，《中国典籍与文化》2018 年第 1 期。

情形出现，如经部小学类。① 如《旧唐志》著录：字林十卷，吕忱撰；《隋志》著录：字林七卷，晋弦令吕忱撰。《新唐志》据此著录为：吕忱字林七卷。

撰人：《旧唐志》未著撰人或撰人有误，《新唐志》也据《隋志》修订补充，仍以史部、子部最为频繁，如史部职官类。② 如《旧唐志》著录：齐职仪五十卷，范晔撰；《隋志》著录：齐职仪五十卷，齐长水校尉王珪之撰。《新唐志》据此著录为：王珪之齐职仪五十卷。

类目：《新唐志》类目其实多有调整，如子部小说家末二十四种（从戴祚《甄异传》三卷、袁王寿《古异传》三卷至侯君素《旌异记》十五卷、唐临《冥报记》二卷），《隋志》与《旧唐志》都在史部杂传类，《新唐志》入小说家类，说明北宋时对这些书籍的理解已经发生很大变化，但仍然存在一些《新唐志》据《隋志》类目回调，不从《旧唐志》的例子。

2. 据《崇文总目》

《新唐志》不仅在"不著录"部分据《崇文总目》补入了北宋见存的唐人书，且据《崇文总目》修订了"著录"部分的卷数、撰人和类目。这就导致《新唐志》的"著录"部分也不是开元和贞观时的旧貌，特别是卷数上的修订主要是以多改少，其中自然多有割裂卷帙、增续本书的情形。

卷数：据北宋馆阁藏书修订，《崇文总目》有"《高士传》十卷

---

① 马楠：《〈新唐书·艺文志〉增补修订〈旧唐书·经籍志〉的三种文献来源》，《中国典籍与文化》2018年第1期。
② 马楠：《〈新唐书·艺文志〉增补修订〈旧唐书·经籍志〉的三种文献来源》，《中国典籍与文化》2018年第1期。

皇甫谧撰"，《宋书艺文志》同，盖据三朝或两朝《国史艺文志》。①《新唐志》书名作《蒋子万机论》，据《隋志》修订。其书卷帙，《隋志》《旧唐志》各计八卷，《新唐志》据宋时见存修订。《中兴馆阁书目》《宋志》载《蒋子万机论》为十卷，北宋时未详，亦当为十卷。《崇文总目》有《握鉴方》三卷，镜避"敬"改"鉴"，与《龙龛手鉴》同例。《新唐志》据之修订卷数为三卷。

撰人：《崇文总目》作《春秋决事比》，"董仲舒撰。丁氏平，黄氏正。初仲舒既老病致仕，朝廷每有政议，武帝数遣廷尉张汤问其得失，于是作《春秋决事》二百三十二事，动以《经》对，至吴太史令吴、汝南丁季、江夏黄复，平正得失。今颇残缺，止有七十八事"。②"黄氏正"据《崇文总目》补入。《隋志》《旧唐志》皆不著撰人，如在《旧唐志》类书类，有著录"《修文殿御览》三百六十卷"一则，而《新唐志》则著录为"祖孝征等《修文殿御览》三百六十卷"，与《崇文总目》所载《修文殿御览》三百六十卷祖珽等撰同。《旧唐志》不著撰人，在医术类有"《雷公药对》二卷"一则，《新唐志》据《崇文总目》著录为"徐之才《雷公药对》二卷"。

另外，《许先生传》由《旧唐志》二卷改为一卷，也是根据《隋志》和《崇文总目》进行的修订。《崇文总目》以《搜神总记》《续齐谐记》等书入子部小说家类，《新唐志》同。又如王琰《冥祥记》十卷、戴祚《甄异传》三卷、祖冲之《述异记》十卷、荀氏

---

① 马楠：《〈新唐书·艺文志〉增补修订〈旧唐书·经籍志〉的三种文献来源》，《中国典籍与文化》2018年第1期。
② 尹海江：《〈汉书·艺文志〉研究——以〈六艺略〉为中心》，博士学位论文，浙江大学，2007年。

《灵鬼志》二卷、祖台之《志怪》四卷、孔氏《志怪》四卷、刘之遴《神录》五卷、刘义庆《幽明录》三十卷、王曼颖《续冥祥记》十一卷等书，均移入子部小说家类；而《新唐志》中唐临《冥报记》二卷在史部杂传记类与子部小说家类中重出，也反映了修订的痕迹。

第六章

宋辽夏金元时期图书馆学人及其著作（下）

第一节 宋敏求与《春明退朝录》

一、生平概述

宋敏求，字次道，赵州平棘（今河北赵县）人，北宋方志学家、历史学家、藏书家。仁宗宝元二年（1039），赐进士出身，为馆阁校勘。任编修官，预修《新唐书》。历同知太常礼院、通判西京、知亳州。英宗治平中召为《仁宗实录》检讨官，同修起居注，知制诰、判太常寺。屡经官场浮沉，后任史馆修撰、集贤院学士，加龙图阁直学士，修《两朝正史》，又著《长安志》20卷、《河南志》20卷（今佚）、《春明退朝录》3卷。[①]

二、《春明退朝录》的主要内容和学术价值

《春明退朝录》是北宋宋敏求所写的一部历史见闻笔记类著作，其中所述多为唐至北宋的国朝旧故、典章制度，所记内容主要依据作者自身经历、所见所闻，间有一些逸闻轶事、风物习俗的记载。

（一）成书源起

在文化极为繁荣的宋代，由于雕版印刷术日益完善且不断地得到推广与应用，图书数量与日俱增，这为士人得书提供了便利。在此社会背景下，涌现了一批著名的私人藏书家，如司马光、杨徽之、毕士安、宋绶、王洙、曾巩、叶梦得、刘恕、李昉、欧阳修等，宋绶之子宋敏求也是其中一位。

1. 缘起家学

宋敏求出身于藏书世家。祖父宋皋在太宗朝官至尚书度支员外郎、直集贤院，父亲宋绶官至参知政事，是北宋著名的藏书家。范镇在《宋谏议敏求墓志》中有记：

> 公讳敏求，字次道。赵州平棘人。世事王氏。曾祖龟符，犹为王氏平棘令，赠太师、中书令。祖皋，太宗、真宗时，尚书度支员外郎、

[①] 田青刚：《宋敏求与宋代方志编纂》，《焦作师范高等专科学校学报》2010年第3期。

直集贤院，赠太师、中书令、谯国公。父绶，兵部尚书、参知政事，赠太师、中书令、尚书令、燕国公，谥曰"宣献"。①

  作为两宋时期典型的文化望族的一员，宋敏求潜心钻研，继承并发展了家族的藏书事业。从小接触大量的典藏著作，经年积累，为其日后应召编修史书奠定了扎实的史学基础，也为其后来编纂《春明退朝录》提供了丰富的史料来源。宋敏求在撰写《春明退朝录》时，善于征引正史中的史料。②其藏书来源主要有三处：一是姻家所赠。宋敏求的曾祖父宋皋娶杨家之女，即杨徽之的女儿，宋敏求的父亲宋绶娶毕士安的孙女，而宋敏求又娶毕士安的曾孙女，毕士安与杨徽之两家所赠图书是宋氏藏书的一个重要来源。二是朝廷所赐。宋敏求家族中人历有为官者，每每有得赏、赐书。三是来自他的父亲宋绶。作为著名的私人藏书家，宋绶自然不乏藏书与著作。③

  家藏典籍约三万卷，宋敏求皆略诵习，多次亲自校雠；朝廷官修史书宋敏求也参与其中，他熟悉朝廷典故，士大夫有疑义必向其求教。苏颂曾撰称"家书数万卷，多文庄、宣献手泽与四朝赐札，藏秘唯谨"。④宋敏求家学深厚，自己也潜心实践，从而跻身宋代藏书家之列。

2. 著于陋室

  宋敏求在熙宁三年（1070）写作此书，至熙宁十年（1077）才

---

① 宋敏求著，诚刚点校：《春明退朝录》，中华书局，1980年，第51页。
② 李慧：《宋敏求〈春明退朝录〉研究》，《闽西职业技术学院学报》2020年第1期。
③ 尉艳芝：《作为藏书家的宋敏求》，《科教文汇》2006年第11期。
④ 尉艳芝：《作为藏书家的宋敏求》，《科教文汇》2006年第11期。

陆续完成，时间跨度很大。因在熙宁二年（1069）时，御史中丞吕公著反对王安石推行的青苗法，王安石"怒其深切"；在讨论吕惠卿的任用问题时，吕公著与神宗和王安石又发生分歧，与王安石的关系恶化，王安石"诬其言韩琦欲因人心，如赵鞅兴晋阳之甲，以逐君侧之恶"[①]，吕公著因此被贬为颍州知州。

时任知制诰的宋敏求负责草拟诏书，王安石要求宋在诏书中说明吕公著的罪状，而宋敏求却只说王敷陈失实。因所草之制不符合王安石要求，得罪宰相，宋敏求被免去知制诰一职，以右谏议大夫"奉朝请"，不再有参与朝政的资格。这段时间，除了在家"奉朝请"，宋敏求还被委任众多官职，被安排了一些具体的工作。《宋史》本传中记载宋敏求在"奉朝请"之后，"除史馆修撰、集贤院学士"，后又加龙图阁直学士，入史馆修撰仁宗、英宗《两朝国史》。[②] 这段时间，宋敏求在读书编书之余，开始写作《春明退朝录》。他不仅对家中丰富的藏书加以利用，对宋廷中央政府的国家藏书也充分挖掘。任职于馆阁的经历使他接触到一些珍本、秘本书籍，他将自己的读书心得写入《春明退朝录》中。因其宅邸位于东京城春明坊，且每日退朝后撰写此书，故有此书名。

（二）内容

因为是随手著录的笔记杂著，全书并没有明确的编纂体例，卷次条目之间关联较少，作者并未对其加以分类整理，因而显得较为散乱。关键词句后附有作者自作的小注，小注内容多为对主要条目内容的说明和补充，主要有人名地名的解释、避讳用字的说明、引

---

① 脱脱等：《宋史》，中华书局，1977年，第9736页。
② 史晓春：《宋敏求〈春明退朝录〉研究》，硕士学位论文，东北师范大学，2019年。

用文献的出处以及一些制度的简单演变过程。①

宋敏求在自序中提及"观唐人洎本朝名辈撰著以补史遗者，因纂所闻见继之"，范镇在所作墓志铭中记述，"《三川下官录》《入藩录》《春明退朝录》各二卷"，现在全书均分作三卷，也许是后人所为。②

1. 国朝旧故

唐制，宰相四人，首相为太清宫使，次三相皆带馆职，洪（正字犯宣祖庙讳）文馆大学士、监修国史、集贤殿大学士，以此为次序。本朝置二相，昭文、修史，首相领焉；集贤，次相领焉。三馆职，惟修史有职事，而颇以昭文为重，自次相迁首相乃得之。赵令初拜，止独相，领集贤殿大学士，续兼修国史，久之，方迁昭文馆。薛文惠与沈恭惠并相，薛自参政领监修，拜相仍旧，而沈领集贤。毕文简与寇忠愍并相，而毕领监修，寇领集贤。王太尉独相，亦止领集贤。近时王章惠、庞庄敏初拜及独相，悉兼昭文、修史二职，非旧制也。③

唐两京皆有三馆，而各为之所，所以逐馆命修文字。本朝三馆合为一，并在崇文院中。景祐中命修《总目》，则在崇文院，余各置局他所，盖避众人所见。《太宗宝录》在诸王赐食厅，《真宗实录》在元符观。祥符中，修《册府元龟》，王文穆为枢密使领其事，乃就宣徽南院厅以便其事。自后遂修国史、会要，名曰编修院。又修《仁宗宝录》，而《英宗实录》同时并修，遂在庆宁宫史馆，领日历局，置修撰二员，宰相为监修。自置编修院，以修撰一人主之，而《日历》等书，皆析

---

① 史晓春：《宋敏求〈春明退朝录〉研究》，硕士学位论文，东北师范大学，2019年。
② 李慧：《宋敏求〈春明退朝录〉研究》，《闽西职业技术学院学报》2020年第1期。
③ 宋敏求著，诚刚点校：《春明退朝录》，中华书局，1980年，第12—13页。

归编修院。①

从以上两段话中可以看出《春明退朝录》中记载了唐朝旧事，在第二段中，宋敏求提到在景祐年间修《总目》，所经手史书中记载的内容和本朝的事件相关，故而从前代典籍中撷取相关内容并结合自身的经历和所见所闻，将相关史料结合进行编撰。正是由于《春明退朝录》史料来源广泛，且大多为官家史书和相关著述，所以显得真实可信。②

2. 典章制度

予尝判官告院、知制诰，时又提举兵、吏、司封，官告院而不白司勋，恐遗之也。凡文臣及节度观察防团刺史、诸司使副、内殿承制崇班，皆用吏部印。管军至军校环卫官，用兵部印。封爵命妇用司封印。加勋用司勋印。③

此段文字标明为宋敏求本人亲身经历，看似简单随意，但真实反映出当时北宋的政治生活状况。宋敏求自述曾为"判官告院、知制诰"的经历，加深后人对宋敏求仕途经历的了解，并提供了可靠的史料记录。同时介绍印章的使用情况，也为后人了解北宋朝廷用印情况提供了史料。④

---

① 宋敏求著，诚刚点校：《春明退朝录》，中华书局，1980年，第25页。
② 李慧：《宋敏求〈春明退朝录〉研究》，《闽西职业技术学院学报》2020年第1期。
③ 宋敏求著，诚刚点校：《春明退朝录》，中华书局，1980年，第19页。
④ 李慧：《宋敏求〈春明退朝录〉研究》，《闽西职业技术学院学报》2020年第1期。

太宗时，始置磨勘差遣院，后改为审官。真宗时，京朝官四年乃得迁。天圣中方有三年之制，而在外任者不得迁，须至京引对，乃得改秩。明道中，始许外任岁满亦迁。时恭谢天地覃恩，不隔磨勘，有并迁者，于是朝士始多。皇祐明堂覃恩，隔磨勘，人情苦其不均。①

此段记载了不断变化的北宋官员考核制度以及磨勘制度效率低下对在朝官员的影响，这些不合理的制度使官吏们敢怒不敢言，心中愤懑难忍。

3.逸闻轶事

《春明退朝录》多记述前朝之事，彼时宋敏求年纪尚轻，不可能一一目睹，许多宫闱野史也不能载入正史之中。于是，京都市井成为宋敏求获得史料的场所之一，这些从市井收集的谈资趣闻作为史料难免有渲染夸大之处。这类史料在书中的数量较多，转述他人的话语时，通常明确标明为某人所说。

迩英阁，讲讽之所也。阁后有隆儒殿，在丛竹中，制度特小。王原叔久在讲筵而身品短，同列戏之曰："宜为隆儒殿学士。"②

王原叔是北宋时的大儒，受人崇敬，在遭同僚打趣时，王原叔也不计较，可见其平易近人，恢廓大度。

宋景文言：大、小孤山以孤独为字，有庙江壖，乃为妇人状。龙图阁直学士陈公简夫留诗曰："山称孤独字，庙塑女郎衫。过客虽知

---

① 宋敏求著，诚刚点校：《春明退朝录》，中华书局，1980年，第15页。
② 宋敏求著，诚刚点校：《春明退朝录》，中华书局，1980年，第14页。

误,行人但乞灵。"时称佳句。①

此段详细记录了名士诗句的评唱,介绍当时的赏游胜地大孤山和小孤山,又引龙图阁直学士陈简曾为其所赋之诗,被誉为赞颂大小孤山最好的诗句。可以看出《春明退朝录》本身是一部笔记体史料典籍,因掺杂了一些琐闻轶事,所以也有一定的趣味性。

4.风俗习惯

《四库提要》中说此书"杂说杂事亦错出其间","二纪以来,不闻街鼓之声,金吾之职废矣"。② 城市发展,里坊制度被废除,城市风俗变化均蕴含其中。中卷第 31 条记上元日燃灯之制,简述自汉代至宋代的上元日发展过程,由此也可以看出社会的风俗变化。

宋敏求在写作此书时,不单单将前人著作作为参考资料,还将自身的经历和见闻写入其中。关于社会风俗的内容有很多,《春明退朝录》记载,唐时清明取榆柳之火,以赐近臣戚里,宋朝因袭了这一做法;对元宵节的记述有唐太宗时"观灯独盛"的评价。这些杂说和杂事有的翔实,有的荒诞,散乱地分布在全书各卷中。

(三)文献价值

1.辑佚价值

宋敏求家的藏书很多,北宋年间晁说之就曾指出:"惟是宋宣献家四世以名德相继,而间有毕丞相、杨文庄二家之书,其富盖有

---

① 宋敏求者,诚刚点校:《春明退朝录》,中华书局,1980 年,第 41 页。
② 史晓春:《宋敏求〈春明退朝录〉研究》,硕士学位论文,东北师范大学,2019 年。

王府不及者。"① 另有自宋初至神宗熙宁年间的报状，所藏唐人诗集特别完备，为一般藏书家所不及。

2. 史料价值

《春明退朝录》的史料来源十分广泛，所记内容纷繁有趣，于朝政、典制、轶事风俗均有记载，但主要还以朝政、典制为主，有当时之制，也记其发展之变，并无明显规律可循，其所记载的时间跨度也较长。全书一些条目的史料价值很高，其中的部分条目可用来增补史缺，也可参校正史，具有较高的史学价值。后代学者的引用也很多。

3. 补史证史

宋敏求在《春明退朝录》中收录的史料遍及唐、五代以及北宋初期，对丰富唐、五代和北宋初期的史料载录具有重要的补充作用。宋代的统治者向来重视"祖宗之制"，不肯轻易变革太祖、太宗时期的制度，将其作为长久之法加以沿袭，然而在具体操作时，宋廷法制的细微变动亦时常发生。宋敏求常年任职于中枢，于朝制礼仪极为熟悉，对于这些变化能够加以察觉并将之记录在书。因此在本书中我们就看到某些条目在叙述其制度变革时尤为琐碎且细致。宋敏求在《春明退朝录》中所载的部分条目或为史书所不载，或为先前笔记小说所无，在一定程度上起到了补史证史的作用。

例如卷中"唐节度使除仆射、尚书侍郎，谓之'纳节'，皆不降麻，止舍人院出制。天禧中，丁晋公自保信军节度使除吏部尚书、参知政事，先公在西阁当制。至和中，韩魏公自武康军节度使

---

① 尉艳芝：《作为藏书家的宋敏求》，《科教文汇》2006 年第 11 期。

除工部尚书、三司使,降麻,非故事也"① 所载"纳节"和"降麻",《宋史》《资治通鉴》《续资治通鉴》等正史中都没有详细记载,《春明退朝录》对此进行了补缺。

鉴于五代军阀跋扈的历史教训,宋代的统治者在开国之初就确立了重文轻武的基本国策,大力发展文化教育事业。在科举方面扩大科举取士数量、取消门第限制、提高考中进士的士人待遇,极大地刺激了社会各阶层参加科举的积极性,整个社会形成了浓厚的读书重教风气,而教学的需要则促进了宋代私人藏书风气的普及。宋敏求不仅仅藏书,还经常校勘书籍,"退朝则与子侄翻雠校订,故其收藏最好精密"。② 朱牟也曾记载:"宋次道云'校书如扫尘,随校随有'其家藏书皆校三五遍者,世之蓄书,以宋为善本。"③ 因其孜孜不倦的校勘,宋氏家藏文献的质量得以大大提高。宋敏求所藏书籍数量丰富,质量精审,宋氏又乐于将所藏之书借与他人,因此极大地扩大了典籍的受众面,提升了典籍的使用率,促进了知识的传播,有利于文献的保存和质量的提高,为宋代文化增添了光彩,也为我国古代学术文化作出了巨大的贡献。

作为一名史学家,宋敏求曾编修过许多重要的史籍。他本人通读史书杂记和各类私人著述,有很高的文学素养,在撷采史料上往往有所选择,行文言简意赅。北宋神宗年间,经过数年潜心修作的《春明退朝录》最终成书,所载内容既可补充史书之缺,又可作为小道笔记,给后世研究北宋提供了翔实的史料文献。此书随后在当时的士大夫中广泛流传,诸多著作中都能见到引用此书文字的痕

---

① 宋敏求著,诚刚点校:《春明退朝录》,中华书局,1980年,第22页。
② 尉艳芝:《作为藏书家的宋敏求》,《科教文汇》2006年第11期。
③ 尉艳芝:《作为藏书家的宋敏求》,《科教文汇》2006年第11期。

迹。《春明退朝录》在一些条目之间，其前后互有关联，对于特定的主题往往进行一定的分类总结。这样的条目遍布全书三卷之中，成为本书的一大特点。《春明退朝录》详记本朝史事，在全书写作中也贯彻了史书写作的笔法，大多数条目资料并没有过多的褒贬，成书后不久，元丰官制便推行全国，此书未受元丰官制的影响，当时朝中新党、旧党的争执也未对本书的写作产生影响。可以说本书的语言比较平实，力求反映客观事实，作者本人的感情色彩体现得并不明显，与其他书对比核验，其中内容大多都真实可信，足资考证。其中不少条目开创先例，为后代学者效法。

第二节　赵明诚与《金石录》

一、生平概述

赵明诚（1081—1129），字德父（亦作德甫、德夫），密州诸城（今山东诸城）人，宋代著名金石学家、文物收藏家及古文字学家。历任鸿胪少卿，莱州、淄州知州和建康知府，对考古、金石、书画研究颇深，一生志在收集研究各种金石铭刻，他穷毕生之力收集到"上自三代，下迄隋、唐、五季；内自京师，达于四方遐邦绝域"[①]

[①] 转引自贺云翱主编《女性考古与女性遗产》，江苏人民出版社，2020年，第273页。

金石档案两千余卷，并在妻子李清照的协助下，"皆是正讹谬，去取褒贬"①，编录成了《金石录》三十卷，前十卷为目录，后二十卷为辨证，凡跋尾五百零二篇。②

赵明诚出生在一个文化艺术氛围极其浓厚的官宦家庭，优良的启蒙教育和深厚的学术研究氛围，造就了他日后研究金石工作所必备的文史积累和艺术鉴赏能力。③ 其父赵挺之官至尚书右仆射兼中书侍郎，少年时就喜欢收藏古籍和碑帖，家里有很多书籍和珍贵的文物，黄庭坚就曾经在赵挺之的平原监郡西斋"观古书帖甚富"。赵挺之对古籍和珍贵文物的收藏充满热情，其子赵明诚耳濡目染，对金石文物产生了浓厚的兴趣。同时，其家学渊源也为《金石录》的编纂研究积累了大量的参考资料。此外，赵明诚的妻子李清照虽以词名世，但其二人的志趣却十分契合，尤其在金石学方面。在《金石录》的整个编写研究过程中，李清照也投入了大量的精力，并且在赵明诚去世后，整理和完善了其所遗留下来的《金石录》书稿，并将其上表给朝廷，使其能够最终刊行于世。不可否认的是，李清照作为《金石录》的共同创作者，同时也是赵明诚最有力的支持者。

赵明诚在《金石录序》中曾说"余之致力于斯，可谓勤且久矣。非特区区为玩好之具而已也"，又说"是金石之固犹不足恃。然则所谓二千卷者，终归于磨灭，而余之是书有时而或传也"。可见，赵明诚编写《金石录》其实是一个漫长而艰辛的过程，绝非

---

① 转引自赵齐平《李清照与赵明诚及〈金石录〉》，《北京大学学报》（哲学社会科学版）1987年第5期。
② 李财富、张蓓：《论赵明诚〈金石录〉及其档案史料思想》，《档案学研究》2014年第2期。
③ 陈扬：《赵明诚与金石研究》，《辽宁教育行政学院学报》2008年第9期。

"玩好之具"。他是恐"金石之固犹不足恃","二千卷者,终归于磨灭",想通过对金石刻词"是正讹谬,去取褒贬",达到"上足以合圣人之道,下足以订史氏之失",为后世好古博雅之士保存重要史料的目的。"虽处忧患困穷而志不屈",赵明诚的这种崇高的人生追求是他能够持之以恒地从事金石研究的基石,《金石录》是金石研究在宋代的集大成之作,它的完成离不开赵明诚经年累月的悉心搜寻、临摹拓写、辨别真伪和纠错考订。①

二、《金石录》的主要内容和学术价值

赵明诚用毕生的精力收集、编录和考证金石碑刻,写成《金石录》一书。《金石录》的题跋强调了金石对经史的查证补正作用,如证史之误、补史之阙、纠史之妄、考察典制等,大大丰富了史料来源。赵明诚《金石录》以金石证史,以事实为依据,以史论史,以史为鉴,做到了客观公正。

(一)成书及体例

金石学的查证研究首先从收集金石开始。收集金石铭刻的数量不足,金石之学就是没有基石的大楼。应当说,收集金石的工作是金石学研究最初始也是最重要的一项工作,是极为关键的一环。同时,金石的收集工作也是相当辛苦且艰难的,收集和考订金石器物及铭文就用去了赵明诚一生中的大部分时间和精力。李清照在晚年所作《金石录后序》中回忆他们刚结婚时:

---

① 赵齐平:《李清照与赵明诚及〈金石录〉》,《北京大学学报》(哲学社会科学版)1987年第5期。

（赵明诚）年二十一，在太学作学生。赵季族，素贫俭。每朔望谒告出，质衣取半千钱入相国寺，市碑文果实归，相对展玩咀嚼，自谓葛天氏之民也。后二年，出仕宦，便有饭蔬衣练，穷遐方绝域，尽天下古文之志。日就月将，渐益堆积。丞相居政府，亲旧或在馆阁多有亡诗逸史，鲁壁汲冢所未见之书，遂力传写浸觉有味不能自已，后或见古今名人书画，三代奇器亦复脱衣市。①

后来赵明诚"连守两郡，竭其俸入，以事铅椠。每获一书，即同共勘校，正集签题，得书画、彝鼎，亦摩玩舒卷，指摘疵病，夜尽一烛为率"。李清照甚至"食去重肉，衣去重采，首无明珠翡翠之饰，室无涂金刺绣之具"，以搜罗"书史百家"。②赵明诚夫妇收集、考订金石器物及铭文，专心致志近乎痴迷，他们认为其中之乐趣远在声色犬马之上。

赵明诚在《金石序》中道出了自己如此痴迷于金石的收集和研究的心声，他说：

余之致力于斯，可谓勤且久矣。非特区区为玩好之具而已也。盖窃尝以得《诗》《书》以后，君臣行事之迹，悉载于史，虽是非褒贬，出于秉笔者私意，或失其实，然至于善恶大迹，有不可诬，而又传说既久，理当依据。若夫岁月地理官爵世次，以金石刻考之，其抵牾十常三四。盖史牒出于后人之手，不能无失，而刻辞当时所立，可信不

---

① 转引自吴军兰《赵明诚与他的〈金石录〉》，《丽水师范专科学校学报》2000年第6期。
② 赵齐平：《李清照与赵明诚及〈金石录〉》，《北京大学学报》（哲学社会科学版）1987年第5期。

疑。则又考其异同，参以他书，为《金石录》三十卷。①

由此可知，赵明诚收集金石并不是因为"玩好之具"，而是为了更好地弥补史料的不足，更正史料中的错误，还原真实的历史。

宋人对金石学的研究兴趣十分浓厚，上至官府下至个人都十分喜好金石的收集和整理工作，这种风气也对赵明诚产生了很大的影响。赵明诚曾说：

> 余自少小喜从当世学士大夫访问前代金石刻词，以广益闻。后得欧阳文忠公《集古录》，读而贤之，以为是正论谬，有功于后学甚大。惜其尚有漏落，又无岁月先后之次，思欲广而成书，以传学者。②

这当中有两层含义：其一，赵明诚十分推崇欧阳修的《集古录》，认为其书"有功于后学甚大"；其二，赵明诚认为《集古录》有不足之处，"惜其尚有漏落，又无岁月先后之次"。因而赵明诚本着"思欲广而成书"的理想，撰写了《金石录》一书。《金石录》共三十卷，前十卷为目录，后二十卷为跋尾。按时代顺序排列，以前十卷为例，卷一为三代、秦、汉，卷二为汉、魏、吴、晋、伪汉、伪赵、东魏、梁，卷三为后魏、梁、北齐、后周、隋、唐，卷四至卷九均为唐，卷十则包括唐、五代和宋朝，时世次第非常清楚。《金石录》的目录部分，将全书著录的金石文献都编了号码，起"第一，古器物铭一"，终"第二千，日本国诰"。其著录形式为：一编号，二文物名称，三标注年月。如卷一：第五十，汉鳞凤赞并记，

---

① 转引自吴伟华《宋代金石学著作的学术价值》，《齐鲁艺苑》2007年第1期。
② 转引自李菁《宋代金石学的缘起与演进》，《中国典籍与文化》1998年第3期。

永建元年（126）七月；第五十一，汉国三老袁君碑，永建六年（131）二月。这种讲求时代先后次第的编著方法十分科学，检索起来亦十分方便。①

(二)金石证史

赵明诚不仅有广博的学识，还具备严谨而求实的研究态度，因此他对自己收录的金石文献进行了充分而细致的考证。赵明诚之金石证史，总体而言，有如下特点：

1. 有信亦有疑

历史书籍中的错误和误解可以被其他书籍校准，但它们在对史实的叙述上通常是不同的，很难判断是非。但古代石碑、石刻，多为当时人所写。有的是墓主的门生故吏，有的是亲朋知己，耳闻目睹，其内容往往会更真实。赵明诚就曾说："余每得前代名臣碑版，以校史传，其官阀岁月少有同者，以此知石刻实为宝也。"②（卷十五《汉荆州刺史度尚碑》）《唐乘广禅师碑》后题跋亦有："初余为《金石录》，颇采前贤所为碑版，正文集之误。禹锡之文，所录才数篇，最后得此碑以校集本，是正者凡数十字，以此知典籍岁久转写脱误，可胜道哉！"③（卷二十九）因为墓志碑铭之类的文章，多出自墓主亲故之手，未免会有褒扬失实之处。因而赵明诚并没有一味地迷信古碑，而是从实际出发，如《汉幽州刺史朱龟碑》后注明

---

① 吴军兰：《赵明诚与他的〈金石录〉》，《丽水师范专科学校学报》2000 年第 6 期。
② 吴军兰：《赵明诚与他的〈金石录〉》，《丽水师范专科学校学报》2000 年第 6 期。
③ 赵齐平：《李清照与赵明诚及〈金石录〉》，《北京大学学报》（哲学社会科学版）1987 年第 5 期。

"疑碑所书非实录也"。①《后周宇文举碑》也注"史云宣帝以宿憾杀之,而碑称遘疾薨,疑作碑者为讳,其事当以史为正"。② 由此可见,赵明诚对于碑文的真实与否有着清醒的认知,能够实事求是,考虑到碑文的实际情况,做到有信但不尽信,有疑但不尽疑。

2. 知史证史论史

对史书典籍的考证并不是金石学的最终目的,由金石考证而知历史变幻,由过去而知今世,赵明诚的金石学说研究包含了他对历史时空和政治倾向的理解。在赵明诚的金石题跋中,或议朝廷的冗员泛滥,或批汉唐时期的宦官专权,或品评人物等。如《唐放生池碑阴记》后按"唐自天宝以后,纪纲废坏,讲官之滥,不可胜载"(卷二十八)。③ 又比如《唐郭英碑》后注明:

> 余观韦述所撰集贤注记天宝间凡隶名于集贤者,皆一时文学之选。盖官以待制之为名,所以备人主顾问言语侍从之臣也。今乃以武夫庸人参于其间,可乎?代宗之政,共纪纲废弛者多矣,岂特以此而已哉!④(卷二十八)

这很容易使人联想到北宋王朝"冗官"的积弊。《金石录》中还有好几处批判汉、唐时期宦官专权,如《汉费亭侯曹腾碑》后按:"东汉自安、顺以来,阉竖尊宠用事,往往封侯贵显……阉竖

---

① 陈扬:《赵明诚与金石研究》,《辽宁教育行政学院学报》2008年第9期。
② 吴军兰:《赵明诚与他的〈金石录〉》,《丽水师范专科学校学报》2000年第6期。
③ 赵齐平:《李清照与赵明诚及〈金石录〉》,《北京大学学报》(哲学社会科学版)1987年第5期。
④ 吴军兰:《赵明诚与他的〈金石录〉》,《丽水师范专科学校学报》2000年第6期。

用事之祸，可胜言哉！"①（卷十四）这和宋徽宗重用宦官甚至让宦官统军的情形十分类似。赵明诚用金石学抒发其对历史的感叹，考史论史中包含对人物的品评。《金石录》中特意表扬敢于对武则天"犯颜晓辨"的徐昕（卷二十八《唐万年县令徐昕碑阴》），赞美"清德冠当世"的宋璟（卷二十八《唐宋广平碑阴侧记》），肯定"忠义之节贯金石"的颜杲卿（卷二十九《唐颜杲卿碑阴》）而谴责"以妖妄诌谀事武后"的姚璹（卷二十五《唐工部尚书姚璹碑》），鞭挞"妒贤嫉能"、为人"憸愎"的李林甫（卷二十七《唐陈留尉刘飞造像记》）。很显然，赵明诚借用金石碑铭中所提及的人物，来阐明其政治理想。②

清初谢启光在给《金石录》撰写的后序中曾赞扬此书："考订精详，品骘严正，往往于残碑断简之中，指摘其生平隐慝，足以诛奸谀于既往，垂炯戒于将来，不特金石之董狐，实文苑之《春秋》。"③

---

① 吴军兰：《赵明诚与他的〈金石录〉》，《丽水师范专科学校学报》2000年第6期。
② 赵齐平：《李清照与赵明诚及〈金石录〉》，《北京大学学报》（哲学社会科学版）1987年第5期。
③ 吴军兰：《赵明诚与他的〈金石录〉》，《丽水师范专科学校学报》2000年第6期。

第三节 李清照与《金石录后序》

一、生平概述

李清照(1084—1155),号易安居士,汉族,齐州章丘(今山东济南章丘区)人。宋代女词人,婉约词派代表,有"千古第一才女"之称。李清照生于书香门第,早期生活优裕,其父李格非藏书甚富,她小时候就在良好的家学环境中打下了较好的文学基础。18岁时,李清照与长她三岁的太学生赵明诚结婚。出嫁后与丈夫赵明诚共同致力于书画金石的搜集与整理。金兵入据中原时,李清照流寓南方,境遇孤苦。所作词,前期多写其悠闲生活,后期多悲叹身世,情调感伤。形式上善用白描手法,自辟途径,语言清丽。论词强调协律,崇尚典雅,提出词"别是一家"之说,反对以作诗文之法作词。能诗,留存不多,部分篇章感时咏史,情辞慷慨,与其词风不同。李清照前半生生活安定优裕,词作多写闺阁之怨或是对出行丈夫的思念,如《渔家傲》"造化可能偏有意,故教明月玲珑地。共赏金樽沉绿蚁,莫辞醉,此话不予群花比"。[1] 1107年移居青州,1127年金兵攻陷青州,李清照与丈夫南渡江宁。《金石录后序》

---

[1] 陈杰:《浅谈李清照作品中的抗争意识》,《青年文学家》2019年第17期。

曰:"既长物不能尽载,乃先去书之重大印本者,又去画之多幅者,又去古器之无款识者。后又去书之监本者,画之平常者,器之重大者。凡屡减去,尚载书十五车,至东海,连舻渡淮,又渡江,至建康。"① 行至镇江时,正值张遇攻陷镇江府、镇江守臣钱伯言弃城逃去之时。建炎二年(1128)春,始抵江宁府。

南渡后,李清照生活困顿。1129年8月,丈夫赵明诚去世,9月,金兵南犯。李清照带着沉重的书籍文物开始逃难,她基本上是追随着宋帝逃亡的路线,从建康出逃,经越州、明州、奉化、宁海、台州,一路逃下去,一直漂泊到海上,又过海到温州。李清照一孤寡妇人眼巴巴地追寻着国君远去的方向,自己雇船、求人、投亲靠友,带着她和赵明诚一生搜集的书籍文物。赵明诚生前有托,这些文物是舍命也不能丢的,而且《金石录》也还没有出版,这是她一生的精神寄托。她还有一个想法,就是这些文物在战火中靠她个人实在难以保全,希望追上去送给朝廷,但是她始终没能追上皇帝。她在当年11月流浪到衢州,第二年3月又到越州。这期间,她寄存在洪州的两万卷书、两千卷金石拓片被南侵的金兵焚掠一空,而到越州时随身带着的五大箱文物又被贼人破墙盗走。绍兴四年(1134),李清照完成了《金石录后序》的写作。10月,李清照在金华避乱期间,写成《打马图经》并《序》,又作《打马赋》。所作《题八咏楼》诗,悲宋室之不振,慨江山之难守,其"江山留与后人愁"之句,堪称千古绝唱。绍兴十三年(1143)前后,李清照将赵明诚遗作《金石录》校勘整理,上表朝廷。绍兴二十五年(1155),李清照在故土难归的遗憾中凄然辞世。

---

① 陈杰:《浅谈李清照作品中的抗争意识》,《青年文学家》2019年第17期。

二、《金石录后序》的主要内容和学术价值

《金石录》一书由赵明诚和李清照夫妻二人合著而成,后因变故,赵明诚先逝,李清照为了表达对丈夫的悼念,著成《金石录后序》。赵明诚、李清照夫妇酷爱收集古物,《后序》中写道:"每获书,即同共校勘,整集签题。得书画彝鼎,亦摩玩舒卷,指摘疵病。"① 每次得到新的书籍,赵明诚、李清照夫妇都要一同进行校雠勘误,对书籍进行整理归类、登记造册。李清照在赵明诚逝世后回忆起他撰写《金石录》的场景时这样写道:"因忆侯在东莱静治堂,装卷初就,芸签缥带,束十卷作一帙,每日晚更散,辄校勘二卷,跋题一卷。"②

(一)初步具备现代图书馆管理特征

《金石录后序》中李清照这样记录:"收书既成,归来堂起书库大橱,簿甲乙,置书册。如要讲读,即请钥上簿,关出卷帙。"③ 每次有新书引进的话,赵明诚都会把它们按照甲乙部次来分类,放置在书库大橱指定的位置上,如果想取出档案使用阅读的时候,就要先在簿子上登记,然后方可讲阅。由此可见,赵明诚已经有了建立书籍存放处的意识并且建立了书库大橱,还将书籍归类存放。登记

---

① 李财富、张蓓:《论赵明诚〈金石录〉及其档案史料思想》,《档案学研究》2014年第2期。
② 刘镇:《赵明诚、李清照夫妇藏书考论——以〈金石录〉及〈金石录后序〉为研究范围》,《文艺生活(艺术中国)》2016年第5期。
③ 李财富、张蓓:《论赵明诚〈金石录〉及其档案史料思想》,《档案学研究》2014年第2期。

借书的规则更是避免了图书发生"不知所踪"的情况,保障了"藏书阁"的规范运行。当遇到"或少损污"的情况,李清照他们则"必惩责揩完涂改"。[①] 意思就是如果借书的人把书弄脏或者损坏了,那么借书者就会遭受处罚和批评,必须擦拭修正完才行。这就和现代图书馆的运营有相似之处,现代图书馆也是对新书进行分类编排,借书的时候也要跟踪书的行踪,即登记借阅者信息,如果借阅者将书籍丢了或者损坏了,就要给图书馆相应的赔偿。可见,赵明诚、李清照所建设的藏书阁已经开始具备图书馆的基本特征了。

(二)建立副本制度

李清照在《金石录后序》中说:"遇书史百家,字不刓阙、本不讹谬者,辄市之储作副本。"[②] 由此可见,赵明诚、李清照夫妇在整理档案时,已经开始注重副本制度的建立。对于比较稀有且珍贵的书籍,一旦借出去,假如借书者爱不释手,就有还不回来的可能,所以书的主人可能就比较为难,而建立副本制度,一来可以保护书籍文物不至于丢失,二来方便借阅,使得更多的人有机会利用书籍。

(三)对书籍、档案及时登记整理

李清照在《金石录后序》中曾写到,他们获得新的书籍不是看完之后随意放在一边,而是一同校对勘误,分类整理,登记造册。

---

① 韩中慧:《从〈金石录后序〉谈李清照的文献观》,《宁夏大学学报》(人文社会科学版)2017年第5期。
② 韩中慧:《从〈金石录后序〉谈李清照的文献观》,《宁夏大学学报》(人文社会科学版)2017年第5期。

前已述李清照回忆，赵明诚每晚对书卷进行校勘、跋题的场景，表明每天晚上他不仅要进行档案整理，还要撰写题跋，这些都体现了他们对档案及时整理的高要求。①

《金石录后序》中记载："赵、李族寒，素贫俭。每朔望谒告出，质衣取半千钱，步入相国寺，市碑文果实归，相对展玩咀嚼，自谓葛天氏之民也。"赵明诚和李清照所处的家庭虽然都是官宦世家，且宋代又优待文官，但他们所得的俸禄依然不够他们购买金石，落得"食去重肉，衣去重采，首无明珠翡翠之饰，室无涂金刺绣之具"这样窘困的地步。②"丞相居政府，亲旧或在馆阁，多有亡诗、逸史、鲁壁、汲冢所未见之书。遂尽力传写，寝觉有味，不能自已。"③从这句话可以看出，赵明诚身为宰相之子，可以接触国家藏书，其中有一些稀有的经典之作，赵明诚十分兴奋，亲自抄写，以至于达到了忘我的境界。

李清照在《金石录后序》中说到此书能够"是正讹谬，去取褒贬"，"上足以合圣人之道，下足以订史氏之失"，体现了二人的治学方法。④他们通过共同校对、分类，纠正了前贤和古物古籍的一些错误，用正确的取代荒谬的、错误的说法，补充了一些史籍上没有的内容，但他们又遵循"述而不作""信碑而不泥碑"的原则，尊重历史原貌，这样的藏书思想是非常难得的。

---

① 刘叶秋：《一片冰心万古情——读李清照〈金石录后序〉》，《文史知识》1983年第9期。
② 李财富、张蓓：《论赵明诚〈金石录〉及其档案史料思想》，《档案学研究》2014年第2期。
③ 李财富、张蓓：《论赵明诚〈金石录〉及其档案史料思想》，《档案学研究》2014年第2期。
④ 李财富、张蓓：《论赵明诚〈金石录〉及其档案史料思想》，《档案学研究》2014年第2期。

第四节 王明清与《挥麈录》

一、生平概述

王明清（约1127—约1202），字仲言，颍州汝阴（今安徽阜阳）人，南宋官员、学者，文学家王铚次子，官朝请大夫、泰州通判等，庆元间寓居嘉禾。与尤袤、陆游、李焘等有过交往，其著述可考者有如下数种：《挥麈录》共二十卷（包括《挥麈前录》四卷、《挥麈后录》十一卷、《挥麈三录》三卷、《挥麈余话》二卷），《玉照新志》六卷，《投辖录》一卷，《摭青杂说》一卷，《春娘传》一卷和《清林诗话》等。① 除《清林诗话》外，其余作品均保存到今天，成为文史工作者重要的研究资料。

二、《挥麈录》的主要内容和学术价值

《挥麈录》全书用时逾三十年才算完成，总共分有四录。它在王明清的所有经典著作中，流传最广，影响最大，版本源流最复杂。全书涉及两宋交接的重要史实、诗词碑文等，同时还囊括了词

---

① 燕永成：《试论王明清的补史成就》，《史学史研究》2009年第3期。

汇、语言等方面的内容，是一部具有历史物料性质的笔记著作。在语言词汇方面，《挥麈录》中记录了一些当时其他地域的用语习惯，显示出鲜明的地域特征，对后世词汇史的科学研究和词典编纂具有重要的现实意义。在语音语调方面，《挥麈录》在收录一些词汇时，会涉及发音、口音等内容。同样的事物或许有好几种相近的讲法，其语音往往是相互关联的，这是词汇传播中不可避免的一种现象，我们称之为讹变，因此本书内容反映了当时的一些语言面貌。

(一)《挥麈录》的成书

《前录》本名《挥麈录》，《前录》卷四末自跋云："随手盈秩，不忍弃去，遂名之曰《挥麈录》，非所以为书也。"[1] 王明清随手的记录，本来是没有计划要将其作为正式的书本刊行的，然而由于其内容流传开来后，受欢迎的程度超出了预期，他又继续进行创作。随着时间的不断推移，记录的内容逐渐增多，就改名为《前录》，之后所写便依次命名为《挥麈后录》《挥麈三录》《挥麈余话》。[2]

《挥麈前录》分三次完成写作：一是于乾道丙戌（1166）冬奉亲时作成的"一编"，即余嘉锡先生所说的"明清年四十岁，作前录于会稽"；二是给太史李焘看的"二编"，作成于乾道丙戌（1166）冬至淳熙丁酉（1177）春之间；三是随后补入的"二十余条"，并于淳熙乙巳（1185）中元日作了跋。

(二)版本源流

《挥麈录》的创作周期比较长，在不同时期流传的版本也有差

---

[1] 石佳：《王明清〈挥麈录〉研究》，硕士学位论文，东北师范大学，2013年。
[2] 霞绍晖：《王明清〈挥麈录〉考述》，《宋代文化研究》2006年第1期。

异。根据对时间线的整理，我们可以大致了解其版本源流。

通过南宋重要私人藏书目录中的记载，我们可以发现关于《挥麈录》的不同记述。尤袤的《遂初堂书目》最早收录，其言云：王明清《投辖录》《挥麈录》。这一情形说明尤袤在撰写《遂初堂书目》时，只有《前录》问世，而其余几种尚未完成。又晁公武《郡斋读书志》：《挥麈录》《后录》《第三录》《挥麈余话》二十三卷。又陈振孙《直斋书录解题》：《挥麈录》三卷，《后录》十一卷，《第三录》三卷，《余话》一卷。陈氏曰："朝请大夫汝阴王明清仲言撰。明清，铚之子，曾纡公衮之外孙，故家传闻、前言往行多所忆。《后录》跋称六卷，今多五卷。"① 陈振孙所见的《后录》为十一卷，比明清自述的六卷本多出五卷，故马端临《文献通考》云"今多五卷"。《宋史·艺文志》却未收录。可见，《挥麈录》写成后不长时间其版本便纷繁芜杂，其卷数也莫衷一是。南宋大约有以下三种刻本、抄本流传。

官录实录院本：实录院庆元元年（1195）七月、九月两次发牒文到泰州，实录院肯定有抄录的。按时间计算，应抄录《前录》《后录》《第三录》，而此时《余话》尚未作。牒文只言《前录》《后录》，恐当时实录院不知《第三录》已成于当年仲春。私家抄录本：流传最广的版本大约是程迥抄录本，作为最早的抄录者，他于录后作了序跋，后面有郭九惠一跋文，李垕一简，而且他们的跋文、简语中还提到了其他人，这些都能成为其流传最广的证明。刻本：从赵不谫的跋可知《前录》在庆元六年（1200）已刊刻行世，现在已经不存，现存宋刻有龙山书堂本，此刻本应该是最完善的，包括

---

① 石佳：《王明清〈挥麈录〉研究》，硕士学位论文，东北师范大学，2013年。

《前录》《后录》十一卷、《三录》三卷、《余话》二卷，六册。其版式为半叶十一行，每行二十字，细黑口，左右双边，《余话》目录后有龙山书堂牌子，现存北京图书馆。又宋刊宋印本有《挥麈前录》四卷，《挥麈后录》十一卷（存二卷），《挥麈三录》三卷，半叶，十一行，每行二十字，细黑口，左右双边，避宋讳至"廓"字止，刊刻精美，无《余话》，不知是否按照实录院本刊。又宋咸淳刊《百川学海》本，《挥麈录》二卷，题杨万里撰，大概是杨万里从《挥麈录》中拣出两卷，左圭收入《百川学海》，并题杨万里撰，十二行，二十字，细黑口，左右双边。

（三）学术价值

1. 不拘体例，内容丰富

《挥麈录》以札记的形式记载宋朝史实，不拘体例。它不仅记国家大事，即所谓"国朝巨典盛事"，还记历代朝野的旧事、重要大臣的个人事迹和诗文碑铭，甚至奇闻轶事，其内容十分丰富。王明清选择这种记录历史的方式无疑具有深远的意义。两宋时期是封建社会史学堪称发达的阶段，这与当权者的重视程度密切相关。继五代之后，宋朝逐渐独立，历代朝臣更注汲取历史经验和教训，从而实现长治久安。反映在史学上就体现在对史书的重视和组织编纂上，政府部门设立了完备的史编机构，其中有不少编撰个人笔记、时政政绩、历书、纪实、国史、会要等材料的官员。在学者中，撰写当朝历史或叙述当前史实也是一种普遍的风气。因此，此时的历史书籍内容丰富，包含了多种类型，尤其是史书编年史不断改进自身不足，突出参考用处，在隋朝沉寂了一段时间后，又重新焕发了光彩。由于受到贯通古今的《资治通鉴》这部编年巨制的影响，不少有影响的本朝史著作相继出现，如李焘的《续资治通鉴长编》、李心传的《建炎以来系年要录》等。众多史家皆以编年纪传撰写本朝史，王明清则另辟蹊径，独树一帜，正如《余话》后赵师厚《跋》中所指出的那样：

（明清）志趣高远，学问器识率加人一等，故所以自期者自然与众不同，虽经史子集传记与夫九流百家道释之书皆已餍饫。方且以为未足，而又求所未闻访所未常，有歉然不满之意……（故其著作）出人意表……仲言平日之用功深者……

在《后录跋》中王禹锡也称其"著述之体，诚有所自来也"。《挥麈录》虽体例不拘，但并非毫无章法、信手拈来，而是"法戒具见毫端"，三录各有重点，前后录主要"载国朝巨典盛事"，且"多载国史中未见事"；《三录》《余话》则多记高宗朝之事并"俱补前后录所未备"，首尾相应，相得益彰。连毛晋也不得不叹服"前贤著述其详慎如此"。①

2. 求真传信，考定疑谬

王明清为中原旧族，世代书香，其先祖王昭素是宋初著名学者，祖父王莘（乐道）是欧阳修的学生，家富藏书，"所藏书逮数万卷，皆手自校雠，贮之于乡里，汝阴士大夫多从而借传……南渡后……亦有书几万卷"。② 其父王铚亦是"记问该洽，尤长于国朝故

---

① 吴晓萍：《〈挥麈录〉与王明清的学术成就》，《安徽教育学院学报》（哲学社会科学版）1999年第4期。
② 张明华：《王莘考》，《阜阳师范学院学报》（社会科学版）2009年第3期。

事",曾参与修《七朝国史》。① 故王明清史学得自家传,正如王禹锡《跋》中所言:"家传史学三世矣,族党交游,无非一时名公巨人,平日谈论,皆后学之所未闻者。"②《挥麈录》中记载的掌故史实,都是有据可查、素有渊源的,或是从家中所藏书籍中查找到的资料考据,或是亲身经历及听取当事人的口述信息,始终做到"无一事一字无所从来"。如"太祖誓不杀大臣言官",太祖誓言得之曹勋,曹勋曾从徽宗北迁燕山,徽宗亲口谕之,后曹勋受徽宗半臂绢书,从燕山循归,"勋南归,奏知思陵(高宗)"。对于仁宗朝的典故事迹,王明清则是取资于家中所藏的张唐英所撰《仁宗政要》和《嘉祐名臣传》。在《后录》中,王明清有"自秦相擅政纪录不足传信"之断语,是来自当事人徐度之传信。徐度当时在朝中为官,得以查阅政府之日历、起居注、时政记之类官修史籍,发现自秦桧为相,"凡一时施行如训诰诏旨与夫逐其门人臣僚章疏奏对之语,稍及于己者悉皆更易焚弃,由是之失极多不复可以稽考,逮其擅政以来十五年间,凡所纪录莫非其党奸谀谄佞之词,不足以传信天下后世"。不难看出王明清在写作材料的选择上,秉持着谨慎的态度和求实的精神。③

王明清在求真务信的同时还善于考订文献、辨析真伪。北宋流传的《建隆遗事》一书,记载宋太祖遗事十三章,原题为王禹偁所撰,但"博物洽闻,兼娴掌故"的王明清,指出其中所记史实舛谬

---

① 马逸群:《王铚及其诗文研究》,硕士学位论文,暨南大学,2014年。
② 燕永成:《试论王明清的补史成就》,《史学史研究》2009年第3期。
③ 吴晓萍:《〈挥麈录〉与王明清的学术成就》,《安徽教育学院学报》(哲学社会科学版)1999年第4期。

颠错，异于寻常。① 如书中称赵普、卢多逊受遗昌陵（宋太祖）之事与史实不符，据国史所载，赵普以开宝六年（973）八月免相外任，至太平兴国六年（981）九月始再秉政，当宋太祖逝世时，赵普不可能与卢多逊在太祖死前之日受遗于寝宫。又书称太祖子德昭为南阳王有误，"初未尝有此封"，"元之（王禹偁）当时近臣，又秉史笔，岂不详知？"② 再加上《遗事》中对王禹偁本人事迹的记载也是年月次序颠倒，因此王明清推断《建隆遗事》一书"此特人记名为之"。③ 王明清的考证结果与当时许多史学家如李焘、晁公武、陈振孙等的考证结果是一致的。不难看出，王明清在查证疑虑、分析史料真假方面是非常有魄力和技巧的。

3. 务在直书，以资龟鉴

宋代官方编纂史籍，受到朝堂形势的影响极大。例如，神宗时期王安石变法，开启了改革和反对改革两大阵营的斗争。变法失败后，两大阵营继续长期搞政治斗争。这使得"名臣大节无所叙录居多，或有一事见之数传，褒贬异同……信史屡更"。④ 南宋时更是"国史凡几修，是非凡几易"。相对而言，个人的写作更加客观公正，尤其是像王明清这样没有政治欲望的士大夫，非常重视史实的可靠性。王明清在《挥麈录》及其《玉照新志》中明确说明了他的写作是"务在直书"且"其中间善有可劝，恶有可戒"，"为善者固

---

① 张瑞君、韩凯：《王明清笔记著作中的文学思想研究》，《西南大学学报》（社会科学版）2015年第5期。
② 石佳：《王明清〈挥麈录〉研究》，硕士学位论文，东北师范大学，2013年。
③ 吴晓萍：《〈挥麈录〉与王明清的学术成就》，《安徽教育学院学报》（哲学社会科学版）1999年第4期。
④ 吴晓萍：《〈挥麈录〉与王明清的学术成就》，《安徽教育学院学报》（哲学社会科学版）1999年第4期。

可以为韦弦，为恶者又足以为龟鉴"。再加之北宋亡国，南宋政权动荡不安，文献典籍遭受很大损失，"渡江以来，简册散亡，志成凋落"。因此，直接记录事实，储存参考资料，总结当朝史事，寻找治乱兴衰的经验教训，在王明清看来，是历史学家、文人墨客和作家的职责。因此冒着"传信之际或招怨尤"的风险，在国家衰落、政局动荡的社会背景下，荟萃网罗一代文献，这体现了中华民族伟大的爱国精神。①

王明清的"韦弦""龟鉴"观贯穿于他对历史事件的分析和考察、总结早期政治的得失、考察品评相关的人物和事件以供当权者参考上。如"人不堪命，皆去为盗"，记徽宗政和年间政府为搜刮民间财富，创置西城所，在京东西、淮西北一带根括隐田、天荒地入官，更税为租，并让大宦官李彦主持，"尽行根刷拘催，专供御前支用"，各地方的官员没有回护照顾之心，竭泽而渔，民间美田多数被判定为天荒，拘设入官，迫使原有的百姓承担佃租，缴纳公家的田亩赋税，如果拒绝就使用沉重的刑罚，这让普通人无法生存，纷纷揭竿而起。基于这一客观事实，王明清告诫统治者对人民要"宽其赋役"，才能使"公私富庶，人不思乱"，保持稳定统一的统治局面。王明清不仅像大多数历史学家一样重视文献的收集和审查，而且非常重视对历史时间的概括，尤其是典制体系层面的概括。如《后录》中有"宰相枢密分合因革"，指出自"唐代宗永泰中始置内枢密使二员，以宦者为之……其职惟掌承受表奏，于内进呈，若人主有所处分则宣付中书门下施行而已"；到五代，枢密使和宰相掌管朝政与国防。宋朝设立枢密院为最高军事机关，主管军

---

① 吴晓萍：《〈挥麈录〉与王明清的学术成就》，《安徽教育学院学报》（哲学社会科学版）1999 年第 4 期。

事事务、财政出纳和商业机密指令，与中书分掌军事实权，合称为二府。但实际上，为了避免枢密使的武力武断，中书和枢密使被放在一起考虑，或者干脆就是宰相兼任。北宋仁宗时以宰相兼枢密使，南宋初始以宰相兼知枢密院，绍兴七年（1137）复置枢密使。王明清将零散的原始材料进行整合，梳理出枢密使与丞相权力的交织与分割。在《挥麈录》中，像这样的例子还很多，如"本朝官制分左右字沿革""史官记事所因者有四"等。这种根据典籍和史实整理和总结出的资料，有利于后人研究两宋典制。这种历史总结意识是南宋史学的发展趋势，其后由马端临、王应麟等发展到另一个高度。①

第五节　钟嗣成与《录鬼簿》

一、生平概述

钟嗣成（约 1275—1345 后），字继先，号丑斋，原籍汴京（今河南开封），后寓居杭州。早年曾与赵良弼一起受业于邓善之、曹克明、刘濩。《录鬼簿》中的赵良弼小传中记载道："良弼字君卿，东平人。总角时，与余同里闬，同发蒙，同师邓善之、曹克明、刘

---

① 陆林：《钟嗣成〈录鬼簿〉外论三题》，《戏曲研究》1998 年第 00 期。

声之三先生,又于省府同笔砚。"邓善之(1258—1328),自父辈时就已经自蜀寓杭,"开门授徒,户履常满,中州士大夫,多慕而与之交"。①《元史》载邓善之"内严而外恕,家贫而行廉",说明邓善之有良好的品行操守。后来钟嗣成拜曹克明为师,曹克明(1271—1335)名鉴,字克明,号以斋,宛平(今北京丰台)人,大德四年(1300)曾在杭州任儒学教授。可以看出,钟嗣成从幼年时期即跟随名家学习,钟嗣成的三位老师,在当时的社会有一定的声望,这使得幼年时期的钟嗣成就养成良好的德行。

钟嗣成幼年时期居住在浙江杭州,其父事迹未查到相应史料记载,只知其与杂剧作家宫天挺为莫逆交。钟嗣成青年时,科举制度已经废除,他无处施展自己的才能。皇庆二年(1313),元朝恢复了取士制度,已经中年的钟嗣成屡次参加考试,终是不遇,无名氏《录鬼簿续》中有云:"以明经累试于有司,数与心违……"②钟嗣成在仕途屡屡失败之后,在绝望无奈之下似乎也尝试过以吏为业,朱士凯在《录鬼簿后序》中提到,"从吏,则有司不能辟,亦不屑就"。③意即钟嗣成做了官,却不能被重用,也就不屑于做官了,这也是元代很多怀才不遇的文人共通的处境。随着仕途受挫,钟嗣成对社会的认识也越来越现实,其理想也被现实淹没了。正是在这个阶段,钟嗣成的人生经历了一个转变,由看破名利的冷静,到对饱学无用的清醒认识,钟嗣成告别了前半生仕途不遇的道路,隐居后开辟了一条闭门著书的道路,直到至顺元年(1330)《录鬼簿》初

---

① 叶文萱:《元代〈录鬼簿〉研究》,硕士学位论文,安徽师范大学,2018年,第8页。
② 杨沛超:《〈录鬼簿〉及其〈续编〉》,《文史知识》1982年第5期。
③ 俞为民:《〈录鬼簿〉的成书与曲学成就》,《江苏大学学报》(社会科学版)2011年第5期。

稿问世。

钟嗣成是一位戏曲家，在我国古代戏曲史上有着很大贡献，他历经十余年花费巨大心血编撰而成的戏曲专目——《录鬼簿》，记载杂剧与散曲作家的生平事迹与作品目录，介绍了150余位杂剧和散曲作家，收录杂剧与戏曲作品400多种，此外还录有小曲、乐章、隐语等，为后人留下了元杂剧最完整的创作记录。钟嗣成不辞辛苦、不计个人得失，介绍了大量元代艺术家，却很少提及自己，在书目的流传上"传之于人"而"每不遗稿"。[①] 在初稿写成之后的数十年，钟嗣成对《录鬼簿》进行了几次修订，补充材料，增加内容，例如至正元年（1341）交李显卿，至正五年（1345）乔吉亡，等等，那个时候的钟嗣成已是古稀老人，却还在孜孜不倦地修改《录鬼簿》，所以说这部目录是他呕心沥血倾尽一生的专目也不为过。

钟嗣成在著录戏曲作家以及他们作品的同时，也创作了元杂剧数篇，"所编小令、套数极多，脍炙人口"。[②] 他创作的杂剧，共有七部，《冯谖焚券》《诈游云梦》《钱神论》《斩陈余》《章台柳》《郑庄公》《蟠桃会》，有爱情剧，也有历史剧，《蟠桃会》则是神话剧。通过这些剧目可以看出，钟嗣成的创作是十分新颖的。可惜它们如今都已经散佚，具体内容也无法考证。钟嗣成在从事戏曲创作与研究时，广泛结交戏曲家，从他在《录鬼簿》中所记载的名录可见，他所认识与交往的戏曲作家与散曲作家有四十多人，他在记载这些曲作家的生平时，都满怀深情地提及了自己与他们交往的经历以及

---

① 李春祥：《钟嗣成生卒年辨析》，《河南大学学报》（社会科学版）1984年第5期。
② 唐明生：《论戏曲目录体批评的风格》，载《中国古代文学理论学会第十八届年会暨国际学术研讨会论文集》，2013年，第131—137页。

在一起时的情形。与这些戏曲作家及散曲作家的交往,一方面增强了他对戏曲与散曲的兴趣,提高了他从事戏曲、散曲创作的能力;另一方面,通过交往,他积累和搜集到了与戏曲、散曲有关的材料,为编撰《录鬼簿》提供了丰厚可靠的资料。

二、《录鬼簿》的主要内容和学术价值

(一)成书动机

关于钟嗣成撰写《录鬼簿》的动机,《录鬼簿序》中有着明确的说明:"人之生斯世也,但知以已死者为鬼,而未知未死者亦鬼也。酒罂饭囊,或醉或梦,块然泥土者,则其人虽生,与已死之鬼何异?……山川流峙,及乎千万劫无穷已,是则虽鬼而不鬼者也。"[①] 在其自序中,其将已逝者和未亡人都称为"鬼",并且将所谓"鬼"分为三个类型,第一类是醉生梦死之人,每天纸醉金迷,他比喻这类人如同行尸走肉,与死亡无异;第二类是指默默无闻的普通人,虽然活着,但是却不积极上进,或顾影自怜,或自甘堕落,所以这类人死后也不会有人过问;第三类说的是流芳百世的人,哪怕他们生命终结,却也会被人铭记,他称这类人为不死之鬼,永存于世,因为功德或才学会被后世传颂。

元代政治背景导致汉族文人学士社会地位逐渐下降,与此同时,戏曲也受到了高层管理者的排斥和限制,甚至有明确的法律条文对其严令禁止。如《元史·刑法志》有条律规定:"诸妄撰词曲,诬人以犯上恶者,处死","诸乱制词曲为讥议者,流"。但即使在

---

① 刘颖:《浅析〈录鬼簿〉的戏曲史料价值》,《科技信息》2006年第12期。

这种错综复杂的政治背景下，钟嗣成依然坚持自己的主张，认为戏曲也属于正统文学的范畴，把当时被设定为"九丐十儒"的门第卑微的汉人摆在了一个较高的位置来重视，这是对社会现实的一种挑战，也可以看出钟嗣成本人并不畏惧所谓的圣门，而是坚持自己的文学观念，称"吾党且啖蛤蜊，别与知味者道"。①

钟嗣成编撰《录鬼簿》还有一个重要的原因，就是他希望可以为后世的曲作家提供一个可借鉴或者可存留的史料。事实也的确如此，他关于元代作曲家的成就记载和曲目评述，推动了戏曲文化的进步和发展，对于后世有着极为深远的影响，也为创作出更好的戏曲作品起到了奠基作用，故朱士凯认为，《录鬼簿》对曲家的记载与评述，"使往者复生，来者力学，《鬼簿》之作，非无用之事也"，高度肯定了《录鬼簿》对后世戏曲与散曲创作的促进与推动作用。②

《录鬼簿》初稿完成于元至顺元年（1330），如其自序："至顺元年龙集庚午月建甲申二十二日辛未"，即1330年8月6日。③

（二）版本源流

《录鬼簿》各个版本之间多有差异，目前可见四个版本。

第一个版本为天一阁蓝格精钞本《录鬼簿》，此本出于元末明初贾仲明之手，是个增补本。相关学者通过研究与分析，认为此版本最接近原著，所以有较高的学术价值和参考价值。

第二个版本为明万历年间《说集》蓝格钞本《录鬼簿》。此版

---

① 梁晓萍：《钟嗣成〈录鬼簿〉不拘于时的戏曲审美观》，《上海师范大学学报》（哲学社会科学版）2016年第5期。
② 俞为民、孙蓉蓉主编：《历代曲话汇编·唐宋元编：新编中国古典戏曲论著集成》，黄山书社，2006年，第391页。
③ 彭莹：《〈录鬼簿〉的版本及其版本系统（节选）》，《职大学报》2018年第5期。

本的体系也为古本，同样贴近原著，并且此书已于 1960 年由中华书局影印并出版发行。

第三个版本为明代末年孟称舜依照《说集》手钞本镂版印刷的版本，故被称为"孟刻本"。孟氏对原著进行了润色，所以此版本较原版而言差异较大。

第四个版本为曹棟亭刻本《录鬼簿》，曹氏为清代戏曲研究家，其刻本晚出，依据明代初年吴门生过录本刻印。此版本渗透了其他版本内容，经过了校雠对比，内容完备，比原本更为流畅，清末学者王国维看重此本，并以其为依据完成了《录鬼簿校注》一书。中华人民共和国成立后，人们解放文化思想，开始对戏曲有了更深入的探究，各大出版社相继出版发行该书，《录鬼簿》的刊行版本也日益完善。

(三) 历史贡献

1. 奠定了戏曲目录在我国戏曲史上的地位

戏曲目录是中国戏曲史构建的基础，也就是说戏曲史的完善与发展是依赖于戏曲目录本身的，这就突出了《录鬼簿》的重要历史地位。戏曲在中国古代被视为一种小众的艺术形式，在元代又受封建统治者排挤，被认为是旁门杂类，甚至有些戏曲家也把戏曲当作学问以外的事情，也是因为这些，古代史著《文苑传》中并无戏曲家一席之地，《艺文志》中也不载戏曲名目。即使在其他书中偶尔有人提到一些戏曲作家或作品，也常是一鳞半爪，支离破碎，不成系统。而戏曲目录的作者则是把戏曲创作作为一种事业，记下了某个历史时期的戏曲创作活动。这样，搞戏曲史研究，如果离开戏曲目录，至少在史料上，便会出现很大的漏洞，这就造成了戏曲史研究依赖于戏曲目录的特殊关系。这种特殊关系，自《录鬼簿》便打下了基础。《录鬼簿》基本上为戏曲史研究提供了现在所知元代所有杂剧作家的史料。据邵曾祺《元明北杂剧总目考略》统计，元杂剧作家共 88 人，其中 81 人是依据《录鬼簿》的记载而考证的。《录鬼簿》还尽可能地提供了这些作家的生平资料，记下了他们的爵里、职业和其他特长。如刘唐卿，太原人，皮货所提举；赵文殷，彰德人，教坊色长；范居中，杭州人，假卜术为业；施惠，杭州人，坐贾为业；黄公望，姑苏人，薄技小艺，无所不能；戴善甫，真定人，江浙行省务官；庚吉甫，大都人，中书省掾，除员外郎，中山府判；等等。通过这些记载，我们可以看出元杂剧创作人员的职业构成和地理分布，足见当时杂剧艺术影响之大、范围之广、创作之盛。《录鬼簿》以时间作为分类方式，将元杂剧作家分为"前辈已死名公才人""方今已亡名公才人""方今才人"三类，这一方法多为后世戏曲史研究者所沿用。

　　《录鬼簿》中共有 150 余位戏曲家，各附小传及作品简目。《录鬼簿》将作家分为三期，每期中都有当时较著名的"学者"。显而易见，钟嗣成没有根据他们成就的高低排列顺序，而是依年代编写。根据《录鬼簿》对元代作家的分期情况研究，王国维先生在其著名的《宋元戏曲考》中，将元戏曲家分为三期：第一期即"蒙古时代：此自太宗取中原以后，至至元一统之初。《录鬼簿》卷上所录之作者五十七人，大都在此期中。……其人皆北方人也"。第二期即"一统时代：则自至元后至至顺后至元间，《录鬼簿》所谓'已亡名公才人，与余相知或不相知者'是也。其人则南方为多；否则北人而侨寓南方者也"。第三期即"至正时代：《录鬼簿》所谓

'方今才人'是也"。① 郑振铎《插图本中国文学史》则将元杂剧分为两期：一期从关汉卿起到1300年，相当于《录鬼簿》"前辈已死名公才人"；二期从1300年到元末，相当于《录鬼簿》"方今已亡名公才人"和"方今才人"。此后有关元杂剧的历史分期问题或主两期说，或倡三期说，或有持三期说或二期说但有异于王国维、郑振铎者，但多数研究者的主要依据，依然是《录鬼簿》，体现了《录鬼簿》作为戏曲目录在戏曲史研究中的重要作用。

2. 丰富了我国戏曲目录中的元杂剧资料

《录鬼簿》是一部系统记载元代杂剧作品的目录，其后，凡著录元人杂剧目录者，没有不以《录鬼簿》为依据的。如清代姚燮的《今乐考证》、王国维的《曲录》等，都以《录鬼簿》为基础。可以这样说，不借鉴《录鬼簿》的戏曲目录，就无法完成一部完整的元杂剧总目甚至中国古代戏曲总录。

3. 开创了以作家为标目的戏曲著录先例

在我国古代目录学史上，自汉到清，就现在所能见到的目录而言，一般著录方式均以书名项作为标目，几千年没有变化。钟嗣成的《录鬼簿》却能别出心裁，根据戏曲特点，以作家为著录标目，首列作家于前，次举戏曲作品于后，如：赵子祥《太祖夜斩石守信》《崔和担生》《风月害夫人》等。此后，以作者为标目的方法，在戏曲目录编纂中得到广泛应用。这种方法将一作家所有作品集中在一起进行著录，有利于对作家展开全面研究。后世图书分类法吸取了这一优点，如《中国图书馆图书分类法》为了便于人们对鲁迅进行研究，即以鲁迅立类，将他的所有作品集中在一起。

---

① 王国维：《王国维戏曲论文集》，中国戏剧出版社，1984年，第64—65页。

4. 为著录戏曲异本开了先河

异本是指题材为统一名目,但是作家不同,戏曲异本也是如此。钟嗣成记录了不同戏曲家编撰的剧本,并且均标记出"次本",这样明确了不同作者所作的相同剧本。但凡有此标记的均可以在其他作曲家名下找到相同的曲目,如:

赵公辅的《晋谢安东山高卧》:"次本"(原作"汴本",误)。

武汉臣的《曹伯明错勘贼》:"次本"。

尚仲贤的《崔护谒浆》:"次本",或"十六曲次本"。

尚仲贤的《张生煮海》:"次本"。

赵子祥的《风月害夫人》:"次本"。

赵子祥的《太祖夜斩石守信》:"次本"。

赵文敬的《宦门子弟错立身》:"次本"。

李取进的《司马昭复夺受禅台》:"次本"。

郑德辉的《虎牢关三战吕布》:"末旦头折次本"。

郑德辉的《迷青琐倩女离魂》:"次本"。

郑德辉的《哭晏婴》:"次本"。

金志甫的《秦太师东窗事犯》:"次本"。

金志甫的《蔡琰还朝》:"次本"。

钱吉甫的《宋弘不谐》:"次本"。

如有"次本"标出,在别的作家名下,必能寻出相同的剧目,概无例外。钟嗣成这里标出异本的方法,在后世得到了继承和发展。明无名氏的《录鬼簿续编》、朱权的《太和正音谱》中的《群英所编杂剧》都将异本标出,但是朱权使用的名称是"二本"而不再是"次本"。再往后便是直接在剧名下标出与某某同目,更便于检索。应该说,钟嗣成标出异本的工作做得还不太完善,往往一种下标出"次本",而在对应的另一种下却缺标。而朱权在其基础上做法更为完善,这为以后研究同一题材的戏曲提供极大的方便。

5. 以史为序的编排方法成为戏曲目录的永制

《录鬼簿》将杂剧作家按时间顺序,以钟嗣成本人为基点,前后排列分为:前辈已死名公才人,有所编传奇行于世者;方今已亡名公才人,余相知者;已死才人,不相知者;方今才人相知者;方今才人闻名而不相知者。贾仲明增补本《录鬼簿》将以上五类并为"前辈才人""方今才人"两类,时间序列非常明显。后代的戏曲目录编制,很多都是根据这一思路展开的。如《南词叙录》将剧目分为"宋元旧篇""本朝",《太和正音谱》中《群英所编杂剧》分为"元五百三十五部""国朝三十三本",《今乐考证》分为"宋剧""元杂剧""明杂剧""国朝杂剧""金元院本""明院本""国朝院本"。这种形式一直延续到现在的戏曲目录,如庄一拂《古典戏曲存目汇考》的编制,前后所不同的仅是细和粗、简和繁而已。《录鬼簿》的出现,推动了其后戏曲目录的蓬勃发展。《录鬼簿》问世后,相继出现了元末明初的《录鬼簿续编》,明嘉靖间徐渭的《南词叙录》,还有直接据《录鬼簿》改编的朱权的《太和正音谱》中的《群英所编杂剧》。后来臧晋叔《元曲选》又据《太和正音谱·群英所编杂剧》作"五百四十九本名目"。这些都有赖于《录鬼簿》的开创之功。

(四)后世影响

《录鬼簿》作为我国古代戏曲理论史上第一部以记载作家与剧目为主的目录著作,对后世的戏曲理论产生的主要影响有两个方面:一是对戏曲理论形态的重大影响,二是对戏曲理论研究内容产生深远影响。

《录鬼簿》对后世戏曲理论形态的重大影响表现在，开创了"文以纪传，曲以吊古"这种通过对作家和剧目的记载，表达个人对戏曲的看法的形式，对后世影响显著。明清时期，许多戏曲理论家传承钟嗣成对戏曲的评述方式，对戏曲家和剧目发表自己的看法与评论。如明贾仲明的《录鬼簿续编》、徐渭的《南词叙录》、吕天成的《曲品》、祁彪佳的《远山堂曲品》《远山堂剧品》和清高奕的《新传奇品》、黄文旸的《曲海目》、支丰宜的《曲目新编》、无名氏的《传奇汇考标目》、姚燮的《今乐考证》以及王国维的《曲录》等，这些论著都以记载作家与剧目为主，并且在作家和剧目后附以小传，加以评论。如明代徐渭的《南词叙录》便是受《录鬼簿》的启发而作的，他在自叙中称："北杂剧有《点鬼簿》，院本有《乐府杂录》，曲选有《太平乐府》，记载详矣。惟南戏无人选集，亦无表其名目者，予尝惜之。客闽多病，咄咄无可与语，遂录诸戏文名，附以鄙见。"① 可见，他是因当时南戏无"表其名目者"，便仿效钟嗣成的《录鬼簿》，以"表其名目"。

《录鬼簿》对后世戏曲理论研究内容的影响，首先表现在明确提出了戏曲研究即剧学研究的范畴。元代以及后世的散曲和剧曲，从总体上来说，都属于韵文文体，但从两者的具体表现形式来看有很大的区别，即散曲属于诗体文学，而剧曲除了文学的因素外，还是一种舞台表演艺术。② 因此，对曲的研究，也应有所区别，即一种是从诗体文学的角度加以研究，即曲学范畴；另一种是从舞台表

---

① 俞为民：《徐渭的〈南词叙录〉和南戏研究》，《中国戏曲学院学报》2011年第2期。
② 俞为民：《〈录鬼簿〉的成书与曲学成就》，《江苏大学学报》（社会科学版）2011年第5期。

演艺术的角度来研究，即剧学范畴。但由于在元代，散曲与剧曲同时流行，而且散曲中的"乐府"为文人学士所推重，因此在元代，文人多从诗体文学的角度来认识和研究包括剧曲在内的"曲"，认为曲是从诗、词演变而来的，故曲学研究关注的重点是曲律问题，如周德清的《中原音韵》，研究的重点是宫调、字声、句式、韵律等问题，即使芝庵的《唱论》研究曲唱问题，也是从文人传统的词唱角度来研究的，而不是从舞台表演的角度，故其研究的重点仍然是宫调、字声等问题。由于钟嗣成对元曲的曲体有着清晰的认识，能够区分剧曲与散曲两者在文体上的不同特征，因此，他在记载与论述元曲作家与作品时，将之分成两个不同的研究范畴：一是作为表演艺术的剧学范畴，一是作为诗学的曲学范畴。这两个研究范畴虽存在于同一部著作中，但由于作者对元曲文体的界定十分清晰，因此，两个研究范畴并无混淆之处，无论是在对所记载的曲家的分类中，还是在对曲家的具体记载与评述中，都可以清晰地看到曲学与剧学两个不同的研究范畴。钟嗣成在《录鬼簿》中所确立的剧学范畴，在戏曲批评史上具有开创意义，为后世的戏曲研究提供了很好的借鉴。其次，《录鬼簿》对元杂剧的分期，也为后世的元杂剧研究提供了借鉴。比如王国维《宋元戏曲史》对元杂剧的分期就是依据《录鬼簿》所述的，将元杂剧分为三个时期，即第一时期：蒙古时期；第二时期：一统时代；第三时期：至正时代。这种划分方式一直到今天还为戏曲史著作所借鉴。

第六节　程俱与《麟台故事》

一、生平概述

程俱（1078—1144），字致道，衢州开化（今浙江衢州开化）人，号北山。一生博极群书，著述颇丰，是我国两宋时期颇有影响力的诗人、学者、图书馆学家，同时也有一定的政治追求和成就。少时程俱受外祖父邓润甫的恩荫得以入仕，起初并未考取功名。徽宗时期曾为镇江通判，官至礼部员外郎。他辞章典雅，善为制造，诗文亦有风骨，是一位在两宋时期颇有文学名实的朝官。[1]苏颂语"取径韦柳，以上窥陶谢萧散古澹，亦颇有自得之趣"，用以评价他的诗作，可算颇为恰当。[2]从40岁起，程俱又先后在馆阁供职了14年，熟悉馆阁中的大小事务，尤其精于史学。因此在南宋偏安初期，绍兴元年（1131）朝廷重新建立起秘书省时，程俱即被高选，入馆为秘书少监，做了南渡的宋朝中央政府文化主管机构的首席执行官。《麟台故事》这部著作就是他在担任秘书少监期间撰写完成的。但他并未长任此职，仅仅半年时间，即当年3月至9月，

---

[1] 张富祥：《程俱〈麟台故事〉考略》，《山东师大学报》（社会科学版）1993年第5期。
[2] 李欣、王兆鹏：《程俱年谱》（上），《中国韵文学刊》2006年第2期。

就在该书刚刚完成后不久,他便被提拔为中书舍人,同时兼做侍讲,从此供职于掖垣。但好景不长,程俱由于说话耿直而得罪了朝廷,于是复罢职奉祠,便就此离开了仕途。他老年后生病休养在家,秦桧重做丞相时,为了拉拢官员,扩大势力,曾引荐他以提举万寿宫、实录院修撰的身份领史事,并特别准许他无须朝参,但他拒绝前往就职,不久辞世,时年 67 岁。① 程俱平生所作文稿从不轻易付梓,晚年又多有焚毁,所以现在仍存世的除该书外,仅有《北山小集》40 卷、《韩文公历官记》1 卷等几部作品。

二、《麟台故事》的主要内容和学术价值

(一)编撰体系

程俱对繁杂的史料进行分类整理,形成了具有系统性的体系,他将全书分为十二个篇目,各个篇目按照时间先后顺序编撰,即所谓"事以类聚"。② 书目开篇即为《官联》《选任》两篇,因为对于当时重新建立不久的秘书省来说,最为紧要的事务就是馆职的任选和职责的明确。其他篇目则记叙了馆职的设置、擢贬和地位待遇等情况,秘书省三馆秘阁的工作职能、活动内容及方式,以及馆阁建筑的形制、选址与馆阁的发展演变等。可以说《麟台故事》涉及北宋秘书省三馆秘阁的各个方面,并对这些信息进行了系统的归纳和总结。

这十二篇的体系编排体现了程俱卓越的创作理念,但是出于历

---

① 张富祥:《程俱〈麟台故事〉考略》,《山东师大学报》(社会科学版)1993 年第 5 期。
② 张海英:《〈麟台故事〉及其图书馆学思想概述》,《图书与情报》2002 年第 2 期。

史原因，原著没能得以完整保留，后世流传的四个版本中，在原著基础上，篇名设置各不相同。较早的三卷残本，全书分为上、中、下三卷，每卷分别有两个次序，卷一分为《官联》《选任》；卷二分为《书籍》《校雠》；卷三分为《修纂》《国史》。在《永乐大典》辑本这一版本中，书目又被分成了五卷，篇名分别为：《沿革》《省舍》《储藏》《修纂》《职掌》《选任》《官联》《恩荣》《禄廪》。① 在十万卷楼丛书版本中，全书在四卷基础上，增添了《补遗》，并将其置于卷首。其他四卷，前三卷照录残本，第四卷录辑本《沿革》《省舍》《储藏》《职掌》《恩荣》《禄廪》等篇。孙星华校刻本是在《永乐大典》辑本的基础上得以完善并以存留的三卷残本作为参考的，书目仍分五卷，并将残本有而辑本缺的三篇编为《拾遗》，置于卷末。

(二)著述方法

在著述的方法上，程俱根据内容不同选用两种方式：一是史书文档均按照原文录入，并附引文进行述评；二是亲身经历和亲耳听闻，均亲自下笔撰述。通过研究这两种不同的著述方法可以发现，《续资治通鉴长编》及《宋会要辑稿》等书与《麟台故事》内容相差无几，所给评述也极为简要。② 如明影宋钞本《选任》篇第六条："先是江南之士如徐铉、张洎之流，翱翔馆阁者多矣。"第十条："盖史官难其人如此。"武英殿聚珍本《恩荣》篇第十四条："至今馆职序坐，犹以年龄为差，亦燕公流风之所及欤？"《选任》篇第九

---

① 蒋永福：《中国古代图书馆学的特征》，《图书馆论坛》2020年第2期。
② 宋立民：《试评〈麟台故事〉》，《古籍整理研究学刊》1986年第2期。

条:"然则承学之士,其有不思所以竭忠图报者乎?"① 类似评语,都可说是点睛之笔。同时,在这样清晰的体例下,该书的内容又非常丰富。此书中记录的北宋时期的资料包括的项目颇多,覆盖面很广,而元丰改制以后的内容更加详尽,同时也涉及了南宋初期的内容,但主要是有关于制度与职官这两个内容的。制度方面涉及的内容不仅包括馆舍建设、图书储藏、新书修纂、任选官员这样几个大的方面,还包括例如皇帝临幸制度等,因此本书所记的内容直接关系到朝廷的许多重要活动。② 职官部分以馆职题名为主,其次是职掌和禄廪。其中这一部分还保存了一些有关北宋末年馆阁制度的第一手资料,较之后来学者的辗转传抄更为可信。程俱通过追溯北宋馆阁故事,描绘出了南宋馆阁的建设蓝图,宏观地展现了中国古代图书馆学的思想。

(三)资料来源

《麟台故事》所记载的史实可靠性比较高,主要是因为其资料来源包括以下四个方面:

首先,程俱记载了自己"采掇见闻"的历史事件,主要是北宋末年的史实。如记载于《恩荣》篇的这件事:徽宗于宣和四年(1122)三月二日驾幸秘书省时,程俱担任礼部员外郎一职,曾随驾赴省,因此他"以为今秘书省既在端门之外,备千乘万骑,具官而后出,不可以无述,时备员南宫,于是退纪是日仪注,以备他日有司之采择"。③ 南宫是指代礼部,礼部员外郎则号称"南宫舍人"。

---

① 宋立民:《试评〈麟台故事〉》,《古籍整理研究学刊》1986年第2期。
② 王海英:《〈麟台故事〉研究》,硕士学位论文,吉林大学,2004年。
③ 宋立民:《试评〈麟台故事〉》,《古籍整理研究学刊》1986年第2期。

又如徽宗朝编修《国朝会要》及王黼罢修书诸局事,都是作者亲身经历的,所以得以详述原委,察其利害。程俱在北宋时期曾经三次入职馆阁,他把不少亲身经历的事情都呈现在了这部书中。

其次,作者还记录了许多别人讲给他听的史实。例如《恩荣》篇中就讲了这样一件事:"故刑部胡尚书尝云:祖宗时,馆职暑月许开角门,于大庆殿廊纳凉,因石曼卿被酒扣殿求对,寻有约束,自后不复开矣。"① 就是听到了胡尚书所说关于馆职夏季办公地点变更的旧闻。而且,凡是道听途说来的信息,作者都写明从何人之处听来,也算是有据可查。

再次,有些文献是秘书省保存下来但又不太完整的文书档案资料。如《麟台故事·后序》中"或取故犊爆烬泥垫中",又如《禄廪》篇首条载有"政和禄格",即为摘录于手头现有材料。

最后,也是占有很大比例的,就是秘书省中保存下来的北宋官修史书,尤以北宋所修历朝会要所载的史料为主,少数条目也可能来自国史、实录。如记载于《职掌》篇的这句话:"《国史》《会要》:昭文馆孔目官一人……"说明了文献来源。程俱对于《宋会要》十分重视,一方面是信赖官修史书,一方面是现有资料不足,对于成书早于他的相关著作如《皇宋馆阁录》和《蓬山志》完全没有提及,想来应该是当时未能搜集到。对《宋会要》中他所需的内容,有一些按照原文直接抄录,有一些则进行删节、概括或微调;有少数条目应该也是来自《宋会要》,这是从内容和文例来分析的,但如今《宋会要》中却已不存。在《麟台故事》中作者曾提及,宣和初王黼得政,仓促废罢编修国朝会要所等在京诸局,以致"文书

---

① 解缙等纂:《永乐大典》,中华书局,1986年,第7728页。

草沓,皆散失","论者惜其罢之无渐而处之无术",并重点提出:"乃不知朝廷每有讨论,不下国史院而常下会要所者,盖以事各类从,每一事则自建隆元年以来至当时因革利害,源流皆在,不如国史之散漫简约,难见首尾也。"① 可见程俱极其重视《宋会要》。

总之,由于《麟台故事》的史料来源主要是文书档案和官修史书以及作者的亲身经历和亲耳所闻,所以史料极具可靠性,著作内容的参考性和研究价值也相应较高。

(四)主要内容

自清嘉庆年间《麟台故事》残本出现以来,残本与辑本存在着既相冲突又并存的情况;同时二者又均与原本相差甚巨,都不同程度地存在着篇目和内容上的窜乱缺失的问题。因此,目前无论是辑本还是残本都无法尽显《麟台故事》原本的全部内容,这已成为既定的事实。通过残本三卷六个篇目名和辑本五卷九个篇目名可知,其主要内容主要集中反映了北宋馆阁藏书制度的建立与完善。

1. 馆阁藏书制度

长久以来,《麟台故事》被诸多学者归入史部职官类,原因在于该书记载的主要内容是馆阁藏书制度。馆阁作为宋代昭文馆、史馆、集贤院和秘阁的总称,是在北宋国家藏书制度建立的历史过程中形成的。结合《麟台故事》与其他宋代文献来看,馆阁在全面承担北宋国家藏书职能的过程中至少经历了两个重要的时期:一是从宋太祖至宋太宗初即位,约有二十年的时间,属于北宋因循前代藏书制度的过渡时期,这一时期北宋国家藏书制度经历了从前代三馆

---

① 张富祥:《程俱〈麟台故事〉考略》,《山东师大学报》(社会科学版)1993年第5期。

的继承到新建崇文院的创立阶段；二是三馆在宋太宗太平兴国三年（978）初整体迁入禁中新建馆址，由此进入了崇文院时期，这一时期三馆官职的设置被时人评议为："直馆修撰校理之职，名数虽异，职务略同。"① 即三馆职能渐趋合一，又与崇文院中新建职能和职官类同的秘阁合称馆阁，地位日益提升，职能更加集中，标志着以馆阁为核心的具有时代特色的国家藏书制度正式确立并初步发展起来。元丰改制后，崇文院与秘书省合二为一，正式确立了秘书省对三馆秘阁的领导地位。此后所称崇文院者一般仅指秘书省的机构所在地，而称馆阁者实即习惯上所指的秘书省这一国家藏书机构。

2. 馆阁的主要职能

第一是藏书职能。在《麟台故事》一书中，程俱针对宋代馆阁进行论述，认识到"千古治乱之道并在其中矣"的国家藏书作用，以及"窃以谓书籍之府，宪章所由"的国家图书馆的作用，对国家藏书的认识有了质的飞跃，即认为国家藏书是治理国家的重要条件，从而十分强调国家图书馆对治国的不可替代的作用。

第二是人才培养职能。书中阐述的培养方式主要为两种：任选才干入阁并承担相应职能，同时进修；允许青年才俊在馆阁阅读。

第三是资政参考职能。程俱在书中强调图书馆藏书能够支持资政参考，从而成为当朝的参谋部。馆阁人才即使还未正式出任仕职，朝廷也对他们寄予厚望，希望他们能解决一些现实政治问题，起到得力顾问的资政智囊作用。《麟台故事》中指出，凡是在馆阁工作的官员都应当为皇帝"深思治乱"，指出过往施政的得失。可以说，当时的馆阁人才起到了政府智囊团的作用，在我国图书馆事

---

① 转引自王照年《程俱及其〈麟台故事〉考论》，博士学位论文，西北师范大学，2008年。

业的发展史上有着极为特殊的意义。

第四是文献职能。图书馆管理的重要任务是强调图书文献功能,即利用国家藏书进行修纂工作。宋代的馆阁并非只藏书、保存,同时还对图书进行了很多校勘、编纂工作,对当时的社会政治文化之积累、保存和传播发挥了巨大的作用。《麟台故事》的记载表明,当时十分重视校勘工作人员,馆阁对相关图书的校勘十分细致,常用同一图书的众多版本进行精细的比对、校勘,最后校出最为完善的新版。在图书利用方面,也没有仅局限在自身内部使用或只是呈交皇帝及朝臣使用上,而是面向社会刊刻发行"官刻本"。

3. 馆职任选及待遇

《四库全书总目》著录《麟台故事》于史部官职类中,马端临也在他所作的叙录中说"予所藏书,断自南渡之前,独此书以载官制后事为详,故录之"①,强调了该书记载官制颇为详细丰富,所以破例藏之;《四库提要》称赞该书记载详备,灿然可观,并举多例说明该书记载了多条他书从未记载的人物官职,如"王陶传载为太子中允,不著编校昭文馆书籍;孙洙传亦不著尝为于潜令及编校秘阁书籍,而皆见于是书";李光廷跋文中也认为该书"职官志所收既狭,诸家著述亦有得而遗",然该书"多述宋初待士恩荣,文采灿然,足备一朝词林掌故",同样认可该书价值,认为其详细地记载了当时馆阁馆职方面的相关内容。②

首先是任选方面:通常史馆、昭文馆、集贤院这三个馆又称为"儒馆",除了作为朝廷编校图书、保存典籍的场馆外,三馆也是培

---

① 转引自陈锐、傅荣贤《〈麟台故事〉序跋述评》,《图书馆学刊》2012 年第 5 期。
② 陈锐:《〈麟台故事〉及其图书馆学思想研究》,硕士学位论文,黑龙江大学,2012 年。

养人才、储备人才，使人才为朝廷所用之所。通常平民百姓是不能够进入这些场馆的，故这些场馆的官职与其他的官职不同，担任馆职的条件一般会被定得极高，特别是对修史的官员而言，除了个别有功之臣外，只有经过诏试学士院的考核合格人员才会被任命。馆阁职官也有专、兼职之说，如果是兼职，那么这在当时会称为"贴职"。经、史、子、集四库图书的修校工作一般由当朝京官来负责。史馆也设有监修国史、修国史、同修国史，以及负责撰写、编修、检讨等工作的人员、判馆事，通常都是由各级官员来充任，一般不会"定员"，甚至有时还不是"常设"馆职，相关工作做完以后就会撤销。集贤院也会设一名由当朝宰相充任的大学士，集贤院中的学士一般不会"定员"，直学士也不是常设的，一名判院事、一名图籍监官以及不定员的校勘，均由当朝官吏和一些地方官吏充任。宋元丰五年（1082），朝廷将崇文院（包括三馆以及秘阁）改制成为"秘书省"。秘书省的馆职设有秘书监、秘书丞、秘书少监、秘书郎等，负责秘书省的工作。还设有著作郎、著作佐郎，专门负责修订当朝日历。校书郎、正字，专门负责书籍的校对工作。元丰以后，当朝的秘书监、正字、秘书少监等相关馆职都被改称为"寄禄官"，但这些只是用来显示官员资历及其待遇的官名，他们还会有其他实职的官名。

其次是待遇方面：担任馆职的官员待遇一般分为禄廪及恩荣两种。恩荣往往是指皇帝所赐宴、书、画、金帛、茶叶、食品等。馆职官员在完成重大任务后，或皇帝亲临馆阁巡视、阅书感到满意时，通常会受到赏赐。李光廷在他为该书所作跋文中就评论说，"銮辂不时临幸，赏书赐宴，高爵厚禄，实儒臣之极荣"，更凸显了在当时政府极为重视馆阁的情况下，该书所记载的详备内容有着重要的价值。① 禄廪通常分成八个等级,主要就是按馆职等级来给相关人员发月工资、伙食费和特殊服装费用等,还分"试""守""馆职"的不同,"试"指任命开始后的试用期限,"守"指暂时任命的职务,"馆职"则是指正式任命的官职。至于馆职及其相关待遇,有升也有降,因此需要对其严格掌控,各馆也根据成绩优劣等来评定工作。

(五)版本流传与整理

令人扼腕的是,这样一部有着重要意义的图书馆学史书,其原足本已佚,这对该书的研究形成了一定的阻碍,传世的两个主要版本也有一定程度上的缺失。通过对多篇《麟台故事》的序跋进行内容比对和年代分析,可以看到原足本的序跋有四篇,皆作于宋元时期,其中均说明全书为"五卷",未提及有亡佚,可见南宋时此书已有流传,元时也存足本。但入明以后于诸家目录中罕见记载,如《永乐大典》辑本及三卷残本的序跋,明《文渊阁书目》卷三政书类著录有《麟台故事》一部一册,如果这些都是宋刻本,那么此书残缺的部分应该是在明中叶之后散失的。

1. 主要传世版本

一是《四库全书》史部收录的《永乐大典》辑本。《四库提要》说该书自从明朝时起,除了《说郛》中所记载的几条之外,没有其他流传的版本,只有《永乐大典》中记载得特别多,"排比条贯,犹可成书",故得此九篇残文,即《沿革》《省舍》《储藏》《修撰》

---

① 王照年、罗玉梅:《〈麟台故事〉载北宋馆阁藏书的整理——以〈麟台故事〉残本〈校雠〉篇所载为主》,《甘肃联合大学学报》(社会科学版)2007年第6期。

《职掌》《选任》《官联》《恩荣》《禄廪》。编纂《四库全书》的工作人员参照《南宋馆阁录》的顺序,将来源于《永乐大典》的这九篇残文仍然汇编成了五卷,并补充了几处拾遗,即"陈骙《馆阁录》所载曝书会、饯会及大宴学士院三条",此本随即被印入《武英殿聚珍版丛书》,广为流传。①

二是《麟台故事》三卷残本。《大典》辑本是四库馆臣在误认为原本已全部亡佚的情况下所作的,但在《四库全书》成书后,黄丕烈又自一书商处得一部三卷残本,系源自明代影宋旧钞,尚存"叔宝手迹",存《官联》《选任》《书籍》《校雠》《修撰》《国史》六篇,分为三卷,当为原书上册,其中《书籍》《校雠》《国史》三篇恰恰可以弥补《大典》辑本的残缺部分。后根据傅增湘为该书所作题记,可知残本原书的版式为十行二十字,卷尾有"隆庆元年八月十日苏州府前杜氏书铺收"一行,下钤"钱榖""叔宝"印,前后有大量钤印文字,可以考证该残本的收藏流传情况,尤为珍贵。钤印中较为知名的有"钱氏守藏印",表明曾被钱叔宝收藏。黄丕烈发现残缺的三卷本与大典辑本的相异之处,并最早在他的跋文中提出了《四库全书》中所收录的这一辑本,在编排上的错误与不妥之处,强调"残本虽残,但真本犹可珍也",此后更有多位学者对辑本和残本做了不少校点工作。

2.古今校点版本

自黄丕烈发现了三卷残本并题跋说明了两个主要版本的命篇次序多异后,产生了多个校点版本。先是陆心源校正刊印了该书的《十万卷楼丛书》版本,保存了宋残本的篇目体例,将《大典》辑

---

① 陈锐、傅荣贤:《〈麟台故事〉序跋述评》,《图书馆学刊》2012年第5期。

本多出的篇目补充其后，尽量去贴近原书本貌。在这一版本的跋文中即介绍了影宋旧钞的三卷残本和原本的篇目异同条数，残卷本中有而《永乐大典》辑本中没有的内容有四十条，而相反的情况则有《沿革》《省舍》《储藏》《职掌》《恩荣》《禄廪》几篇，"又《修纂》门两条，《选任》门四条，《官联》七条"，并说明了补遗两条的来源，是为"周必大玉堂杂记引故事大宴一条，中兴馆阁录引三馆秘书一条"。[①]

孙星华进行了以《大典》辑本篇数为据，以残本补之的辑佚工作，刊印了武英殿聚珍版。孙的校正发现残本"不特于聚珍本九篇外增有书籍、校雠、国史三篇，与原本十三篇篇数适合，即聚珍本已有之九篇，复多出正文、夹注至五十余条之多，而编排次序及字句多寡、条数分合，亦且异同甚多"[②]。与陆心源校本不同的是，孙认为"陆氏丛书本欲以存宋本之旧，故先列残宋本三卷，而以聚珍本补宋本之缺，则以宋本拾聚珍本所遗，是以编次迥不相同"，且自称"若考异，则又陆氏所未及为者"，意即陆氏是以保存宋本残卷原貌为主，将大典辑本多出的内容补在后面，所以与孙的编次很不同，且认为在考证两版本间的相异上，自己远超陆氏。但孙割裂原书的三卷残本去附会辑本，且分篇亦多为主观臆断，已经违背了辑佚工作应尽量重现原书本貌的原则，所整理出的辑本其篇目、内容均已打乱原书顺序，价值也就大打折扣。

民国时张元济在四部丛刊影印本的跋文中，亦详细地分析了《大典》本和残本的异同，包括卷数、篇数、篇名和条目，甚至具

---

① 查屏球：《纸抄文本向印刷文本转变过程中的撰述与出版特点——〈文粹〉编纂与流传过程考述》，《赣南师范学院学报》2015年第2期。
② 程千帆、徐有富：《校雠广义》，中华书局，2003年，第427页。

体指出了《大典》本的某篇某条应属原本某篇，认为辑本"颠倒讹夺，不胜枚举"，如"沿革篇内阑入原书官联第一、第六条""选任篇内阑入国史第七条"等，但他也肯定了四库馆臣的工作并非易事，并根据讳字缺笔分析了残本的刻印年代，认为"是本遇宋讳玄、铉、桓、完、勾、购、慎等字，多阙末笔，必自宋本传录"。张认为残本的篇数字样应为"原书久作空白矣"，同意了黄丕烈跋文中认为残本每卷"上""中""下"字为"书贾所填"的判断，原书当为五卷。①

再有今人姚伯岳校点的版本，载于四川大学出版社 1990 年版的《中国历史藏书论著读本》。这个版本不分卷数，但以篇序编排。底本是陆心源的《十万卷楼丛书》本，参校其他各本，并将四库馆臣辑录《永乐大典》本时所做的各种考据和校对工作附录在每篇末尾，留作参考。

另有今人张富祥《麟台故事校证》一书，是 2000 年中华书局出版的《历代史料笔记丛刊·唐宋史料笔记》之一。张认为两种传世版本的原本篇目体制已无法复原，以二者互补亦徒生混乱，故今两本并存，各为校证，故以辑本置前，残本置后。而篇目划分和编辑次序的不合理之处，也均予以保留，只对一些明确错乱的条目进行了调整，并对辑本中四库馆臣的夹注、按语等进行了区分标示，一些讹误之处作者又补充了今按，对正文史实均尽力搜集现存资料，广为疏证，择要录入了一些附按等。书后还附录有佚文两条、作者传记行状、序录题跋等信息，不一而足，十分详尽，是研究《麟台故事》的重要参考书籍。

---

① 王照年：《程俱及其〈麟台故事〉考论》，博士学位论文，西北师范大学，2008 年。

（六）学术价值

1.史料价值

首先，《麟台故事》一书中储存了大量的有关中国古代雕版刻书的历史资料。当下，大都以唐咸通九年（868）民间所刻经书实物为始，在文献资料上甚少见到。然而《麟台故事》准确无误地用文献资料证实了官府刻书始于五代。这表明了雕版刻书在五代得到了政府的推广、普及和发展，这为宋代雕版刻书的鼎盛时期作出了重大贡献，为宋代封建文化的高度发展创造了必要条件。对古书的校勘，也是始于北宋景祐元年（1034），"至是，改旧摹版以从新校"，只有朝廷这一典籍之府方力所能及。① 无论是宋以前的《史记》还是《汉书》，都是由于没有雕版书，所以民间甚少见到。②

其次，储存了当时的馆阁职官、制度等资料。在《麟台故事》这本书中，程俱常常会将自己的见闻穿插在书中，主要是关于馆职除授、馆阁官制方面的。《麟台故事·禄廪》穿插有程俱据《政和禄格》记秘书省官禄和吏禄的见闻，这些记载都较为详细全面。因为北宋承继唐、五代馆阁制度，而自成一套完备的文官贴职制度。正如该书中所述"名臣高位系此其选"，因而书中所涉官员及馆职的设置，关系到当时一些军要历史史实，尤其纠正和补漏了一些重要史籍的错误，有着很实际的史料价值。③

总之，《麟台故事》作为一种专门性史料工具书，综合记录了

---

① 王照年、罗玉梅：《论北宋国家藏书制度的初创——以〈麟台故事〉所载为主》，《漳州师范学院学报》（哲学社会科学版）2010年第1期。
② 卢维春：《〈麟台故事〉探微》，《古籍整理研究学刊》1993年第2期。
③ 卢维春：《〈麟台故事〉探微》，《古籍整理研究学刊》1993年第2期。

一个朝代的典制史，并且注重以见闻资料补充文献资料，使得本书具有不可替代的重大价值。① 如果结合《南宋馆阁录》以及它的《续录》，我们就能全面地了解宋朝的馆阁体制。

2. 文献学价值

《麟台故事》一书中所记载的史实人物和事件、典籍摘录等，可用来帮助校正其他相关书籍的错误。例如明影钞本《麟台故事·校雠》中记载的"刊误文字"可以校正《宋会要辑稿·崇儒》一书中所误记的"差务文字"。② 像这类例子还有很多。如《四库提要》言，该书记载了多条内容，与他书记载相谬，而据本书内容可以证实可信的史实时间问题，此外，《麟台故事》一书中的一些资料，也可弥补今本《宋会要》的错误或缺失。特别是在修订《册府元龟》的时候，《麟台故事》所载内容发挥了重要作用。这是最早的宋代官修的历史，在史馆之外别置史院亦始于此。《玉海》《宋史》本传等虽然有所记录，但大都一句带过，只有本书所记是实事求是的，保存了甚为丰富的文献资料。

（七）对图书馆学思想的影响

《麟台故事》流传至今，不仅是我国现存最早的图书馆学专著，具有重要的史料研究价值，而且对当今图书馆学的发展也有一定的启示意义。

程俱编撰《麟台故事》的目的就是为秘书省的建设制定"纪略施行"的典范。这本书详细地记载了我国北宋的馆阁体制，同时为

---

① 张富祥：《程俱〈麟台故事〉考略》，《山东师大学报》（社会科学版）1993 年第 5 期。
② 宋立民：《试评〈麟台故事〉》，《古籍整理研究学刊》1986 年第 2 期。

南宋构建秘书省提供了参照依据。程俱在前朝馆阁制度的基础上，结合自己多年的工作经验，提供了大量操作性强的建议和措施。所以，当他把这本书呈给皇帝之后，很快得到认可。据说，秘书省遇到难题，都会去《麟台故事》中找解决问题的方案，它的影响力和权威性可见一斑。事实上，《麟台故事》体现了图书馆学的思想，对宋朝图书馆的建设具有重要的推动意义。从某种意义上讲，它就是我国第一部图书馆学专著，不仅推动了宋代的图书馆建设，而且突破时代的限制，为现代图书馆的建设提供了有益的启示。

程俱编撰《麟台故事》是为了能够为秘书省的建设制定"纪略施行"，因此也可对《麟台故事》的图书馆学思想进行现代解读。程俱认为，秘书省是治理国家的重要保证之一。通过秘书省，建立图书馆，两者之间相辅相成。同时，程俱也认为，一个国家想要长治久安，必须要有图书馆。当时，金兵南下，南宋偏安。想要让南宋走向复兴，必须要构建南宋的国家图书馆。因此，在《麟台故事》中，程俱特别强调图书馆才是治理国家的重要保证，并且赋予图书馆以政治意义。

第七节 王应麟与《玉海》等

一、生平概述

王应麟（1223—1296），字伯厚，号深宁居士，是南宋后期浙东学派的重要代表性人物之一。王应麟十九岁中进士，三十四岁举博学鸿词科。出身背景使得王应麟耳濡目染诸家学术理论，他本人对陆氏心学十分感兴趣，同时大力推崇朱氏。王应麟许多著作都是对朱氏的评述。其学术风格以征文考献、纂引前论、述而不作为特点。他爱国情怀深切，治学严谨，一生孜孜不倦，博览群书，有诸多著作。① 撰有《深宁集》《玉海》《困学纪闻》《通鉴地理通释》《汉艺文志考证》等书三十四种，六百余卷。

二、《玉海》的主要内容和学术价值

《玉海》作为王应麟早年为词科应试而编纂的资料汇编，在书目与史料著录方面有极高的文献价值。《玉海》一书始编于王应麟

---

① 钱志熙：《试论王应麟的学术思想与文学成就》，《求是学刊》2014年第1期。

淳祐元年（1241）中进士之后，初步完成于宝祐四年（1256）举词科之前。① 举词科以后，王氏并未将《玉海》一书搁置，景定五年（1264）进馆阁任职之后，在遍览帝王藏书的优越条件下，他对原编纂内容进行了纠正和增加。《玉海》一书在经过王应麟纂辑以及修订之后，长期处于隐没不闻的状态，直到元代，"最早刊刻于元后至元六年"②，后在至正九年（1349），嘉议大夫、庆元路总管阿殷图垄堂"惜其间讹误者多，历十余年未有能正之者……乃命公之孙厚孙重加校雠，得误漏六万字，鸠正补刻，再阅月而成"③。可知此次的补刻本距初刻本已经十年，由王应麟孙子王厚孙校勘纠正。如果说《玉海》的元代初刻版是对王应麟著述的直接刊印（虽有校雠，但其中更改较少），王厚孙此次的修补可谓是《玉海》成书的第二个阶段，而此阶段最为明显的便是《玉海》目录的编次。考证《玉海》的资料来源，必须建立在其作为词科工具书的基础上，网罗应试文献是其主要目的，而非后世所附加给它的类书属性。学术思想与语料价值并不是该书所能包含的，但纷杂的文献来源，是探求其学术源流的必要方面。《玉海》编纂框架以宋以前为古，宋代为今，按年代顺序将同类主题依次列出，既具备词科应试的实际功用，也为制诰文章循故事、遵"祖宗家法"的治世理论提供依据。④《玉海》的资料来源关系到王应麟的家世、历官交游以及社会上流布的家族刊刻文献等众多方面，今将其分类，以作《玉海》资料来源的具体论证。

---

① 钱茂伟：《王应麟学术评传》，中华书局，2011年，第166页。
② 杨万兵：《〈玉海〉版本流传考述》，《大学图书情报学刊》2008年第2期。
③ 王应麟纂：《玉海》，江苏古籍出版社、上海书店，1987年，第6页。
④ 邓小南：《"正家之法"与赵宋的"祖宗家法"》，《北京大学学报》（哲学社会科学版）2000年第4期。

(一)分类体系

《玉海》共二百卷，分天文、律历、地理、帝学、圣文、艺文、诏令、礼仪、车服、器用、郊祀、音乐、学校、选举、官制、兵制、朝贡、宫室、食货、兵捷、祥瑞二十一部，每部各分子目，共二百四十余类。这部类书专为应博学鸿词科考试者而编，所以标门分类和一般的类书不同，多录相关典章制度和"吉祥善事"。《玉海》取材广泛，采辑丰富，征引的书自经、史、子、集以至各家的传记、杂书，尤其是关于宋代掌故、史事，大都根据当时《实录》《国史》《日历》等书记叙，为后来史志所未详，而且有些引书早已散佚，实属研究宋史的第一手资料。书中多用提要、概述的形式撮叙事实，凡遇异说，亦都注明，或略作考证。书中纪事，大致按年代先后顺序排列。

《玉海》的分类特点包括以下五个方面。一是按照事物分类，建立事物分类体系。就是说，以事物分类为依据，以天、地、人、事、物为基本序列。这种方法比学科分类体系更具体、更直观，检索起来很容易。同时，当时敬天、尊君、崇儒是人们共同遵循的法规，所以，先天地帝王，次典章制度，再其他，是很自然的一个顺序。同时它的标分门类，与一般类书也不同，如：帝学、经筵燕赐、观书、观御制御书，组成了"帝学类"。在此《玉海》不是照搬"帝王"为标目来立此类，而是只以"帝学"为标目立类。二是按照形式分类，如天文类和地理类中的天文图、天文书、地理图、地理书，不管是天体中的日月星辰，还是地域中的山川江湖，都按文献资料的形式，收于有关类中，是图的入图类，是书的入书类。三是按照体裁分类，如圣文类中的御制诗歌、御制赋、碑铭、御制论，是按诗赋、碑铭、论文体划分的。虽然形式分类造成某些不合理现象，但王应麟极力弥补，灵活运用了"参见"等方式。如："汉兵录、见兵法"，"续春秋又见编年"，既便于读者进行检索，又不过多扩大篇幅。四是特殊分类，《玉海》艺文类很特殊，基本上按四部分类，但类目有很大改变。如经部增添了"续春秋"类，把以春秋为名的编年书统统归在一起，子、集两部将"诸子""著书别集""总集文章""承诏撰述类书"置于两部之首，而"传、录、诗、赋"等则又按文章的体裁立类，如"录"类，不管"兵录""文章录""稽古录"全收。王应麟之所以采用这种方法，主要是为分析著录打基础。五是子目有编题和小编题，按时代顺序排列。特别是首创历史文献与图书目录相互结合的方法进行编题，甚为新颖，且编题带有主题性质。如《地理类·异域图书》中的"三国史记"，包括金富轼《三国史记》、高得相《海东三国通历》和裴矩《高丽风俗》及一些有关的历史资料，构成了一个完整的编题。另外，在组织资料方面，不像一般类书仅仅分类抄录文献，而是多撰提要、撮叙事实，并略作考证，可谓别具一格。①

(二)版本源流

第一，至正九年（1349），嘉议大夫、庆元路总管阿殷图垫堂来守四明，十一年（1351）夏，因阅《玉海》数百卷，认为其讹误较多，命王应麟孙王厚孙重新校雠，此即《玉海》首次之修补本。②

第二，正德二年（1507），时戴铺任南京国子监监丞，《玉海》合五千板因"岁久漫漶残缺"，"观者痛焉"。遂"修群籍次第，及

---

① 梁亦佳：《浅谈王应麟的〈玉海〉》，《河南图书馆学刊》1984年第4期。
② 王应麟纂：《玉海》，安徽大学图书馆藏光绪九年浙江书局重刻本，第9页。

是补遗易腐，新刻总四百三十五板，庶完其旧，将欲尽葺诸史，第无善本校雠而亦未暇及也"。① 戴镛所修之板十之一二，字体仿赵松雪体，尚称古雅，但苦无善本校勘，讹误甚多。嘉靖六年（1527）、嘉靖二十九年（1550）、嘉靖三十一年（1552）、嘉靖三十四年至三十六年（1555—1557），南京国子监递有修补。是书象鼻或版心刻有如"嘉靖庚戌年""万历癸未年"等补刊纪年，及监生某校等字。② 这些修补本虽大半保留了元刻旧貌，但修补之字与原本字体殊异，加之校勘未精，不为后人所重。在此基础上，万历十一年至十三年（1583—1585）、万历十六年至十七年（1588—1589）又由南京国子监进行了两次大修。

第三，康熙二十六年（1687）学使李振裕"广文教，扶绝学"③，主持修补工作。《玉海》虽经康熙年间李振裕补刻一次，但"迄今不数十年，又复朽蠹残缺，已为废板"。乾隆三年（1738），适张华年"典郡金陵，修谒上元文庙，接见诸广文，询及学宫所藏书籍，因具悉是书废兴本末，慨然有志修复"，"因购求原本校对，几不可得"。过了两年，始得善本于黄惟吉家。又"邑中熊太史南州先生任校雠之责；邵绅汪子维周，鸠工董成，诸僚佐及绅士辈亦各踊跃赞襄，不数月而板成，补残整旧，粹然完璧"。④ 时元刻旧本已不得见，虽诸士坤十分重视校雠，但仍有缺漏。

第四，乾隆三十八年（1773），清廷撰修《四库全书》收录此书，归为子部类书类，并撰《提要》云："其书元时尝刊于庆元路，

---

① 杨万兵：《〈玉海〉版本流传考述》，《大学图书情报学刊》2008年第2期。
② 沈津：《美国哈佛大学哈佛燕京图书馆中文善本书志》，上海辞书出版社，1999年，第424页。
③ 王应麟纂：《玉海》，安徽大学图书馆藏光绪九年浙江书局重刻本，第14页。
④ 杨万兵：《〈玉海〉版本流传考述》，《大学图书情报学刊》2008年第2期。

版已久佚。今江宁有南京国子监刊本。"① 其实南京国子监刊本就是元庆元路儒学刊本的修补本，只是元版经历代修补，已不复旧态而已。② 1992 年上海古籍出版社据此影印，通称四库类书丛刊本。

第五，乾隆五十四年（1789），康基田"承宣江宁，视旧板多有朽蚀，补其缺失，复为善本"。③ 至嘉庆十年（1805），"学宫不戒于火，所藏板与二十一史诸板，扫落无遗"④，十一年（1806），康基田云：

复任江藩，即鸠工重建，规模差宏于旧，东西更增学舍，立书院，仍名曰尊经，复古而责实也。而《玉海》之板贮阁中为灰烬，南北更无他刻，海内后进稽古之士，无所资藉，余甚惜焉。适江宁守张古愚得浙东至元初刻善本，余乃招副贡陈勉甫，上舍胡圣畿，食宿瞻园，取古愚之本参校经史，往复校雠，有元以来原本空缺舛误甚多，上下求索补填二万余字，视浙东初刻更加周备，付工雕板五，阅月功成，盖自是《玉海》之书始得完善，亦可云因败为功者已。

"因学宫不戒于火"，而使历经七朝修补的《玉海》化为灰烬，委实惋惜。但重新刊刻时，却得元初刻善本，是为"天佑斯文"，亦为清刻之首也。

第六，光绪九年（1883），"《玉海》一书，善本难见。浙局重刻谨遵文渊阁抄本，然经乱后大半散佚，其见于《钦定四库全书考

---

① 永瑢等：《四库全书总目》（下册），中华书局，1965 年，第 1151 页。
② 张祝平：《王应麟〈诗考〉版本源流厘正》，《南通师专学报》（社会科学版）1994 年第 2 期。
③ 王应麟纂：《玉海》，安徽大学图书馆藏光绪九年浙江书局重刻本，第 20 页。
④ 转引自陈仕华《王伯厚及其玉海艺文部研究》，台湾商务印书馆，1993 年，第 107 页。

证》，应改应增凡数十条，谨遵改补"，并"以明万历修本，康熙修本、康基田修本校之，多有疑窦，从钱塘丁氏借得正德修本校补，以其中元刻旧板犹存十之七八。刻将半，知嵩安陆氏有元刻旧本携往就校，空阙，仍所不免。诸同仁因共检原引之书，以校补空阙。并及原本之脱漏者，至无原引书可检，姑仍阙如，然亦仅矣"。①此本以文渊阁《四库全书》抄本为底本，并用元、明诸递修本、陆心源皕宋楼旧元本及原引之书校勘，是现存校勘较好的版本。并且此本沿袭历代刊刻《玉海》之传统，附刻《玉海》附录十三种，卷首亦有四库提要、元刻《玉海》，胡助、李桓、阿殷图垒堂、王介诸序、万历己丑赵用贤序、康熙李振裕序、张华年序、熊本序、康基田序，康熙重刻《玉海》例言、宋史本传、《玉海》目录、刊造《玉海》书籍提调官、正德二年（1507）戴镛序，卷末附张大昌《王深宁年谱》一卷及《校补玉海琐记》二卷。

最后，清光绪十年（1884），成都王氏志古堂据此本缩印，1987年江苏古籍出版社、上海书店据此影印，是目前较为通行的本子。2003年广陵书局亦以此版本影印、发行。此为是书自元刊刻迄今最完备的版本。

(三)《玉海·艺文》

1. 体例

《玉海·艺文》作为类书的目录，更加注重著录文献的系统性和广博性，故形成了不同于传统目录著作的著录方式。古代目录著

---

① 张大昌：《校补〈玉海〉琐记》，载王应麟纂《玉海》，江苏古籍出版社、上海书店，1987年，第2、103页。

作在著录图书时，基本是以一部图书为一个著录单位。王应麟则另辟蹊径，在编写《玉海·艺文》时，以编题为著录单位。所谓编题，就是将性质相同或相近的资料汇集在一起，并逐步发展成为条理化、系统化的知识结构。王应麟在著录书籍时，能集中与该书有关的全部资料，形成一个有关该书的系统介绍，与传统书目以单独一本书为著录单位的做法相比，知识更加集中与系统，十分有利于读者全面吸取知识。王应麟的这种著录方式，跳出了简单的书目罗列，对此前历代学术研究状况进行梳理，一个个编题俨然一部部学术回顾史。

我国古代的目录学著作，从体例上大致可以划分为三类：小序、解题皆有者；有小序而无解题者；小序、解题皆无，只著书名者。《玉海·艺文》属于第一类，部类之下有小序，书名之下有解题。但作为类书中的目录，《玉海·艺文》的小序、解题多是征引他书而成。小序大体分为三类，多注明引自他人观点，如易、书、孝经、古史等类，皆标明出自《隋志》；诗类、三礼类，标明出自《汉书·艺文志》；还有许多序文是引自荀悦、刘勰、韩愈和欧阳修等大家的相关作品。小注或考证正文之误，或补充正文之阙。王应麟在对所辑录的原文中的错误进行考辨时，在不妄改原文的基础上，以附注的形式加以说明，可知王应麟治学态度之严谨。

另外，王应麟在编纂《玉海·艺文》时还用了互著。互著，就是根据编纂的需要，将一书分别收录在不同的类目中。此法虽最终由明代目录学家祁承㸁从理论上进行了阐释，但早在《七略》中即有运用。发展至唐宋时期，已然成为书籍著录时的习惯，尤其是在类书中的运用极为普遍。《玉海·艺文》在著录书籍时，就适当地使用了此种方法。除了互著，王应麟还运用了参照法。参照法，就是某本书在别的类目中已经有过说明，为了节省文字和防止重复，此类中不再详细阐述。互著和参照法的应用，避免了书籍的重复著录，使得书目更加简洁明了。

2. 价值

《玉海·艺文》是一部带有浓厚主题性质的书目。这种用编题来著录书目资料的书目体例，明显地把书目编制带向了主题目录的发展方向。当代著名目录学家王重民说："在《玉海·艺文》的图书著录上，就走向了主题目录的组织形式，给我国编制目录的方法，开辟了一个新的方向。"① 也许在主观上，王应麟以编题（主题）为单元来著录书目资料，只是为了适应《玉海》类书编纂的需要，但在客观上，他的确是将我国古代编制目录的方法带向了编制主题目录的新路，这对后来的主题目录发展有很大影响。《玉海·艺文》对图书的著录，多以《新唐书·艺文志》为基础，其注释多以《中兴馆阁书目》为基础，并用诸史志书目及宋代官私目录作补充。王应麟广泛利用了历史文献资料，凡史籍中可见的与书目有关的历史文献资料，都被他采入《玉海·艺文》之中。书中不单单是收录书目，还辑录了大量有关书目的文献资料，因此这部书目的参考价值很高。王应麟在《玉海》中创立了类书辑录书目之先，并把图书目录引往主题目录发展方向，对古代目录学影响很大。② 王重民先生认为，在这方面王应麟的贡献不但超过了稍前于他的郑樵，而且也超过了稍后于他的于《文献通考·经籍考》中大量辑录书目资料的马端临。③

---

① 王重民：《中国目录学史论丛》，中华书局，1984年，第156页。
② 龚新年：《〈玉海·艺文〉——中国古代创立类书辑录书目之先》，《高校图书馆工作》2015年第2期。
③ 王重民：《中国善本书提要补编》，书目文献出版社，1991年，第76页。

三、《汉艺文志考证》的主要内容和学术价值

王应麟作为南宋"汉书学"的主要代表人物之一,其"汉书学"成就在中国古代"汉书学"发展史上具有显著的地位。王应麟首次将《汉书·艺文志》作为研究对象并撰成专书,是"汉书学"在南宋时期深入发展的一个标志性成果。

(一)体例

《汉书·艺文志》由序言及目录组成,其收录的文献按易、书、诗、礼、乐、春秋、论语、孝经、小学、儒、道、阴阳、法、名、墨、纵横、杂、农、小说、赋、杂赋、歌诗、兵权谋、兵形势、兵阴阳、兵技巧、天文、历谱、五行、蓍龟、杂占、形法、医经、经方、房中、神仙等分类排列。王氏《汉艺文志考证》十卷,仍按《艺文志》顺序顺次考证。不同的是,《艺文志》总序后直接为典籍,分类说明列于典籍之后,如"凡《论语》十二家二百二十九篇""右儒五十三家八百三十六篇"之例,《汉艺文志考证》则将类目列于典籍之前,更加一目了然。① 在体例上,王氏《汉艺文志考证》的一个显著特色就是不录入《汉书·艺文志》全文,而是将有心得之处摘录为纲,分条考证。《四库提要》云:"应麟始捃摭旧文,各为补注,不载《汉志》全文,惟以有所辨论者摘录为纲,略如《经典释文》之例。"② 《经典释文》"其例诸经皆摘字为音,惟

---

① 程千帆、徐有富:《校雠广义》,中华书局,2003年,第427页。
② 纪昀等著,四库全书研究所整理:《钦定四库全书总目》(整理本),中华书局,1997年,第1133页。

《孝经》以童蒙始学,《老子》以众本多乖,各摘全句",《汉艺文志考证》之例正是与此相同。①如《汉书·艺文志·总序》共二百六十六字,《汉艺文志考证》中"艺文"(即《总序》)考证只有五条,三十二字;《汉书·艺文志》中《诗经》类列出十四种典籍,王应麟仅考证其中九种,无所得者,则不赘列其目。后人注解《汉书》也多采用此例,如钱大昭《汉书辨疑》、沈钦韩《汉书疏证》、杨树达《汉书窥管》、陈直《汉书新证》皆不录《汉书·艺文志》乃至整个《汉书》原文。

除正文的考证之外,王应麟还善于用小字注释的方式来补充说明考证之内容,他的注释有对前文之解释,有不同观点的引用,也有自己意见的表达,虽然不与正文并列,但都可以看作考证的有机组成部分。这种方式,他在《困学纪闻》中也多有使用。全祖望在《沈东甫墓志铭》中云:"东甫笃志古学,穷年著书,其最精有新、旧《唐书》合抄共二百六十卷,折衷二史之异同……皆予读《唐书》时有志为之而未能者,尝语东甫可援王氏《汉艺文志考证》之例,孤行于世者也。"②即肯定王应麟《汉艺文志考证》的体例在对史书总体考证或抽出部分来考证方面的借鉴意义。

(二)内容

1.学术流传

《汉书·艺文志》在学术史上的一个突出贡献就是通过四十篇层次有别的序言,"剖判艺文,总百家之绪",从而勾勒出当时学术

---

① 纪昀等著,四库全书研究所整理:《钦定四库全书总目》(整理本),中华书局,1997年,第424页。
② 杨毅:《王应麟〈汉艺文志考证〉考证特色分析》,《华中学术》2013年第1期。

文化的整体状况。王应麟《汉艺文志考证》虽侧重于《汉书·艺文志》中文献的考证,但他仍然非常重视对传经源流的考察,只不过他的考察不是借助大、小序言,而是寓于具体文献的考辨之中,表现出紧密结合文献考察学术源流的治学取向。

2. 内容体式

对于读者来说,了解、阅读典籍一个最重要的方面就是知道其为何而做、所说何事。汉代典籍流传至宋,多数或已散佚,或已缺漏,因此,对典籍内容的考察就极为必要。《汉艺文志考证》考证《汉书·艺文志》所收典籍,典籍之内容是一个不可回避的问题。王应麟博学多识,阅读广泛,能够在其他典籍中发现有关这些散佚、缺漏内容的零星记载并汇总起来,有利于时人去了解古代的典籍情况。除了对典籍大致内容及篇章的考证外,王应麟还大量运用辑佚的方法从其他经、史、传、注中辑录出典籍中的些许词句。相对于整部典籍来说,这些辑录的些许词句是微不足道的,也许并不能对把握整书内容有所帮助,但从古代文献整理与保存的角度来看,只言片语即弥足珍贵。

3. 存佚真伪

随着校勘、考证等工作的不断展开和深入,疑古辨伪在宋代逐渐成为一种思潮。辨伪不仅要辨书的作者与时代之真伪,还要辨书的内容之真伪,《汉艺文志考证》对典籍的辨伪也主要集中在这两个方面。如卷四"孔子为曾子陈孝道"条引晁公武之语:"何休称子曰:'吾志在《春秋》,行在《孝经》。'信斯言也,则《孝经》乃孔子自著。今首章云'仲尼居,曾子侍',则非孔子所著明矣。详其文义，当是曾子弟子所为书。"① 对《孝经》一书的作者作了说明。对于《周书》一书，前人皆云得于汲冢竹书，《汉艺文志考证》一书辑录汉人的引文，并质疑道："岂汉世已入中秘，其后稍隐邪？今篇目比汉但阙其一，系之汲冢，失其本矣？"又辑录汉代著作中所引用《周书》之语，与今文对照，认为"今文有无其语者，岂在逸篇乎？书多驳辞，宜孔子所不取，抑战国之士，私相缀续，托周为名，孔子亦未必见也"。②

4. 订正讹误

订正《汉书·艺文志》所著录典籍的讹误。如《汉书·艺文志》记载："《礼古经》五十六卷，《经》（七十）【十七】篇。"③ 在南宋嘉定十七年（1224）白鹭洲本《汉书》中，此条下已有刘敞注曰："当作十七，计其篇数则然。"④ 但没有关于这一说法的进一步解释。王应麟从刘敞说展开考证，他援引《汉书·儒林列传》的记载："鲁高堂生传《士礼》十七篇。按今《仪礼》，《士礼》有《冠》《昏》《相见》《丧》《夕》《虞》《特牲馈食》七篇，他皆天子、诸侯、卿大夫礼。"又引南宋《仪礼》学者张淳的论断："汉初未有《仪礼》之名，疑后汉学者见十七篇中有仪有礼，遂合而名之也。"王应麟通过考证，订正了《汉书》中"《经》七十篇"的说法，今中华书局本《汉书》虽未录刘敞注文，但已经吸收了其十七篇的观点。

---

① 王应麟著，张三夕、杨毅点校：《汉制考·汉艺文志考证》，中华书局，2011年，第293页。
② 王应麟著，张三夕、杨毅点校：《汉制考·汉艺文志考证》，中华书局，2011年，第225页。
③ 班固：《汉书》，中华书局，1962年，第1709页。
④ 刘敞：《汉书注》，载班固《汉书》嘉定十七年白鹭洲书院刻本，第7页。

（三）方法

王应麟主要运用交叉参照的方式进行考证，对之进行整理。所谓交叉参照，是搜集不同古籍中的相关记载，或考辨其讹误，或整理流传中佚失的材料。① "搜集不同古籍中的相关记载"确是王氏《汉艺文志考证》的一个显著特色及主要考证方法。在考证史实的过程中，王应麟主要运用校雠、辑佚两个方法。

1. 考证史实

一是对《汉书·艺文志》各篇序文所记载历史情况的考察。在此过程中，王应麟注意考镜其源流。如对《汉书·艺文志》载"古文《尚书》者，出孔子壁中"② 这一说法，王应麟引用《东观汉记》、《汉书》（颜师古注）、《汉书决疑》、《史通》等多种文献材料，列举古文《尚书》为孔子后人孔鲋所藏或孔惠所藏两种观点，对史料中记载的具体情况进行对照。③ 王应麟对古文《尚书》的真伪并无任何怀疑，而是将注意力放在发现古文《尚书》的过程上。

二是对著录典籍相关历史情况的考证。《史记》在《汉书·艺文志》中著录于《六艺略·春秋》下，该条目下称《史记》"十篇有录无书"。王应麟用不少笔墨考证了这一问题，《汉艺文志考证》记载：《汉书·艺文志》记载《史记》另有十篇"有录无书"，张晏在《汉书·司马迁传》注中说："迁没之后，亡《景纪》《武纪》

---

① 林素芬：《博识以致用——王应麟学术的再评价》，花木兰文化出版社，2009年，第55页。
② 班固：《汉书》，中华书局，1962年，第1706页。
③ 王应麟著，张三夕、杨毅点校：《汉制考·汉艺文志考证》，中华书局，2011年，第6454页。

《礼书》《乐书》《兵书》《汉兴以来将相年表》《日者列传》《三王世家》《龟策列传》《傅靳列传》。元成之间褚先生补缺，作《武帝纪》《三王世家》《龟策》《日者传》，言辞鄙陋，非迁本意也。"① 颜师古作注时除指出张晏"《兵书》"亡佚有误外，其余皆从张说，认为其中四篇是褚少孙伪作，《史记索隐》《史记集解》也都从此说，《史记》缺佚十篇的结论似已确凿。至唐代，刘知幾认为："至宣帝时，迁外孙杨恽祖述其书，遂宣布焉。而十篇未成，有录而已。"②

2. 校雠

校勘侧重行墨字句之间，而校雠则旨在"辨章学术，考镜源流"。《汉艺文志考证》一书中，也大量运用了这些校雠方法。

一是注意古、今之文的对照。王叔岷先生认为校雠的首要是广泛搜求各个版本，王应麟《汉艺文志考证》考证《汉书·艺文志》著录典籍，虽未涉及版本情况，但王氏考证的一个重要内容是典籍的流传存亡，因此非常注意在古、今对比中来展示典籍的流传情况。《汉艺文志考证》中，"今"字出现二百零六次，"古"字出现二百四十一次，大多是指今文与古文或作品时间上的先后，王氏的古、今对比，也主要集中在这两个方面。中国古代经典素来有古文与今文之争，尤其对《易》《书》两种经典来说更是如此。王氏《汉艺文志考证》卷一虽只录《易》《书》两类，但考证字数逾一万五千余字，远多于其余九卷，可见王应麟对《易》类、《书》类的重视。在考证中，王应麟也十分注意典籍古文与今文的不同，在古文与今文中，似乎又更加关注古文。《易》类"刘向以中古文易经

---

① 张晏：《汉书注》，载班固《汉书》，中华书局，1962年，第2724—2725页。
② 刘知幾著，浦起龙通释，王煦华整理：《史通通释》，上海古籍出版社，2009年，第313页。

校施、孟、梁丘经""唯费氏经与古文同"两条是古文《易》与今文《易》对照的集中体现。考证方法都是先从其他典籍中辑出与今文《易》的不同之文，从而断定古文《易》尚存。《书》类"文字异者七百有余"更是辑出古文、今文《尚书》不同之处七百余条。

二是重视典籍流传过程中在不同时期内容、体例上的对比。"今"不一定是指王应麟所处之时代，而要以具体语境而论，"古"则是与当时语境下的"今"相对而言的。还要指出的是，王氏古、今对照并不是古文与今文、较早时期与较近时期不同的简单罗列，而是在这种不同的罗列与说明中，阐明典籍及与其相关学术的发展变化。如"《子夏易传》"条，在对比中，得出"盖后人附益者多"的结论，对《子夏易传》中内容的真伪作了辨析。"《易经》十二篇"中，王应麟考证首言"今《易》'乾卦'至'用九'，即古《易》之本文"，以此为起点，论述了《易经》在发展中象象、文言、卦爻与经文的合与分，这也是学术史上一个极为关注的问题。可见，王氏的考证虽没有全面运用王叔岷所总结的校雠方法，但却遵循了校雠学"辨章学术，考镜源流"的宗旨。

三是材料多取古注、类书。传、笺、解、说、故、训、诂、闲诂、解故、解诂，皆可统称为注。类事之书或随类相从之书，谓之类书。古注、类书为收辑资料两大宝库。王叔岷先生对王应麟论著多取古注、类书的做法十分赞赏，他说："王氏讨治故籍，而注意取材于古注、类书，以校补正文及收辑佚文，最为有识！此对后人有极大之启示。"[①] 王应麟征引这些古注、类书除辑录古书散佚内容、篇名，恢复古书本来面目外，还有一个目的是通过这些注疏来

---

① 王叔岷：《校雠学》，中华书局，2007年，第135页。

展示前人相关的研究成果，从而为自己的观点提供佐证。

3.辑佚

辑佚是将见载于目录而今原书已散佚的书，从他书所引中一句一段地辑录出来，再加以编辑，尽量恢复原书的本来面貌。辑佚不仅是一种文献现象，也是一种学术研究的方法。《汉艺文志考证》中辑佚条目按照书目先后顺序标序，并注明出于何处、文成谁手。涉及二十三种典籍，这些典籍皆为散佚或缺漏之作。王氏的辑佚对我们把握这些典籍的内容，或与现存版本进行对照都极有帮助。王氏《汉艺文志考证》中的辑佚多集中于《易》《书》《诗》《礼》《乐》《春秋》《论语》等经部著作，这也反映了其对正统儒家学术的偏爱。辑佚内容的出处也多是汉代史传及经典注疏，对唐代著作关注较少。

(四)影响

其一，促进目录学发展。从目录学发展的角度看，王应麟之后的学人对历代正史的《艺文志》《经籍志》进行补作。对于前代正史无《艺文志》《经籍志》的情况，清代考据学家们在王应麟补录《汉书·艺文志》条目原则的基础上，对历代史志目录进行了补作，如姚振宗《后汉艺文志》《三国艺文志》、钱大昭《补续汉书艺文志》、顾櫰三《补后汉书艺文志》、侯康《补后汉书艺文志》《补三国艺文志》、丁国钧《补晋书艺文志》、王仁俊《补宋书艺文志》《补梁书艺文志》《西夏艺文志》、厉鹗《补辽史经籍志》、钱大昕《元史艺文志》，等等。这都显示出《汉艺文志考证》在文献考证和目录学方面的深远影响。

其二，广求遗说、异见，考证《汉书·艺文志》之遗误。班固

《汉书·艺文志》是据刘歆《七略》"删其要,以备篇籍"① 而编成的,是我国现存最早的一部文献目录。但久经天灾战乱,所记载的典籍有的完全消失踪迹,有的只留下残篇断章。因此,对于《汉书·艺文志》的整理与补注工作就显得尤为迫切。王应麟正是认识到了整理《汉书·艺文志》的重要功用,故其所撰《汉艺文志考证》,"辨章学术,考镜源流",发前人之所未发。可见,王氏"有意"把《汉书·艺文志》作为单独和专门研究的单元,以此为依据,撰写《汉艺文志考证》一书,对三百多种图书进行了详细考订,持论皆有根据,所用材料多较为确当。由于他对《汉书·艺文志》总序、大小序文、书目正文、班固自注、颜师古注的考证皆广征博引,兼采众家,实际上扩大了考证的范围,从而开辟了新的治学门径,实为历史考证学的一大发展。而且其所考证之书,多为后世不传或问题较多的书,征引详细,保存了丰富的历史文献资料,使后来者得到比较完备的历史知识。

其三,搜集遗漏之书,开考补《汉书·艺文志》之先河。《汉艺文志考证》大体上仍按《汉书·艺文志》原载的顺序作分类考证。其体例特点是不载《汉书·艺文志》全文,而是摘录书名、卷数为纲,顶格书写,然后另起一行以考证列其下。内容以征引各家言论为主,间或出以己意;旧文可以互证,或需补充说明者,则加夹注或尾注。但凡传记所见书名而《汉书·艺文志》不载者,也分类附入,并加考注,特以"不著录"三字标出,以示区别。正如《四库提要》所云:

---

① 班固:《汉书》,中华书局,1962年,第1701页。

（王氏）据摭旧文，各为补注，不载《汉志》全文，惟以有所辨论者摘录为纲，略如《经典释文》之例。其传记有此书名而《汉志》不载者，亦以类附入……凡二十六部，各疏其所注于下，而以"不著录"字别之。①

　　其四，治学严谨，以讲求实证的学术态度影响后世。在王应麟生活的南宋末年，学者们侈论性命之学，学术研究有空疏的倾向，王应麟虽在学术渊源上与南宋中后期的朱（熹）、吕（祖谦）、陆（九渊）三大学派都有师承关系，尊崇并继承朱熹的理学体系，但是他多实证而少空谈，且兼容并蓄，不专一师，尤于汉唐考释功夫用功最勤。在考证过程中对于有不同见解或记载的诸种说法，难以作出判断时，他常以"当考""未详"等来提出疑义，并不仓促确定孰是孰非。王氏治学严谨，不妄说臆测，虽广泛地利用历史文献资料，但亦注重史料的考证，不轻信前人的记录。因为有着共同的学术追求，清代的儒士大都偏向王应麟的治学轨迹，并多方借鉴他的学术思想及方法，为清代批判继承理学、倡导经世致用的新学风奠定了基础。总之，王应麟首次将《汉书·艺文志》从《汉书》中离析出来，以汉唐文史训释和宋代道学思考为双轨，补阙考疑，且多实证而少空谈，对于推动《汉书·艺文志》的研究和发展无疑功绩卓越。其所考、补《汉书·艺文志》总序、大小序文、书目正文、班固自注、颜师古注等，扩大了考证的范围，保存了丰富的历史文献资料。此外，其在考证过程中所体现的严谨的治学态度亦值得后人借鉴。

---

① 永瑢等：《四库全书总目》（上册），中华书局，1965年，第730—731页。

四、《通鉴地理通释》的主要内容和学术价值

（一）主要内容

《通鉴地理通释》虽冠"通鉴"之名，实则泛考古今地理，依次为历代州域总叙、历代都邑考、十道山川考、周形势考、名臣议论考、七国形势考、三国形势考、晋宋齐梁陈形势考、河南四镇考、东西魏周齐相攻地名考、唐三州七关十一州考、石晋十六州考，既关注疆域、都邑、政区沿革的考察，又涉及山川河流的钩沉，重点叙述历代攻防形势，对于历代军事战略也有所着墨。因此，《通鉴地理通释》也可以看作一部杰出的历史地理学经典著作，其对于地理名物的阐释也远远超出了《资治通鉴》本身，并且尤其关注对军事形势的探讨，杭世骏称自己读史时"于形势割据间多所未谙，一以浚仪王氏为的"①，以至于有学者认为"这书可以视为历史地理撰述的一个首创"②，有学者称本书为"流传至今的第一部系统论述历代疆域政区沿革的著作"③，王应麟本人为系统论述"军事地理的先驱"④。萌芽于秦汉之际，在《续汉书·郡国志》中已经有了显著体现的历史军事地理研究，到了王应麟时期终于有了质的变化。杭世骏《〈通鉴地理通释〉跋》云："《通释》一书，七国之际

---

① 谭其骧主编：《中国历代地理学家评传》（第二卷），山东教育出版社，1990年，第194页。
② 靳生禾：《中国历史地理文献概论》，山西人民出版社，1987年，第193页。
③ 张保见：《王应麟〈通鉴地理通释〉述评》，《唐山学院学报》2012年第2期。
④ 谭其骧：《中国历代地理学家评传》（第二卷），山东教育出版社，1990年，第190—192页。

贯串《国策》《史记》诸史家，尤有法。魏吴蜀之险塞，六朝南北之重镇，分析皆若指掌。"从这些方面来看，《通鉴地理通释》在中国古代地理学史上占有一定地位。《通鉴地理通释》的编撰体例及学术着眼点、研究方法还深刻影响了以胡三省和顾祖禹等为代表的一批学者，受其通鉴学思想之影响，胡三省著有《资治通鉴音注》一书，而顾祖禹在其名著《读史方舆纪要》之《凡例》中则说道："王厚斋《玉海》一书，中所称引，类多精确，而《通释》一种为功于《通鉴》甚巨，胡身之从而益畅其说，搜剔几无余蕴，余尤所服膺，故采辑尤备。"① 故顾祖禹在撰述《读史方舆纪要》时，体例上参考了《通鉴地理通释》，内容上也多有采辑。

《通鉴地理通释》注重从总体上对各个历史时期的军事经验教训进行分析总结，留意重要的城池、关隘、山川、湖泊等军事地理要素的考察。作者结合当时实际情况，尤其致意于江淮地区情况的考察，足见其实用性和借鉴意义。全书通篇关注点和落脚点都在军事地理方面，符合军事地理学著作的特点。因此，与其说该书是一部传统的政区沿革地理学著作，或者《资治通鉴》地理类的注释性作品，不如说它是目前可考的第一部真正意义上的杰出的历史军事地理学专著。②

(二)学术价值

该书编纂条理清晰，体例严谨，为众多学者所沿用。学术着眼

---

① 顾祖禹撰，贺次君、施和金点校：《读史方舆纪要一·历代州域形势　北直》，中华书局，2005年，"凡例"第5页。
② 张保见：《王应麟〈通鉴地理通释〉所见历史军事地理学管窥》，《黑龙江社会科学》2018年第2期。

点、研究方法还深刻影响了以胡三省等为代表的一批学者，影响不可谓不深远。王应麟考证史地之法成就显著，深得清儒赞赏，甚至长于地理考据的阎若璩对王应麟《通鉴地理通释》精到之处亦不吝溢美之词。如《尚书·禹贡》所云"夹右碣石，入于河"①，又云"太行、恒山，至于碣石，入于海"②，不仅对于碣石之地望，历代注家聚讼纷纭，莫衷一是。从引文可见王应麟的碣石考相当精彩，短短两篇文字，标明出处的引用文献即达十余种，凡历代与碣石相关之文献几搜罗殆尽。在广泛收集文献加以比较分析的基础上，详细考察了文献所记载的碣石之方位，然后得出结论。条分缕析，通畅明白。

《通鉴地理通释》有相当大的历史研究价值，对于后世辨别史实真伪有重大的帮助。《通鉴地理通释》中的记载均有严格的考证，是后人研究历史的重要参考资料。

该书也具有一定的辑佚价值。《通鉴地理通释》所引唐宋诸家著述，如《元和郡县志》《太平寰宇记》《舆地广记》等，今多残损不全，《通鉴地理通释》之引文可补其缺。如卷二"盐官"条引《元和郡县志》云："楚州盐城县，本汉盐渎县，州长百六十里，在海中洲上，有盐亭百二十三所，每岁煮盐四十五万石。"③可补今《元和郡县志》淮南道部分之缺。

宋辽夏金元是我国古代文化发展的重要时期，起着承前启后的重要作用，而书籍是发挥这种作用的主要载体之一。本卷首先阐述宋辽夏金元时期的社会背景与文化发展情况，从而引出能够承载和

---

① 任乃宏：《"碣石"新考》，《文物春秋》2014年第2期。
② 任乃宏：《"碣石"新考》，《文物春秋》2014年第2期。
③ 张保见：《王应麟〈通鉴地理通释〉述评》，《唐山学院学报》2012年第2期。

反映这一历史时期的文化成果之藏书事业的发展，按照宋辽夏金元的朝代先后顺序，集中论述了这一时期藏书事业的发展、图书的收藏与分类编目、图书的管理与流通利用等方面，此即本卷第一至第四章的内容。本卷还从学术史的角度列举了宋辽夏金元时期的图书馆学人及其著作，重点对其生平及图书馆学方面的学术思想进行梳理与总结，因所涉学人较多，分为上下两章来完成，即本卷的第五和第六章。因为图书馆学与文献学有着紧密的血缘联系，在选取图书馆学人时，我们也将部分文献学家纳入其中。如将第六章的赵明诚、李清照、王明清、钟嗣成、程俱诸人作为图书馆学人进行述评，这正是在学科交叉融合的过程中以图书馆学的研究视角进行切入的结果。

主要参考文献

班固.汉书.北京:中华书局,1962.

不著撰人.庙学典礼//景印文渊阁四库全书:第六四八册.台北:台湾商务印书馆,1983—1986.

曹琳.藏书楼的历史变迁.兰台世界,2010(9):57—58.

曹之.中国古代图书史.武汉:武汉大学出版社,2015.

查屏球.名家选本的初始化效应——王安石《唐百家诗选》在宋代的流传与接受.安徽大学学报(哲学社会科学版),2012(1):62—73.

查屏球.纸抄文本向印刷文本转变过程中的撰述与出版特点——《文粹》编纂与流传过程考述.赣南师范学院学报,2015(2):49—61.

晁公武.郡斋读书志校证.孙猛校证,上海:上海古籍出版社,1990.

陈谷嘉,邓洪波.中国书院史资料.杭州:浙江教育出版社,1998.

陈杰.浅谈李清照作品中的抗争意识.青年文学家,2019(17):91.

陈锐,傅荣贤.《麟台故事》序跋述评.图书馆学刊,2012(5):125—127,130.

陈仕华.王伯厚及其玉海艺文部研究.台北:台湾商务印书馆,1993.

陈扬.赵明诚与金石研究.辽宁教育行政学院学报,2008(9):30—32.

陈振.宋史.上海:上海人民出版社,2003.

程千帆，徐有富.校雠广义.北京：中华书局，2003.

程钜夫.雪楼集//景印文渊阁四库全书：第1202册.台北：台湾商务印书馆，1983—1986.

揣松森.《汉书·艺文志》及两汉书补志著录小说集解：上下册.华中师范大学硕士学位论文，2013.

崔国光.《遂初堂书目》的目录学价值.山东图书馆季刊，2001（3）：52—55.

邓小南."正家之法"与赵宋的"祖宗家法".北京大学学报（哲学社会科学版），2000（4）：73—85.

段莹.南宋榷场与书画回流.故宫博物院院刊，2016（3）：99—111，162.

段莹.宋代书目著录探析.图书馆学刊，2011（7）：131—133.

范仲淹.范文正公集.上海：商务印书馆，1922.

方建新，高深.宋代宫廷藏书考.浙江大学学报（人文社会科学版），2007（3）：52—60.

方建新，金达胜.元代私家藏书考析.文献，1996（4）：202—216.

方建新，王晴.宋代宫廷藏书续考——专藏皇帝著作的殿阁.浙江大学学报（人文社会科学版），2008（3）：107—115.

傅璇琮，谢灼华.中国藏书通史.宁波：宁波出版社，2001.

傅璇琮等.全宋诗.北京：北京大学出版社，1991.

耿介.嵩阳书院志//郑州市图书馆文献编辑委员会编.嵩岳文献丛刊：第四册.郑州：中州古籍出版社，2003.

公振.简论北宋三馆秘阁的地位和作用.图书情报知识，1983（2）：47—53.

龚新年.《玉海·艺文》——中国古代创立类书辑录书目之先.高校图书馆工作，2015（2）：59—60，96.

顾志兴.浙江藏书史（上）.杭州：杭州出版社，2006.

国家图书馆分馆.清代孤本方志选.北京：线装书局，2001.

韩李敏.宋代秘阁档案管理考.浙江档案，2003（3）：29—31.

韩中慧.从《金石录后序》谈李清照的文献观.宁夏大学学报（人文社会科学版），2017（5）：178—183.

贺云翱.女性考古与女性遗产.江苏人民出版社，2020.

侯赛华，布仁图.郑樵及其《通志·艺文略》浅识.山西广播电视大学学报，2017（1）：91—95.

黄爱平.中国历史文献学.北京：中国人民大学出版社，2010.

黄燕生.宋代藏书家尤袤.图书馆杂志，1984（2）：62—64.

纪昀等.钦定四库全书总目（整理本）.四库全书研究所整理，北京：中华书局，1997.

江少虞.宋朝事实类苑.上海：上海古籍出版社，1981.

蒋永福.中国古代图书馆学的特征.图书馆论坛，2020（2）：26—35，44.

解缙等.永乐大典.北京：中华书局，1986.

杨立诚，金步瀛合编.中国藏书家考略.俞运之校补，上海：上海古籍出版社，1987.

金光洙.井度、赵希弁对《郡斋读书志》的贡献.河南图书馆学刊，2011（4）：138—139.

金雷磊.下诏与上奏：宋代官府的图书访求活动.现代出版，2019（6）：81—85.

靳生禾.中国历史地理文献概论.太原：山西人民出版社，1987.

景中.书籍之为艺术——赵孟頫的藏书与《汲黯传》.新美术，2009（4）：25—48.

匡裕彻.元代维吾尔政治家廉希宪//元史研究会.元史论丛：第二

辑.北京：中华书局，1983.

兰婷.金代教育研究.长春：吉林大学出版社，2010.

黎世英.宋代的图书印刷业.南昌大学学报（人文社会科学版），2000（3）：76—80.

李才栋.白鹿洞书院考略.江西教育学院学刊，1985（S1）：2—57.

李才栋.江西古代书院研究.南昌：江西教育出版社，1993.

李财富，张蓓.论赵明诚《金石录》及其档案史料思想.档案学研究，2014（2）：91—96.

李春祥.钟嗣成生卒年辨析.河南大学学报（社会科学版），1984（5）：87—91.

李道谦.甘水仙源录//玄门掌教宗师诚明真人道行碑.北京：文物出版社，1994.

李觏.李觏集.王国轩校点，北京：中华书局，1981.

李慧.宋敏求《春明退朝录》研究.闽西职业技术学院学报，2020（1）：49—52.

李菁.宋代金石学的缘起与演进.中国典籍与文化，1998（3）：63—68.

李静.《中兴馆阁书目》成书与流传考.山东图书馆学刊，2011（5）：103—107.

李祁.云阳集//景印文渊阁四库全书.台北：台湾商务印书馆，1983—1986.

李瑞良.中国古代图书流通史.上海：上海人民出版社，2000.

李万康.典志梳析与图像补证：元代秘书监图籍庋藏制度研究.中国美术研究，2019（2）：111—118.

李锡厚，白滨.辽金西夏史.上海：上海人民出版社，2003.

李向东.浅析辽代的官学、私学及科举制度.内蒙古教育（职教版），2014（6）：74—75.

李欣，王兆鹏.程俱年谱（上）.中国韵文学刊，2006（2）：97—106.

李修生.全元文：第16册.南京：江苏古籍出版社，2000.

李修生.全元文：第19册.南京：江苏古籍出版社，2000.

李修生.全元文：第39册.南京：凤凰出版社，2004.

李修生.全元文：第48册.南京：凤凰出版社，2004.

李修生.全元文：第5册.南京：江苏古籍出版社，1999.

李莹，刘更生，李虹.《通志·艺文略》对医籍著录的贡献.山东中医药大学学报，2001（4）：295—296.

李昭恂.郑樵《通志·校雠略》今译（一）.图书馆学研究，1984（2）：125—129.

李致忠.中国古代书籍史话.北京：商务印书馆，1996.

连凡.《文献通考·经籍考》的分类调整及其学术意义——兼论马端临的思想立场.图书馆研究与工作，2017（9）：80—86.

梁晓萍.钟嗣成《录鬼簿》不拘于时的戏曲审美观.上海师范大学学报（哲学社会科学版），2016（5）：84—90.

梁亦佳.浅谈王应麟的《玉海》.河南图书馆学刊，1984（4）：6.

林素芬.博识以致用——王应麟学术的再评价.台北：花木兰文化出版社，2009.

凌郁之.容斋知见书目：上.古籍研究，2019（2）：42—64.

刘克明.郑樵图学思想探述.自然辩证法研究，1992（8）：51—55.

刘平.从千年学府岳麓书院看中国书院藏书特点.高校图书馆工作，2010（4）：57—60.

刘石玉.《文献通考·经籍考》分类探析.四川图书馆学报，1987（2）：60—66.

刘叶秋.一片冰心万古情——读李清照《金石录后序》.文史知识，

1983（9）：57—61.

刘颖.浅析《录鬼簿》的戏曲史料价值.科技信息，2006（12）：100.

刘跃进、王玮.尤袤的文献学思想与实践.求索，2016（5）：127—132.

刘长言.大金漆水郡夫人耶律氏墓志铭//梅宁华.北京辽金史迹图志（下）.北京：北京燕山出版社，2003.

刘镇.赵明诚、李清照夫妇藏书考论——以《金石录》及《金石录后序》为研究范围.文艺生活（艺术中国），2016（5）：140—143.

刘镇.赵明诚、李清照夫妇的藏书.古典文学知识，2017（2）：52—59.

刘知幾.史通通释.上海：上海古籍出版社，2009.

刘子明.略论脱脱与《宋史·艺文志》.山东图书馆季刊，1985（2）：7—10.

卢维春.《麟台故事》探微.古籍整理研究学刊，1993（2）：9—11，5.

鲁丽.浅议宋代的图书贸易.才智，2017（20）：242.

陆林.钟嗣成《录鬼簿》外论三题.戏曲研究，1998（00）：73—94.

陆游.老学庵笔记.刘文忠评注.北京：学苑出版社，1998.

罗树宝.中国古代印刷史.北京：印刷工业出版社，1993.

马端临.文献通考：第九册.北京：中华书局，2011.

马端临.续文献通考.上海：商务印书馆，1936.

马楠.《新唐书·艺文志》增补修订《旧唐书·经籍志》的三种文献来源.中国典籍与文化，2018（1）：4—21.

马蓉等点校.永乐大典方志辑佚.北京：中华书局，2004.

马娴.尤袤《遂初堂书目》目录学探析.兰台世界，2012（3）：32—33.

孟元老.东京梦华录注.邓之诚注，北京：中华书局，1982.

牛达生.西夏刻书印刷事业概述.宁夏大学学报（哲学社会科学版），1999（3）：28—35.

欧阳守道.巽斋文集.上海：上海古籍出版社，1987.

彭莹.《录鬼簿》的版本及其版本系统（节选）.职大学报，2018（5）：29.

钱大昕.元史艺文志//嘉定钱大昕全集：第五册.田汉云点校，南京：江苏古籍出版社，1997.

钱茂伟.王应麟学术评传.北京：中华书局，2011.

钱素芳、庆振轩.欧阳修藏书考论.兰州大学学报（社会科学版），2011（4）：27—31.

钱志熙.试论王应麟的学术思想与文学成就.求是学刊，2014（1）：100—109.

乔吉.蒙元时期佛经翻译和刊行.西部蒙古论坛，2011（1）：3—11.

邱健群.记《宋史艺文志》的讹舛.赣图通讯，1985（1）：39.

邱进友.对宋代《崇文总目》的探讨.图书馆学研究，1997（4）：87—89.

任继愈主编.中国藏书楼.沈阳：辽宁人民出版社，2001.

任乃宏."碣石"新考.文物春秋，2014（2）：14—19.

申畅.钟嗣成与《录鬼簿》在我国目录学史上的地位.四川图书馆学报，1983（3）：34—38.

沈津.美国哈佛大学哈佛燕京图书馆中文善本书志.上海：上海辞书出版社，1999.

史金波.西夏文化.长春：吉林教育出版社，1986.

史仲文，胡晓林.百卷本中国全史：第11卷.北京：人民出版社，1994.

史仲文，胡晓林.百卷本中国全史：第12卷.北京：人民出版社，1994.

史仲文，胡晓林.百卷本中国全史：第13卷.北京：人民出版社，1994.

史仲文，胡晓林.百卷本中国全史：第14卷.北京：人民出版社，1994.

束锡红.黑水城"河边大塔"的性质及断代——以考察队的地图和照片为中心//杜建录.西夏学：第四辑.银川：宁夏人民出版社，2009.

宋立民.试评《麟台故事》.古籍整理研究学刊，1986（2）：39—42，52.

宋濂等.元史.北京：中华书局，1976.

宋敏求.春明退朝录.诚刚点校，北京：中华书局，1980.

苏轼.苏轼文集：第一册.孔凡礼点校，北京：中华书局，1986.

苏轼.苏轼全集.上海：上海古籍出版社，2000.

孙浩.辽代私家藏书第一人——耶律倍.兰台世界，2012（24）：45—16.

谭其骧.中国历代地理学家评传：第二卷.济南：山东教育出版社，1990.

唐明生.论戏曲目录体批评的风格//中国古代文学理论学会第十八届年会暨国际学术研讨会论文集，2013.

陶毅，郑子聃.宫观碑志.北京：华夏出版社，2004.

陶宗仪.南村辍耕录.文灏点校.北京：文化艺术出版社，1998.

田青刚.宋敏求与宋代方志编纂.焦作师范高等专科学校学报，

2010（3）：45—48.

脱脱等.金史.北京：中华书局，1975.

脱脱等.辽史.北京：中华书局，1974.

脱脱等.宋史.北京：中华书局，1977.

汪辟疆.目录学研究.华东师范大学出版社，2000年.

王安石.临川先生文集.上海：中华书局，1959.

王得臣.麈史.俞宗宪点校，上海：上海古籍出版社，1986.

王东峰.宋代学者型藏书家对图书馆事业的贡献.图书馆杂志，2013（7）：84—91，95.

王国强，柯平.论郑樵目录学思想.郑州大学学报（哲学社会科学版），1996（3）：69—75.

王国维.闽蜀浙粤刻书丛考.北京：北京图书馆，2003.

王国维.王国维戏曲论文集.北京：中国戏剧出版社，1984.

王菡.元代杭州刊刻《大藏经》与西夏的关系.文献，2005（1）：111—118.

王龙.辽代藏书概述.科技情报开发与经济，2014（19）：150—153.

王龙.西夏藏书管窥.学理论，2014（29）：114—115，120.

王明清.挥麈录.上海：商务印书馆，1963.

王平叔.正德建昌府志//影印天一阁藏明代方志选刊.上海：上海古籍书店，1964.

王圻.续文献通考.台北：台湾文海出版社，1979.

王士点，商企翁.秘书监志.高荣盛点校，杭州：浙江古籍出版社，1992.

王叔岷.校雠学.北京：中华书局，2007.

王桐龄.宋辽金元史.武汉：华中科技大学出版社，2017.

王潇.从《秘书监志》看元代的公文.文教资料，2014（29）：110.

王星麟.宋代的刻书业.史学月刊，1986（1）：29—32.

王艳.宋代典藏保护技术考略.中原文化研究，2018（4）：77—82.

王雁杰.白鹿洞书院的藏书事业初探.江西图书馆学刊，2004（4）：79—81.

王应麟.汉制考·汉艺文志考证.张三夕，杨毅点校，北京：中华书局，2011.

王应麟.玉海.南京：江苏古籍出版社；上海：上海书店，1987.

王恽.秋涧集//景印文渊阁四库全书：第1200册.台北：台湾商务印书馆，1983—1986.

王恽.秋涧先生大全文集.上海：上海商务印书馆，1936.

王照年，罗玉梅.《麟台故事》载北宋馆阁藏书的整理——以《麟台故事》残本《校雠》篇所载为主.甘肃联合大学学报（社会科学版），2007（6）：28—32.

王照年，罗玉梅.论北宋国家藏书制度的初创——以《麟台故事》所载为主.漳州师范学院学报（哲学社会科学版），2010（1）：134—137.

王重民.中国目录学史论丛.北京：中华书局，1984.

王重民.中国善本书提要补编.北京：书目文献出版社，1991.

危素.危太仆文集.吴兴：刘氏嘉业堂刻本.

尉艳芝.作为藏书家的宋敏求.科教文汇，2006（11）：162.

魏晓帅.尤袤卒年及《遂初堂书目》成书小考.古籍整理研究学刊，2017（2）：1—4.

吴曾.能改斋漫录.上海：上海古籍出版社，1979.

吴广成.西夏书事校证.龚世俊等校证，兰州：甘肃文化出版社，1995.

吴晗.江浙藏书家史略.北京：中华书局，1981.

吴怀祺主编.中国文化通史·两宋卷.北京：中共中央党校出版社，1999.

吴军兰.赵明诚与他的《金石录》.丽水师范专科学校学报，2000（6）：34—37.

吴伟华.宋代金石学著作的学术价值.齐鲁艺苑，2007（1）：82—86.

吴晓萍.《挥麈录》与王明清的学术成就.安徽教育学院学报（哲学社会科学版），1999（4）：24—25，28.

霞绍晖.王明清《挥麈录》考述.宋代文化研究，2006（1）：789—798.

夏莹莹.程俱及其诗歌研究.南京师范大学硕士学位论文，2014.

肖东发.中国官府藏书.贵州：贵州人民出版社，2009.

谢灼华.中国图书和图书馆史：修订本.武汉：武汉大学出版社，2005.

徐邦达.宋金内府书画的装潢标题藏印合考.美术研究，1981（1）：83—85.

徐吉军.论南宋杭州的印刷业及其兴盛的原因.东南文化，1987（2）：39—46.

徐松.宋会要辑稿.北京：中华书局，1957.

徐雁，王燕均.中国历史藏书论著读本.成都：四川大学出版社，1990.

许有壬.至正集.上海：上海古籍出版社，1987.

许有壬.冯氏书堂记//李修生.全元文：第38册.南京：凤凰出版社，2004.

许有壬.至正集//新文丰出版公司编辑部.元人文集珍本丛刊：第

7册.台北:新文丰出版公司,1985.

薛瑞兆.论金代社会的藏书风尚.求是学刊,2006(6):123—128.

阎凤梧.全辽金文:下.太原:山西古籍出版社,2002.

燕永成.试论王明清的补史成就.史学史研究,2009(3):49—57.

杨沛超.《录鬼簿》及其《续编》.文史知识,1982(5):40—42.

杨潜.云间志//宋元方志丛刊:第一册.北京:中华书局,1990.

杨万兵.《玉海》版本流传考述.大学图书情报学刊,2008(2):91—93.

杨万里.诚斋集//景印文渊阁四库全书:第1161册.台北:台湾商务印书馆,1983—1986.

杨亿.武夷新集//景印文渊阁四库全书:第1086册.台北:台湾商务印书馆,1983—1986.

杨亿口述.杨文公谈苑.黄鑑笔录,宋庠整理,上海:上海古籍出版社,1993.

杨毅.王应麟《汉艺文志考证》考证特色分析.华中学术,2013(1):87—96.

姚奠中.元好问全集(增订本).李正民增订,太原:山西古籍出版社,2004.

姚名达.中国目录学史.上海:上海书店,1984.

叶德辉.书林清话.北京:中华书局,1957.

叶德辉.书林清话.漆永祥点校,北京:北京联合出版公司,2018.

叶隆礼.契丹国志.贾敬颜,林荣贵点校,上海:上海古籍出版社,1985.

叶梦得.避暑录话//上海古籍出版社编.宋元笔记小说大观:三.上海:上海古籍出版社,2001.

叶文萱.元代《录鬼簿》研究.安徽师范大学硕士学位论文,2018.

尹海江.《汉书·艺文志》研究——以《六艺略》为中心.浙江大学博士学位论文，2007.

永瑢等.四库全书总目.北京：中华书局，1965.

于兆军.宋代版印与图书传媒革命.郑州航空工业管理学院学报（社会科学版），2015（4）：22—26.

余嘉锡.目录学发微.北京：中华书局，2007.

俞为民，孙蓉蓉.历代曲话汇编·唐宋元编：新编中国古典戏曲论著集成.合肥：黄山书社，2006.

俞为民.《录鬼簿》的成书与曲学成就.江苏大学学报（社会科学版），2011（5）：43—50.

俞为民.徐渭的《南词叙录》和南戏研究.中国戏曲学院学报，2011（2）：61—68.

郁鹏.宋代的藏书家（二）.读书，1980（5）：107.

郁士宽.欧阳修应用文体创作成就及价值探析.六盘水师范学院学报，2014（4）：5—8.

张保见.王应麟《通鉴地理通释》述评.唐山学院学报，2012（2）：48—51.

张保见.王应麟《通鉴地理通释》所见历史军事地理学管窥.黑龙江社会科学，2018（2）：143—147.

张福勋.皇帝喜好：直接助推宋诗强势发展.南阳师范学院学报（社会科学版），2011（4）：82—84.

张富祥.《南宋馆阁录》及其《续录》.史学史研究，1987（4）：53—59，71.

张富祥.程俱《麟台故事》考略.山东师大学报（社会科学版），1993（5）：46—49.

张海英.《麟台故事》及其图书馆学思想概述.图书与情报，2002

（2）：67—69.

张建东.文化视域下宋代寺观藏书论略.图书馆工作与研究，2013（9）：18—21.

张建东.文化视域下宋代寺观藏书论略.图书馆工作与研究，2013（9）：18—21.

张建会.郑樵《通志·艺文略》收书丰富的原因及启示.清远职业技术学院学报，2013（1）：32—34.

张鉴.西夏纪事本末.龚世俊等校点，兰州：甘肃文化出版社，1998.

张民德.宋朝官、私藏书目略考.开封教育学院学报，2003（4）：9—10.

张明华.王莘考.阜阳师范学院学报（社会科学版），2009（3）：4—9.

张瑞君，韩凯.王明清笔记著作中的文学思想研究.西南大学学报（社会科学版），2015（5）：121—127.

张守卫.论《直斋书录解题》分类思想.图书情报工作，2011（21）：137—142.

张秀民.辽、金、西夏刻书简史.文物，1959（3）：11—16.

张学军.宋代馆阁藏书漫谈.古籍整理研究学刊，2008（1）：46—49.

张琰.略述郑樵目录学思想.甘肃广播电视大学学报，2003（3）：75—77.

张祝平.王应麟《诗考》版本源流厘正.南通师专学报（社会科学版），1994（2）：13—17.

章学诚.校雠通义.北京：中华书局，1985.

赵令畤.侯鲭录.孔凡礼点校.北京：中华书局，2002.

赵齐平.李清照与赵明诚及《金石录》.北京大学学报（哲学社会科学版），1987（5）：13—22.

赵学军.略论南宋国家图书事业.四川图书馆学报，1994（2）：7—12.

郑樵.通志：校雠略求书之道有八论九篇.王树民点校，北京：中华书局，2000.

郑樵.通志.北京：中华书局，1987.

郑元祐.侨吴集//景印文渊阁四库全书：第1216册.台北：台湾商务印书馆，1983—1986.

周密.齐东野语.张茂鹏点校，北京：中华书局，1983.

周少川.文化情结：中国古代私家藏书心态探微.图书馆学研究，2002（6）：91—95.

周少川.元代的私家藏书.中国典籍与文化，1996（2）：65—69.

周翔宇.从《宋史·艺文志》看宋代学术特点.乐山师范学院学报，2010（6）：116—118，128.

朱天俊.郑樵目录学思想初探.社会科学战线，1978（3）：346—351.

朱新霞.郑樵文献目录学创新浅析.科技情报开发与经济，2008（11）：81—82.

中国历史大辞典编纂委员会.中国历史大辞典.上海：上海辞书出版社，2000.

索 引

【人 名】

A

阿尔拉·阿鲁图 225

B

白朴 11
班固 216，322—324
毕昇 16，17
毕士安 58，65，248，249

C

蔡襄 9
晁公武 1，54，65，108，144，146，151，153，198—202，204，220，221，229，237，272，276，317
陈骙 144—146，300
陈起 21，61

陈振孙 1，53—55，64—66，144，148，150，151，153，201，203—208，210，211，220，221，229，237，272，276
程颢 7，88，114，116
程 俱 290—296，302—305，328
程颐 7，88，114

D

戴镛 309，310，312
道安 218
董仲舒 245
杜佑 216，223，224

F

范晔 244
范仲淹 12，231

G

关汉卿 11，285

郭守敬 14

H

何晏 95

洪迈 20，54，61

洪适 20，67

洪遵 20，62

黄庭坚 9，258

J

贾思勰 137

贾纬 144

K

孔安国 95

L

李昉 227，248

李清照 172，258—260，265—269，328

李淑 65，144，241

李焘 146，174，219，270，271，274，276

李煜 228

李元昊 5，6，71，94，118，183

刘恕 31，32，65，176，248

刘向 201，205，320

刘歆 200，323

刘义庆 246

柳永 11

柳仲郢 127

陆九龄 114，115

陆九渊 7

陆心源 300—302，312

陆游 1，9，11，20，62，67，147，209，270

吕龟祥 29，128

M

马端临 9，153，174，201，215—224，272，278，297，314

马廷鸾 215，216

马致远 11

米芾 9

O

欧阳修 8，9，11，12，40，

65，67，113，144，145，175，176，212，229，230，232—234，236，239—242，248，261，274，313

P

裴矩 309

Q

钱俶 29，128
钱曾 83

R

阮籍 228

S

僧祐 218
商企翁 152，167
沈括 9，13，16，17，137，175，192
司马光 1，8，175，181，248
斯坦因 46，178
宋敏求 1，56，58，176，247—256
宋绶 58，65，176，248，249

苏轼 9，11，12，32，107，110，131，185，239
苏洵 11，239，240
苏辙 11，40，239
孙逢吉 29，128

T

铁木真 6
脱脱 9，153，220，225，227，229

W

完颜阿骨打 5，47
王安石 4，7，11，12，35，41，176，239，250，276
王国维 28，283—285，288，289
王明清 9，57，270—278，328
王钦臣 1，53，55，56，64，65，127
王若钦 35
王实甫 11
王士点 152，167
王尧臣 144，230—233
王应麟 13，76，140，224，278，306，307，309，313—

325,327

王祯 17,102,180

魏了翁 53,54

X

辛弃疾 11

Y

颜师古 319,320,323,324

晏殊 11

耶律阿保机 5,68,117

耶律倍 68—70,74,120,138

耶律楚材 10,12,48,78,79

叶德辉 19,20,172,212

叶梦得 53,64,65,161,248

尤袤 1,2,64,65,142,144,147,151,161,209—214,229,270,272

元好问 11,74,75

袁枢 8

Z

曾巩 11,30,239,248

张雯 187

张载 7,12,114

张择端 4,9

章学诚 128,153

赵光义 55

赵佶 9,42

赵匡胤 3,5,89

赵良弼 278

赵孟𫖯 10,12,76,77,80,140

赵明诚 1,9,172,257—269,328

赵宗绰 53,54

郑德辉 286

郑光祖 11

郑樵 1,8,65,127,128,134,143,144,149,150,189—197,216,220,223,224,237,314

钟嗣成 155,278—282,284—289,328

周敦颐 7,114

周密 53,56,65,149,206

朱熹 7,20,86,87,93,113—115,215,324

庄肃 49,79,80,154

祖冲之 245

【文献名】

B

《白鹿洞学规》 88，89

C

《崇文总目》 23，31，135，144，146，151，175，178，194，196，200，202，205，210，211，217，221，222，229—238，241—245
《春明退朝录》 56，247—257
《册府元龟》 18，30，36，63，175，227，251，304

D

《大藏经》 79，106，109，110，117，118，122—124，135，136，184，185
《读书敏求记》 83

G

《古今书录》 144，145，235
《广韵》 183

《国史》 42，292，294，300，308
《国史艺文志》 245

H

《汉书·艺文志》 191，192，194，197，217，222，227，313，315—320，322—324
《汉艺文志考证》 306，314—320，322，323
《黄帝内经》 112
《挥麈后录》 270，271，273
《挥麈录》 9，57，270—276，278
《挥麈录·后录》 57
《挥麈前录》 270，271，273
《挥麈三录》 270，271，273
《会要》 42，294

J

《吉祥遍至口和本续》 17，119
《集古录》 67，261
《集古录跋尾》 9
《校雠式》 166
《金刚经》 16

《金石录》 9，257—259，261—264，266，267

《旌德县志》 17，102

《旧唐书·经籍志》 145，191，192，227，228，235，237，238，241

《郡斋读书志》 1，30，54，65，66，108，144，146，151，153，198—202，204，211，213，217，218，222，229，236，237，272

Q

《清明上河图》 1，4，9

N

《农书》 14，17

K

《开宝藏》 110

《困学纪闻》 306，316

L

《李氏山房藏书记》 107

《莲花经》 119

《辽史》 9，50，225

《两朝正史》 248

《麟台故事》 290—297，299，300，302—305

《麟台故事·后序》 294

M

《蒙求》 93

《梦溪笔谈》 9，14，16，17，50，137

《秘书监志》 152，153，167

《秘书总目》 23，175

《妙法莲华经》 20

N

《南宋馆阁录》 146，300，304

P

《平水韵》 183

Q

《七略》 143，197，234，313，323

《齐民要术》137

《契丹藏》19,21,139,182,184

R

《仁宗实录》247

S

《四库全书总目》149,151,201,210,211,214,229,234,236—238,297

《四库全书总目提要》209,226

《四十二章经》108

《实录》42,82,308

《宋会要辑稿》29,292

《宋史》9,50,153,209,220,225—230,250,256,304

《宋史·艺文志》41,65,151,153,192,225—229,236,272

《宋史·艺文志序》43

《隋书·经籍志》144,191,194,226,227,234,235

《遂初堂书目》2,65,66,142,144,147,150,151,209—214,229,272

T

《太平寰宇记》9,327

《太平御览》18,30,34,175,227

《通典》193,216,217,223,224

《通鉴地理通释》306,325—327

《通鉴纪事本末》8

《通志》8,149,190,193,216,223

《通志·校雠略》65,127,128,134,143,150

《通志·艺文略》65,144,149,189—191,193—195,197,224

W

《文献通考》9,12,103,153,174,193,216,217,220,222—224,233,272

《文献通考·经籍考》153,215,217—222,224,236—

238，314

《文苑英华》 18，20，30，175

《武英殿聚珍版丛书》 300

X

《西夏文大藏经》 118，123

《新唐书·艺文志》 144，145，191，194，196，227，229，236—239，241，314

《新五代史》 8，18，240

《续文献通考》 98

《续资治通鉴长编》 28，29，33，36，40，174，274，292

Y

《舆地广记》 327

《玉海》 35，128，233，304，306—312，314，326

《玉海·艺文》 224，312—314

《元和郡县志》 327

Z

《造活字印书法》 17

《政和道藏》 121

《政和万寿道藏》 106

《直斋书录解题》 1，38，54，55，65，66，144，148，150，151，153，201，203—208，210，217，218，222，229，236—238，272

《中兴馆阁书目》 24，41，144—146，151，245，314

《中兴馆阁续书目》 24

《资治通鉴》 8，51，73，140，175，181，184，256，273，325，326

【专有名词】

B

白鹿洞书院 12，84—86，88—91，93，114，174
宝文阁 1，39—41，162
辨伪 197，206—208，237，317
辨章学术 143，150，151，194，201，205，233，320，321，323

C

草堂书院 77，105
抄本 58，67，75，77，103，105，110，136，178，272，311，312
崇和殿 35，36
崇文馆 44，130
崇文院 1，18，26，30，33，64，132，133，161，162，165，173—175，242，251，296，298

D

典章制度 51，180，184，210，238，248，252，308
雕版印刷 1，16—18，30，58，64，80，85，108，126，130，141，142，147，158，159，173，174，177，206，212，248
东庵书院 104

E

恩荣 297，298

F

蕃学 94
泛释无义 151，196
坊刻 20，21，159，160，173，213
敷文阁 1，41，42

G

官府藏书 1，22—24，28—32，36，43—51，57，68，82，93，96，126，128，134，135，152，153，160，162，165，166，169，178，180，

206，242

官刻 18，19，21，28，30，32，147，159，160，173，213，297

馆阁制度 165，293，303，305

国朝旧故 248，251

国史院 44，74，295

国子监 18—20，25，27，28，30—32，45，48，49，51，54，55，74，85—87，89，93，100，103，159，160，162，173，181，183，203，213，309—311

H

翰林国史院 50

黑水城遗址 46，183

胡三省 140，326，327

蝴蝶装 18，130

徽猷阁 1，41，162

"会通"思想 190，195

活字印刷 1，13，16，17，102

J

集虚书院 104

辑录体 153，217—220

辑佚 220，233，242，254，301，317，319，321，322，327

家刻 19，20，148，159，160，173

校雠 2，44，51，56，62，64，65，176，199，249，267，274，283，301，307，309—311，319—321

解题 55，66，141，142，145，147—151，153，200—202，205，206，219—221，229，233，242，243，313

锦江书院 104

靖康之变 4，47，80，146，164

K

考镜源流 143，150，151，194，201，205，233，320，321，323

奎章阁 50，51

L

李氏山房 107

· 353 ·

理学 7，13，85—87，91，93，101，103，113，114，238，324—326

历山书院 104

龙图阁 1，35—41，162，165，175，248，250，253，254

禄廪 293，298，299

M

秘书监 1，31，44，48，50，54，74，146，152，153，157，165—170，181，298

秘书省 18，23—26，30，47，49，55，64，131—133，135，157，158，162，164—166，173，230，290，291，293，294，296，298，303—305

木活字 17，180

P

曝书会 131，138，300

Q

乾文阁 44

清心殿 34

求书八法 127，128，134，194

榷场 159，185

R

染纸避蠹法 129

S

三馆秘阁 24，26，38，47，163，232，242，291，296

舍人院 25，28，255

书院藏书 83—85，87，90—95，98，101—103，156，162，163，170，171

私人藏书 25，32，52，53，57，58，64—72，75，76，79，80，93，102，104，107，126，135，136，138，154，160—163，186—188，191，195，206，208，248，249，256，272

四分法 65，149，191，192，200，221，238

寺观藏书 93，105—107，111—116，118，119，122，

162，163

嵩阳书院 12，84，85，87—93，174

T

太极书院 103

太清楼 1，33—37，39，40，162，164，165

太史院 19，50

体例 66，149，200，201，204，205，208，218—220，224，226，232，250，259，273，274，293，300，312—316，321，323，326

天章阁 1，38—40，42，162，165，175

W

五京学 93

X

显谟阁 1，40，41，162

写本 46，54，91，160，173，177，178，274

兴文署 19，51，100，181

宣和裱 130，159

Y

遗书教子 188

艺文监 51，184

颍昌书院 103，104，171，186

"右文"政策 158，162

御史台 25，28，45

御书院 34，35

岳麓书院 12，84—87，89—93，114，163，174

Z

朱墨套印 180

著录 24，38，40，41，66，141—143，145，147—151，153，156，192，194—197，200，201，205—213，216—218，220—222，226，227，229，233，234，236，241—245，250，261，280，285，286，297，299，306，309，312—314，318—320，323，324

转轮排字盘 180

资政殿 35，36，53，62，73

·355·

后 记

2024年的春天已经到来，《中国图书馆学史》的出版工作也进入了尾声。遥想2019年底初次参加项目组会议时，心中充满忐忑，毕竟我是临危受命，中途加入的课题团队，很怕自身原因耽误课题的进度，影响课题结项以及后续的出版工作。感谢北京大学信息管理系王余光教授对我的扶持与信任，将《中国图书馆学史》宋辽夏金元部分的研究工作交给我，过程虽然艰辛，所幸不辱使命，我们终于迎来了它的出版。与有荣焉！

因精力有限，我只参加了项目组的两次线下会议，即项目伊始和临近尾声的两次，其他时间都是靠课题组同仁的线上反馈。感谢王余光教授和项目组同仁以及安徽教育出版社的包容，尤其我要感谢上海大学的熊静教授，作为项目秘书，在我无法参会的情况下，她每次都能及时将项目进度和出版注意事项等信息的细节反馈给我，面对我的会后咨询不厌其烦，使我能够及时跟上项目进度，最终圆满完成了项目任务。同时我也要感谢我的几位学生对我的帮助，其中李香雨和苏子君两位同学辅助我完成了文献检索、文献综述、文字校对和引文核实等工作，梁锶琪、李其朴、孙家皓三位同学帮助我在长春师范大学图书馆和吉林省图书馆完成了二十余幅珍稀古籍的拍摄和图录制作工作。期待《中国图书馆学史》的顺利出版能为中国图书馆学的发展起到添砖加瓦的作用,幸甚至哉!

钱 昆

2024年4月于长春师范大学